# Gisela Steineckert

## IMMER ICH

*erlebt und erinnert*

neues leben

Ohne meine Familie wär' daraus kein Leben geworden.
Das weißt du, und du weißt es auch.

# INHALT

*Das Alter hat mich umarmt*
*die Stirn konnte nicht widerstehn*
*es hat sich meiner Hände erbarmt*
*auf den Lippen die Spur ist zu sehn*

*in den Augen noch früherer Glanz*
*Erinnern an Sehnsucht und Tanz*
*das Lächeln aber verwandelt in:*
*tanz nicht mehr, geh und sieh hin*

*das Alter hat mich sanft berührt*
*hat die Träume ins »möglich« geführt*
*nur das Herz, nie ein Herr, nie ein Knecht*
*das fügt sich nicht und behält recht*

*alt sein ist anders als Älterwerden*
*wo soll das Herz denn hin*
*mit der Asche aus soviel erloschenen Herden*
*nehmt mir die Sterne erst aus der Tasche*
*wenn ich gestorben bin*

# LASS DICH ERINNERN

Das schaffe ich nicht. Das ist nicht zu schaffen. Ich will mich gar nicht an alles erinnern, und ein Buch kann ich jetzt nicht auch noch schreiben. Ich muss raus zu den Leuten, um zu sagen, was ich wichtig finde. Gerade jetzt ist sie nötig: die Nähe, wieder mehr Nähe, zum Vergleich und zum Widerspruch.

Die Leute erzählen mir, Nähe sei rar geworden, und manchmal sind sie erstaunt, dass ihnen etwas abhanden gekommen ist, das sie eine Weile nicht vermisst haben, oder doch, aber man hat es nicht bemerkt oder nicht bemerken wollen.

Ein neues Buch würde mich unabsehbar lange an den Schreibtisch binden, das kann ich jetzt nicht gebrauchen. Unsere Familie, die es zu Wahlverwandtschaft gebracht hat, besteht aus Menschen, die Wärme und Rat geben und brauchen, gerade jetzt, ein jedes auf seine Weise. Das ist nicht möglich ohne Aufwand an Zeit, bei uns ein immer bedrohter Wert. Wir alle kommen zu kurz, können kaum teilhaben am jungen Kater oder an der neuen Wohnung, am ernsten Befund oder den Mühen der Alltäglichkeit. Wenn wir uns zum Essen treffen, das geschieht auch inzwischen viel zu selten, dann bemerken wir ungewollten Abstand durch die Menge der Neuigkeiten. Aber nichts darf für immer aufhören, solange wir, die Alten, noch leben.

Die Freunde fragen nicht mehr, ob wir mit dem Auto in ihre Idylle abgeholt oder besucht werden wollen. Ein Verlust, der nicht zu beschönigen ist.

Manchmal erreicht mich eine »Wortmeldung« und ruft mich zu politischer Einmischung in die entstandene Lage.

Wenn ich ablehne, mache ich mein Vorher fragwürdig. Ist der Text glaubhaft, bin ich dabei, bringe mich ein, aber auch das kostet Zeit und bringt neu die Erfahrung: Es sind schon wieder weniger Verbündete, schon wieder mehr Leute, von denen man nicht gedacht hätte, dass sie ihre Unterschrift verweigern. Ist es zu riskant? Das wäre ein neues Argument, das für die Verfasser der Wortmeldung spricht. Ich soll sie im großen Kino verlesen, tue es und erlebe als jüngsten Redner den Moritz. Er ist gerade zwanzig Jahre alt, und ich werde ihm wieder begegnen, solange ich lebe. Wortwahl, Gestus, Absicht, alles ist klar und wie ein Wunder. Da winkt Ablösung; wir geben uns die Hand, sagen etwas, aber vor allem lache ich, ich lache ihn an und erkläre das nicht. So ging es mir, als ich Jürgen Walter zehn Minuten lang zugehört hatte. Der konnte noch gar nichts und war für fast alles begabt. Ebenso belebend fand ich Barbara Thalheim, Kurt Demmler, auch Regina Scheer, der ich zu vorzeitiger Mündigsprechung verhelfen konnte, und die Tamara. Ich kannte sie ja alle, ehe sie ihre erste öffentliche Vorstellung hatten. Freude, Freude …

Aber auch kein Grund, sich jetzt an ein Buch zu begeben. Abgesehen davon, dass Veranstalter und Interpreten drängeln, zu Auftritten und neuen Liedern.

Neuerdings stehen die deutschsprachigen Lieder aus dem Osten nun doch nicht mehr auf der Nein-Liste der Medien. Bei der Wertung der schönsten Rockballaden aus der DDR ist »Als ich fortging« auf den zweiten Platz gelangt. Nach »Am Fenster« auf dem ersten. Das gefällt uns, das gehört sich in die Nähe. Dirk Michaelis hat eine »Goldene« dafür gekriegt, beim großen Familientreffen der Rocker im Kino International. Ein Wiedersehen nach zwanzig Jahren, das raunte und umarmte sich durch das große Kino, Rührung war zu spüren, und welche Wege der Einzelne auch gegangen war, dies war anders, wenn auch niemand ein Lamm geschlachtet hat. Nach dreißig Jahren sehen wir uns wieder, der Günther Fischer und ich. Damals haben wir für Uschi Brüning und Veronika Fischer schöne Lieder gemacht. Mit Vroni gemeinsam bekamen wir für sechs Berlin-Lieder den Kunstpreis der Stadt Berlin. Uschi sang, ach damals, »Willkommen, Kind«, das spielt mein Freund Jens, der als Arzt den Kindern in der Charité auf die Welt hilft, oft als erstes Lied fürs Baby, als Umarmung für die Mama.

Aber damals, in der Mitte der Siebziger, wurden auch jene Barrikaden gebaut, auf die wir uns alle verteilten, zu wichtigem oder ungutem Einspruch. Eigentlich wollten sie alle nur ihre Musik machen, die inzwischen ergrauten Rocker, aber der Konflikt ergab sich und wurde geschürt, und es ging in Wirklichkeit ja nicht um den einen Barden, den die meisten nicht einmal leiden konnten, es ging um den Umgang der Macht mit ihren beschönigenden, in Wahrheit verschlimmernden Einfällen, die sie dann gern als heiße Kartoffel den anderen in die Hand schoben. Auch kein Grund, ein Buch zu schreiben. Fischi spielt, wie früher, seine Tochter Laura singt das Lied aus »Solo Sunny«. Er spielt Saxophon und Klarinette, so wie damals, als ich auf solche kompositorischen Kaskaden einsilbige deutsche und vor allem singbare Wörter finden musste, die sich dann zu schönen Versen verbinden sollten. Geht eigentlich nicht, ging aber doch. Er wollte mich auf jene politische Barrikade holen, auf die es ihn gezottelt hatte. Da wollte ich nicht hin, ihn hat es später bis nach Irland getrieben, und heute sind wir alle hier und verwöhnen und versöhnen einander mit Beifall. Mehr ist darüber nicht zu sagen.

Ich brauche für die Lesungen immer neue Texte. Gelesenes muss anders sein als Gedrucktes, ich erzähle, und also empfiehlt es sich, die Texte auswendig zu kennen, statt sie vorzulesen. Das braucht Übung, die sollte inzwischen reichen, aber der jeweilige Tag mit all seinen Besonderheiten und seinen Stimmungslagen schwingt immer hinein. Will auch angespielt, angedeutet oder derb ausgesprochen werden. Das muss man können, aber Können kommt von Lernen, anders nicht, wenn man kein Genie ist, und wer ist das schon. Ich genieße meine Gelassenheit und Ruhe auf der Bühne, aber schlecht vorbereitet würde auch ich vom Lampenfieber erdrückt. Das haben die Leute, die zu mir kommen, nicht verdient. Sie sollen sich beim Gehen besser fühlen als beim Kommen. Schöner Traum, und manchmal erfüllt er sich.

Viele kluge Briefe, herzliche, wären zu beantworten, auch diese frühere Tugend der unmittelbaren Antwort ist in Gefahr.

Ich habe seit einiger Zeit ein schlechtes Gewissen, allen Teilen meines Lebens gegenüber. Weil es unmöglich ist, die Pullover immer ordentlich mit neuem Mottenpapier zu schützen, Eingekauftes auf Verfallsdatum zu prüfen, gar das Eingefrorene … unmöglich. Ich müsste meinen Mann verwöhnen, wie er es verdient hat, wie er es dreieinhalb Jahrzehnte an uns getan hat. Ihm gebührte mehr von meiner Zeit, meiner Kraft, er brauchte mehr Erzählen, Bericht und Teilhabe, sanften Druck, doch wieder einmal, und sei es noch so langsam, unter Bäumen spazieren zu gehen, mit dem hilfreichen Wägelchen und mit der Armbinde. Tierpark, sage ich, so schöne Erinnerungen, oder Sanssouci, wenn auch kaum mit Erinnerungen geschmückt, oder Park, irgendeiner, Märchenbrunnen. Er lehnt ab, wird unwillig. Und ich lasse mich abweisen, schäme mich danach der ungewollten Empfindung von Erleichterung, keine Zeit, keine Zeit …

Ich lasse ihn beim Einkaufen allein gehen, beobachte, was geschieht. Er fragt jemanden, bekommt Hilfe und lehnt dann dankend die weitere Begleitung ab. An der Kasse holt er aus der Manteltasche eine Handvoll Münzen, hält sie der Verkäuferin hin. Ich sehe, wie sie mit spitzen Fingern, vernehmlich kommentierend, die passenden Münzen nimmt. Für einen Augenblick stimmt das ganze Leben, und die Leute, die so geduldig hinter ihm warten, haben ihren Anteil daran.

Manchmal besteht er darauf, allein zu gehen, auch über Kreuzungen. Ich bin ihm einmal bis zur Ampel gefolgt. Ein junger Mann fragte ihn, ob er ihn anfassen dürfe, sagte dann, dass sie jetzt gehen können, »es ist grün«, er führte ihn auf die andere Seite, »guten Tag noch«. Es hilft immer jemand, sagt er, Frauen, Männer, junge, ältere Leute, alle freundlich und taktvoll. Das dreht die bekannte Welt nicht um sich selber, aber es tut gut, und ich merke, wie wir der Freundlichkeit bedürfen, wie ausgehungert wir nach solchen Zeichen sind.

Dorothea meldet an: »Wir möchten gern von dir …« – »Was? dass ich über mich schreibe? Ich habe ein Leben lang nichts anderes getan.«

Dorothea ist meine Lektorin. Wir kennen uns so lange, dass wir uns auch mal eine Weile stumm angucken können.

Ich habe niemals Tagebuch geschrieben, und Erinnerungen sind etwas sehr Sortiertes. Meine Briefe und meine Kalender sind die einzigen Anhaltspunkte, aber die einen werde ich nicht lesen und in die anderen nicht reingucken, es weckt zuviel, wenn ich sowieso nicht schreiben will.

In früher Jugend hätte ich vielleicht gern mit Aufzeichnungen über meine Seelenzustände, Sünden und Wünsche begonnen. Aber es war sicher, dass sie vor argwöhnische oder eifersüchtige Augen kommen würden. Ich besaß bis zu meinem zweiundvierzigsten Lebensjahr keinen sicheren Platz zur Aufbewahrung intimer Aufzeichnungen. Lange Zeit wurde jede Zeile, gereimt oder in einem Brief, als Einkaufszettel auf dem Tisch liegend oder als Liste für die Wäscherei immer auf Heimlichkeit, Zweideutigkeit, gar als verheimlichtes Erleben unter der Maske ausgedachter Vorgänge in Paris oder auf dem Mars untersucht. Ich habe zu viele Zettel und Zeilen verteidigen und begründen müssen. Das klingt sehr dumm, aber schon der Fund, das zufällige Auffinden, als Beweis für eben nicht freiwillig Hergezeigtes, weckte den Argwohn in einem Eifersüchtigen. Aber woher sollte ich das Selbstbewusstsein haben, zu bekennen, dass in noch so verstiegenen Gleichnissen nichts als die einfache Sehnsucht nach einem anderen Leben steckte? Es waren ja wirklich meine Auflehnungen, die ich ausgedachten Personen zuordnete. Ich wusste es nur noch nicht. Meine Zeilen müssen alle von Aufbruch und Ausbruch und ebenso von verdruckten Sinnlichkeiten gezeugt haben. Sie müssen dem Zweifelnden schmerzhaft in die Augen gesprungen sein. Viel Papier ist zerrissen worden, weil die Eifersucht es hässlich machte. So habe ich mir früh angewöhnt, nur im Gedächtnis aufzubewahren, was es behalten wollte und konnte. Einiges von dem, was ich vergessen glaubte, lässt sich nun, manchmal schmerzlich und überraschend, wecken. Ich könnte es aber nur mit meinen heutigen Worten erzählen, nur mit heutigen Augen sehen.

Ich kann die Bilder nicht zwingen. Sie schwimmen her, ein Satz kann eine ferne Begebenheit herbeirufen, die sich mir endlich in ihrem Sinn offenbart. Anderes entzieht sich, vielleicht aus Scham, vielleicht auch fehlt mir noch immer der Mut, selbst Blamables als gewesen hinzunehmen. An dem ich nichts mehr ändern kann, nie mehr, und so bleibt es auf dem weiten Feld der

Niederlagen stehen, als misslungener Schneemann oder als zertretenes Maiglöckchen, meine Lieblingsblume.

Ob mein Gedächtnis nicht nur herausrücken würde, was ich ihm zugestehe, weil es mich schmückt? Es wäre ein Risiko, es rücksichtslos zu versuchen, denn es gibt Menschen, die an Lebensabschnitten wie an besonderen Vorgängen beteiligt waren, in sie verflochten sogar: in meine Irrtümer und meinen Werdegang. Wahrscheinlich haben wir eine unterschiedliche Sicht auf manches Geschehen, und es liegt mir fern, jemanden zu verletzen, nach Schuld zu suchen, wo ich doch allemal einen Anteil daran einräumen müsste. Und für Streit über »damals« bin ich zu alt und zu erfahren. Das würde nur neue Verletzung bringen. Ganz ohne das würde es wiederum nicht gehen, denn einmal damit angefangen, wäre doch einiges zu sagen, manches erst heute.

Bis hierher ist für Vergessen schon zuviel Anfang. Warum habe ich mich nicht in ein Libretto geflüchtet, in einen Kranz aus Novellen, in eine lyrische Landschaft ...

Es könnte auch um Männer gehen. Ein Leben ohne Eifersucht, das war einer meiner sehnsüchtigen Träume. Seit fast vierzig Jahren sind die Erinnerungen an das andere Leben nur noch böser Nachtmahr. Eifersucht hat es zwischen uns beiden nie gegeben, und es gab nie einen Grund dazu. Das allein würde reichen für unsterbliche Liebe und Zusammengehörigkeit.

Um Politik würde es auch gehen, immer, um die Kinder, um üblichen Weiberweg und unübliche Umwege, um Irrtum und das Gewinnen einer Kraft, mit der niemand geboren wird.

Ich sage dir, das Herz wächst im Laufe eines Lebens, sofern man es nicht nur den eigenen Vergnügungen widmet. Es bricht auch mal, leimt sich aber wieder zusammen, wenn große Augen auf dich gucken, fragend, ob du vielleicht wieder ansprechbar bist, dich wieder rundum kümmern kannst. Ja, alles furchtbar, aber nun komm mal wieder zu Potte. Da gibt es Erfahrungen, die kosten erst scheinbar das Leben, und dann sind sie unverzichtbar. Jene Lehren, die wichtig bleiben, klingen ziemlich einfach. Eine heißt: Wenn du etwas für viele tun willst, dann bleib damit möglichst nicht allein.

Eine andere: Wenn du einsam werden willst, wirst du merken, wie leicht das geht und wie schwer es wieder zu ändern ist. Unmöglich ist aber auch das nie. Willst du etwas Neues ausprobieren? Versuch's, vielleicht geht's, irgendwas geht immer.

Bei neuer Herausforderung, die viel Anstrengung verspricht, oder bei allzu unsicherem Ausgang der Sache mahnt mich meine Erfahrung inzwischen: Du hast eigentlich gerade keine Lust. Aber wenn du jetzt nichts tust, wenn du jetzt nicht den Mund aufmachst, dann wirst du es bereuen. Bedenke, dass Reue das schlimmste Gefühl ist, eins, das du fürchtest. Also erspar sie dir, um den Preis, dass du dich zunächst überforderst. Später könntest du merken, dass gerade dieser verdammte Moment seinen Lohn in sich trägt. Ja, könnte, aber manchmal auch nicht.

Wenn du dich aber nicht aufschwingen kannst, weil die Hindernisse zu groß erscheinen, dann nimm das vorübergehend hin. Andere können es beim ersten Anlauf auch nicht besser. Mag doch sein, du hast diesmal nur Atem geschöpft für das nächste Mal, mit besserer Chance, mit mehr Kraft.


Wir sind alle nicht so großartig, wie wir sein möchten. Manche sind es doch. Ich gehe aus, die Freude zu suchen, oder Freunde. Wir fahren zu Renate und Gustav. So heißen die eigentlich.

Bei Täve Schur und Renate zuhause ist es so, als ob man dich aus der Arktis reinholt. Du wirst in den tiefsten Sessel gebettet, in eine Decke gewickelt, und pass auf, sie schieben dir noch Kissen in den Rücken, während das Telefon unablässig läutet. Sie bleiben seelenruhig. Dann siehst du auf dem Tisch gesunde und sündige Leckerbissen. Es fehlte nicht viel und sie hielten dir die Nuckelflasche an den Mund, aber oben drüber sagen sie lauter Dinge, die du auch so siehst, auch so denkst. Sie nehmen dich in ihr Herz, und während eine Frau unter Tränen unser Treffen absagen muss, weil der Schnee sie nicht aus der Hautür lässt, was für den Moment eine Katastrophe darstellt, wo sie sich doch von allen am meisten gefreut hat, weil sie früher in einem Singeklub war, geschieht ein Ungewöhnliches nach dem anderen.

Die Feuerwehr hat ihren Saal für umsonst hergegeben, weil

sie den Täve so lieben, der Bürgermeister aus dem Nachbarort hat persönlich hundert Stühle aufgestellt, Täve zuliebe. Mich kennt der nicht, er stammt aus dem Westen, und die Blumenhändlerin hat die Blumen gespendet und den Raum geschmückt, erst mal nur für Täve und Renate, und die Leute sind gekommen, trotz Winterkatastrophe, erst mal wegen Täve. Mein Ansehen muss ich mir verdienen, sie geben mir nur eine Chance. Aber die Mühe bin ich ihnen schuldig, dieser warmherzigen, eng verbundenen großen Familie mit Reni und Täve als Eltern für alle.

Ihm bin ich zum ersten Mal bei einem Soli-Basar respektvoll begegnet, als er mir und meinen signierenden Kollegen reife Äpfel aus seinem Garten schenkte.

Wir haben Glück, dass Laura gerade dann heiratet, wenn Täve die Schirmherrschaft für das große Radrennen Paris-Moskau übernimmt. Er wollte uns nämlich mitnehmen. Vielleicht hätte er uns sonst auch überredet, wenigstens eine Etappe zu radeln. Täve ist so. Werde bitte wenigstens so alt wie Heesters.

Du wirst im Februar achtzig Jahre alt, so wirkst du nicht, aber wiederum braucht es diesen abgenutzten Trost nicht. Wir machen uns dann wieder auf den Weg zu dir, du hast dir das gewünscht, und du willst, dass ich bei deiner Feier über dich rede. Was ich sage? Weiß noch nicht, aber vielleicht, dass ich gern die Macht hätte, eine Stadt mit ihren Oberen zu versehen. Dann würde ich dich zum Bürgermeister machen und Azdak nennen. An den erinnerst du mich, an den weisen Richter bei Brecht. Bei mir heißt es: »Alter und Zeit / das sind starke Gewalten / bleib du stärker als sie / wir wolln dich behalten.« Es wird dir wieder zuviel Mittelpunkt sein, aber die Leute bei uns hier brauchen dich jetzt, dein Beispiel. So kriegt alles seine Richtigkeit.

Die wirklich schlimmen Geschichten finden oft in den Familien statt, die gar nicht dafür gemacht scheinen. Aber in ihnen wohnt auch der Beistand, der hilft beim Überleben.

Ich habe zugesagt, für Täve in seinem kleinen Ort eine Lesung zu machen. Ich weiß, was ich dort finde, und so alt, wie wir sind, haben wir keine Zeit zu verschenken.

Täve ist noch immer ein Volksheld. Eine Bekannte wohnt in Berlin-Weißensee. Die Hauptstraße dort war einmal Teil der Strecke der Friedensfahrt. Sie und ihre Tochter machen sich den Spaß, vorbeifahrenden Radfahrern manchmal zuzurufen: »Täve, Täve ...« Sie sagen, wenn der die Hand grüßend hebt, dann ist es ein Ossi. Wenn er befremdet guckt, dann wohl eher nicht.

Schnee, verkrustete Straßen, Ofenzeit, unterwegs zu Täve und seiner Frau. Die ist ganz heil und ganz so, wie eine Frau nur dann sein kann, wenn sie immer wahrgenommen wird, nicht nur als Mutter, sondern als Weib.

# WIR KOMMEN
## ALLE VON
# ANDEREN HER

Was immer ich schreiben werde, es wird keine Autobiografie. Da müsste ich ja mit der Kindheit anfangen. Mit der beginnen solche Bücher, und deswegen überschlage ich die ersten fünfzig Seiten. Nur wenige Bände waren für mich außergewöhnlich ergreifend, fast immer dann, wenn die Weltgeschichte in die familiären Verhältnisse eingegriffen hatte.

Sonst interessiere ich mich nicht für fremde Kindheiten, sehe mir allenfalls die Momentaufnahmen oder die gestellten Fotos der verkrampften Personen aus den Familienalben an. Der war ja mal niedlich, oder: kommt leider auf den Papa raus, oder: denkt man gar nicht, ist aber trotzdem was aus ihr geworden.

Nicht jeder ist schon als Knabe so schön wie Arthur Schnitzler, und der ist es auch als alter Mann noch geblieben.

Ich interessiere mich nicht für fremde Kindheiten. Ich hatte selber eine.

Weitaus lieber will ich alles über glanzvolle Karrieren wissen, möglichst ohne deren beschwerliche Umwege, kometenhaftes Heraustreten in die staunende Umwelt, die sich ganz ohne Vorurteil den Auslassungen in Wort, Bild oder Note öffnet, dem so lange erwarteten Erlöser aus der Langeweile seine Wege mit Beifall pflastert. Das erfreut mir die Seele beim Lesen. Es ist möglich, also schaffst du es selber auch. Als hätten sie nur auf dieses Beispiel gewartet, seien frei von jedem Vorurteil, so weiten sich die Ohren und die Augen und selbst abgestumpfte Teile der Gefühle. Ist es nicht wunderbar, zu erfahren, wie Talent sich unversehens lohnt, wie die Wege, die vorgezeichneten, nur zu gehen sind, schienen sie auch vorher schon allzu begangen, alles auf der Welt längst bedichtet, besungen oder vorgeführt?

Das stimmte bis vorgestern, nun hängt einer seine Bilder verkehrt rum auf, der andre schickt die Schauspieler nackig auf die Bühne, und was ich nicht verstehe, kann ich ja bald nachlesen, denn ein Buch schreibt heute fast jeder, und so erfahren wir, warum dieser oder jener erfolgreiche Mensch sogar einmalig ist. Und wie ihn der Zufall puderleicht in den Erfolg katapultiert hat – das, wie gesagt, lese ich am allerliebsten.

Ganz so war es bei mir nicht. Obwohl: Es ist leicht, aus den Niederungen der Alltäglichkeit nach oben zu kommen, es ist ganz leicht, kommt wie von allein, man muss nur dafür sorgen, dass andauernd etwas passiert. Sich auf Unvorhergesehenes und vor allem auf Unabsehbares einlassen. Man muss von der Sache, der man sich ganz überlassen will, auch nicht unbedingt etwas verstehen. Warum habe ich ein tugendhaftes Jagdgedicht verfasst? Ich lehne Jagen ab und kenne von der Jägerei nur, was in alten englischen Filmen manchmal davon gezeigt wird, und es ist meistens nicht hübsch. Das Losdichten hatte aber seinen Anlass, und wenn mir dieses seit sechs Jahrzehnten nicht mehr in meinem Besitz befindliche lyrische Etwas auch nur eine gewisse Lächerlichkeit eingetragen hat, so erinnere ich mich doch, wie es mir damit erging: Kaum hatte ich das beschriebene Blatt an die Redaktion »Bauernecho« abgeschickt, verließ mich jedes eigene Urteil. Ich konnte die Antwort kaum erwarten und war aufgeregt, als ginge es um die Entscheidung über mein künftiges Leben. Ich wartete so dringend auf Zuspruch oder Ablehnung, wie später bei einem Filmskript oder einem Buchmanuskript.

Es gibt Menschen, denen reicht es schon, innerhalb der Familie etwas zu bedichten, es vorzulesen und sich dann, zufrieden mit dem frenetischen Beifall, wieder in die übliche Rangordnung einzufügen.

Dagegen ist nichts zu sagen. Außer, etwas in dir verlangt nach Ausdruck, und du brauchst jemanden, der dir »ganz ehrlich« sagen soll, ob an deiner Sache etwas dran ist. Dein Clan, der über jeden Fernsehabend manchmal treffende und oft vernichtende Urteile zu verkünden weiß, ist meist absolut nicht zuständig, wenn er die Auslassungen eines Familienmitgliedes bewerten soll. Man kommt ja drin vor und ganz gut weg, das hätte man selber gar nicht so treffend sagen können, das ist schon Talent, doch, doch. Aber irgendwie ist es auch peinlich, und wer weiß, was da noch alles an die Öffentlichkeit kommen wird. Die halbe Welt ist leichter zu begeistern als eine Familie, deren Mitglieder immer nach Stellen suchen, von denen sie sich betroffen fühlen können.

Meine Mutter hat nie ein Buch von mir gelesen, sich aber immer erkundigt, ob ich auch nicht schlecht über sie geschrieben habe. Nein, Mama, damit habe ich gewartet, sehr lange und noch immer mit einem Quäntchen Hoffnung, du würdest mit mir über die siebzehn Jahre deiner Herrschaft über mich reden.

Aber eine Silberne Hochzeit, der runde Geburtstag? Ich habe gelegentlich mittendrin gesessen und auch feige gegrinst, wenn Menschen, die ich als gescheit oder sogar klug kannte, sich zum Appel gemacht haben, als Vortragende oder Zuhörer. Ich kenne auch den seltenen Fall, wo der Anlass genutzt wurde, den anderen endlich etwas vor Augen zu führen, was die eigentlich nicht wollen: in die Richtung einer Entscheidung gedrängt zu werden, einer Veränderung der überlebten familiären Rituale. So mutig, das zu fordern oder durchzusetzen, sind die meisten von uns nicht. Damals, mit siebzehn, war ich es einmal. Ich schlug mich aus einer verklebten Sippe in die Büsche, aber das ist eine andere Geschichte. Ich weiß nicht, ob ich die erzählen will, ob ich sie nicht schon erzählt habe. Ich lese meine Bücher für gewöhnlich nicht, sehe mir im Fernsehen oder im Kino keinen eigenen Film an, höre kein Hörspiel, aber manchmal höre ich Lieder, deren Texte ich geschrieben habe. Die sind durch den Interpreten verfremdet, durch die Musik von mir entfernt. Aber sonst will ich Neues machen, anderes. Das Leben scheint mit zunehmendem Alter immer rascher, es rafft die Arbeitszeit, ein Achtzehnstundentag wird zur Ausnahme, und das Eigentliche ist immer noch nicht gesagt.

Wird man erst einmal einem größeren Kreis von Leuten erinnerlich, kommt man leicht auf die Idee: »Mich kennt doch inzwischen jeder.« Das stimmt nicht einmal für Karl May, und solche Einbildung wird ja auch vom nächsten Zweifel an der eigenen Bedeutung ausradiert. Aber die Welt ist doch begierig auf jeden, der laut genug tönt und der die Menschheit um Farben, Formen, Wörter oder Gesänge bereichert – oder der das vorhat oder vorgehabt hätte oder leicht hätte vorhaben können.

Über das Jagdgedicht reden wir noch. Es war einer der Gründe, warum ich mich danach aus dem Staub gemacht habe, sobald jemand ... dazu kommen wir auch später. Ich habe nicht gewusst, was ich noch alles weiß. Ohne Tagebuch, ohne Notizen, nur auf mein Gedächtnis angewiesen. Das könnte sich vielleicht mal bei einer Zahl, einem Danach oder Vorher, irren. Das ist nicht wichtig. Und wenn doch, dann ergänze mich, widersprich mir oder zieh mich in dein Vertrauen.

# AUF
## DÜNNEM
### EIS

Ich hatte ein aufregendes Angebot vom Verlag für die Frau bekommen und nahm es sofort an. Wie auch später sehr lange alles, was mir Presse, Radio, Film, Fernsehen oder ein Verlag übertragen wollten. Es gab Anfang der Sechziger viel Nachfrage. Ich war Co-Autorin der halbwegs geglückten Film-Komödie »Auf der Sonnenseite«, mit Krug in seiner ersten Hauptrolle, also zeigte sich die DEFA an mir interessiert. Sie suchten ständig neue Autoren, weil sie immer ihre bewährten Szenaristen zeitweise oder für ewig verärgern oder verstoßen mussten, scheinbar für ewig, bis sich alle freuten, dass DER endlich mal wieder einen Film gemacht hatte.

Ich fand die Regie in unserem Film eher unelegant, viel zu aufgesetzt, und wäre nicht der übermütige Manfred Krug gewesen, hätten die Leute nicht so gelacht, und es wäre nicht zu dem übertrieben gelobten Erfolg gekommen. Heinz Kahlau und ich schrieben das Drehbuch, aber ich habe bis heute keinen Filmblick, und mir fallen nur Dialoge ein, keine Bilder.

Ich habe in diesen Film die Leistung an der Schreibmaschine eingebracht und eine Figur erfunden, die dann für den Schauspieler Heinz Schubert, viel belacht, als Alfred Tetzlaff weitergeführt wurde. Der Bauleiter in der »Sonnenseite«, eigentlich mein einziger markanter Beitrag zu dem Drehbuch, dessen Liebesgeschichte mir ziemlich albern vorkam, ist genau so, wie Schubert uns später übers Fernsehen in die Stube kam: so knurrig, rechthaberisch, so respektlos gegen Frauen, die weiche Seite immer mit Unsäglichkeiten überdeckend. Die Szenen zwischen Krug und Schubert waren amüsant, und wir haben den Schubert natürlich gegen Ende des Films eines Besseren belehrt, sonst wäre der Film wahrscheinlich nicht gedreht worden: »Unsere Bauleiter sind nicht so.« Der Film hatte auch eine falsche Moral: Der begabte Junge sollte das Kollektiv wichtiger nehmen als sein Talent. Aber das schadete nicht besonders, weil das Publikum diese ranzige Empfehlung vermutlich gar nicht bemerkte.

Als der Film fertig und ein Erfolg war, hatte ihn natürlich jeder der Hauptbeteiligten allein gemacht. Krug war jung und ehrgeizig, ohne ihn war die Figur nicht denkbar, und hatte uns unsere Dramaturgin noch zu Beginn die kollektive Meinung der DEFA mitgeteilt, wir sollten an einen anderen Schauspieler denken, dieser Krug sei nur gut für Nebenrollen, nicht für eine Hauptrolle, so war er nun ein Star. Ich hatte einsam im Babylon auf der Bühne zwischen allen anderen Beteiligten den Beifall empfangen, fühlte mich dick und doof, hatte eine Laufmasche und dachte an Trennungen. Wir bekamen Preise, und einmal suchte uns der Bürgermeister unseres Bezirks auf mit einem umfangreichen Rosenstrauß. Er wollte Kahlau gratulieren und meinte, die liebe Hausfrau würde doch sicher die Blumen in die Vase stellen. Kahlau korrigierte ihn eifrig, aber in seiner Seele sah er es so ähnlich wie der Bürgermeister. Wir haben trotz dieser unabweisbaren Erkenntnis gemeinsam noch einen Film geschrieben, mit dem Regisseur Erwin Stranka, und wieder saß ich an der Maschine, aber diesmal überboten wir drei uns an komischen Einfällen. Der Film sollte »Strandkonzert« heißen und ein solches im Film nicht stattfinden. Wir dachten an drei Hauptdarsteller: Krug sollte in einem idyllischen Ostseedorf den Bürgermeister spielen, der einen geruhsamen Winter mit Vorbereitungen zu seiner Hochzeit verbringt, bis ihm die gnadenlose Überschwemmung des Ortes mit Urlaubern alles aus der Hand schlägt. Wir wollten den Aufbruch dorthin aus den verschiedensten Bereichen der Arbeit und des alltäglichen Lebens zeigen und wie die Leute im Dorf am Meer trotz der vielen Fremden ihr geheimes eigenes Leben weiterführen, eins, in das sie keinen Urlauber reingucken lassen. Perry Friedman sollte der Mann sein, der dem »hörrlichen deutschen Folksong« auf der Spur ist, ein Weltenbummler ohne Geld in der Tasche, der dort eigentlich offiziell nichts zu suchen hatte, aber mit allem am besten zurechtkam, und Biermann war als Taxifahrer gedacht, der seinen Schnitt macht und sich mit jeder hübschen Anreisenden verloben will. Ich habe nie wieder bei einer Arbeit so viel und so herzlich gelacht. Das Kollektiv in Babelsberg, das über die Brauchbarkeit unseres Skripts zu entscheiden hatte, teilte unser Vergnügen. Der wenig später so tapfere Klaus Wischnewski, der seinen unbeugsamen Widerstand gegen das 11. Plenum mit einem Rausschmiss bezahlte, hat eine halbe Nacht lang gelacht, sagte er. Aber ein Mann, der ganz woanders saß und mehr zu sagen hatte, befand: Das ist ja eine Komik wie bei Monsieur Hulot. Unsere Menschen sind noch nicht so weit.

Dieses Drehbuch, ebenso wie zwei andere Komödien von mir und eine schöne Anthologie von Liebesgedichten, fiel unter den Tisch des 11. Plenums. Dort lagen sie auf dem Haufen, bis mich eine Dramaturgin anrief und sagte, sie hätten nun gar keine Komödien mehr im Programm, das ginge ja auch nicht. Zwei meiner Filme wurden gedreht, das »Strandkonzert« vergessen. Ich habe das Manuskript nicht mehr, und alles hat insofern eine Art Gerechtigkeit gefunden, weil ich als Alleinerziehende von den Honoraren der DEFA meine Altbauwohnung renovieren und allmählich nach meinem Geschmack einrichten konnte, um in Ruhe zu bemerken, dass ich als Filmautorin nicht gut genug bin. Das nahm der Perfidie des Plenums nichts, und da gab es ja auch noch ein paar andere Arbeiten von mir, deren Unterdrückung, auf Zeit oder immer, mir mehr wehtat, aber an Angeboten zur Arbeit mangelte es nicht.

Nach Talentproben im »Eulenspiegel« kam ich aus der Arbeit für das »Bauernecho« und die »Handelswoche« heraus, aus jener unzumutbaren Gängelei, die mir manchmal den Atem nahm, ohne dass ich mich wirkungsvoll wehren konnte. Oder nur so wenig, dass ich damit selber unanständig wurde. Ich sollte, ein Beispiel, über die drei Filmteile »Stiller Don« eine Filmrezension für das »Bauernecho« schreiben, für insgesamt fünfzig Mark. Der Redakteur sagte aber, es dürfe kein kritisches Wort vorkommen, also schreib was, so'ne Inhaltsangabe. Die konnte ich aus dem Klappentext der Bücher haben, und so bekam ich meine fünfzig Mark und habe die Filme erst sehr viel später im Fernsehen erlebt, wo ich die Handlung nicht verstand, weil dauernd Mitspieler auftauchten, von denen ich geglaubt hatte, dass sie schon tot waren, und sie wurden jedes Mal mit anderen Namen gerufen. Welch eine zärtliche, vielfältige Sprache. Von diesen drei Teilen sind mir nur die beiden Liebenden in Erinnerung geblieben, nein, nur Axinja.

Eine meiner noch unangenehmeren Erinnerungen gilt Frau Maron. Sie war die Chefredakteurin der »Handelswoche«, einer unbedeutenden Zeitung, in der eine nette Redakteurin einige meiner Feuilletons unterbringen wollte, die im Erfolgsfall sehr schlecht bezahlt, aber meistens nicht gedruckt wurden. Aus einem Manuskript strich Frau Maron mir die Namen Walter Mehring und Erich Mühsam heraus, mit der Begründung, das seien bürgerliche Autoren, an deren Erwähnung wir nicht interessiert sind. Ich traf sie nur einmal, nur zufällig auf dem Korridor, und es war unumgänglich, dass wir einander vorgestellt wurden. Sie war eine kleine, nicht unattraktive Frau, aus deren Mund mir Eishauch zu kommen schien. Ihr Blick erinnerte mich an eine übellaunige Schlange und schlug mich so für immer in die Flucht. Das wollte sie vielleicht nicht, mag sein, sie war immer so. Ich glaube, ihre Tochter wollte ihre Mutter nicht hassen und hat sich nun an deren Stelle die Hassfigur DDR ausgesucht. Das geht ja im Leben manchmal so: Man kann seine Eltern nicht verknusen und hält das für eine tragfähige Weltanschauung.

Die mir geneigte Redakteurin ging nicht ans Telefon, als ich mich für immer von ihr verabschieden wollte. Sie war verhaftet worden und wurde angeklagt, für einen feindlichen Geheimdienst gearbeitet zu haben. Ob das stimmte, habe ich nie erfahren.

Etwas später hatte ich durch Vermittlung von Margot Pfannstiel, die einerseits eine geschätzte Redakteurin in der »Wochenpost« war, andererseits eine Reihe im Verlag für die Frau betreute, dieses Angebot aus Leipzig bekommen. Wir beide besprachen das am Telefon und einigten uns auf ein Thema, von dem ich annahm, dass ich besonders viel darüber wüsste oder beim Schreiben erfahren könnte. Ich hätte nur zwei kleine Schwierigkeiten bedenken sollen. Dieser Verlag für die Frau in Leipzig stand nicht gerade im Ruf emanzipatorischer Bestrebungen für Frauen, aber ich war mir selber solcher Nötigkeit auch noch nicht bewusst und steckte in Konflikten, die aus dem Widerspruch zwischen alter Anpassung und neuem Aufbegehren entstanden waren. So versäumte ich vieles und auch, mit den Leuten in Leipzig eben erst einmal persönlich zu reden. Andererseits dachte, träumte und litt ich gerade gewaltig, war also dicht am Stoff dran.

Warum sollte ich zweifeln, statt lustvoll zu beginnen? Die Frau aus dem Verlag hatte doch ausgerechnet mich angerufen, Anfang der Siebziger, das bedeutete doch etwas. Sie schickten mir einen Vorschuss an Vertrauen. Wie sich zeigte, war das nicht ganz falsch, denn ich wusste beim Schreiben mehr, als mir für mein eigenes Leben schon bewusst war. Das »Brevier für Verliebte« schrieb sich wie von selber, während es in meinen eigenen Verhältnissen gerade wieder einmal verworren zuging. Ich hätte das Brevier vielleicht nicht schreiben, sondern aufmerksam lesen sollen. Im Leben kriegte ich die Worte nicht zusammen, die dringend zu sagen waren, fand die Tür nicht, durch die jemand nach draußen zu gehen hatte, und wegen all dieser verknoteten Enden und Anfänge mochte ich mich oft selber nicht. Aber schreiben konnte ich alles, was in der Liebe zu sein hatte. Möglich, dass ich mir durch diese Arbeit bewusst machte, was mir fehlte und wonach ich streben sollte.

Ich war fast vierzig und in einigen Bereichen des Lebens eine unsichere Anfängerin, auch wenn ich viel tat, um nicht so zu wirken. Mir wird unbehaglich, wenn ich daran denke, wie riskant das Leben dadurch wurde, wie anfällig und verletzbar, mitten in meinem Anfang, mitten in einem zerbrechlichen Land, das mit seinen Dogmen nicht weiter kam und in dem einzelne Menschen immer wieder tapfer versuchten, mit anderen einzelnen Menschen jenseits aller Schlagzeilen und Parolen anständig umzugehen. In jener Zeit waren wir uns alle der Verlierbarkeit unserer Freunde und Kollegen bewusst. Der fährt irgendwo hin, vielleicht sehen wir den nie wieder? Unsere ganz persönlichen Probleme unterlagen manchmal, mussten unterdrückt, konnten jedenfalls nicht geklärt werden. Es gab die andere Wohnung nicht, in die man jemanden wegschicken konnte, aber das ist auch nur ein Beispiel. Manchmal denke ich, dass die meisten von uns einen Psychiater gebraucht hätten. Keine antagonistischen Widersprüche? Weil wir doch die Sieger der Geschichte waren, nicht undankbar sein durften gegenüber den heldenhaften Stürmern des Winterpalais, in Strohschuhen, den hungrigen Helden auf der »Aurora«, den Opfern, den vielen Opfern, zu vielen Opfern, die uns persönlich verpflichteten, die Fahne weiter zu tragen, auch wenn wir nicht sehr lange davor allen Fahnen abgeschworen hatten?

Soviel Zwiespalt, soviel Einsicht und Aufbegehren, soviel Widerspruch und dann auch Widerspruch gegen andere Widersprecher, soviel Aufbruch ohne die wirkliche innere Überzeugung, dass wir unsere Verhältnisse in Ordnung bringen könnten! Und immer die Dankbarkeit, dass uns viele Türen offen standen, auch und besonders, wenn sich gerade eine geschlossen hatte, und wenn es sich nicht um Kabarett handelte.

Wir weniger Gefürchteten behielten immer zu leben und irgendwo zu arbeiten und hatten unser Auskommen. Das waren ehrliche »Errungenschaften«, hätte man sie nur nicht so genannt. Es ist ja wahr, trotz fehlender nachweisbarer Gleichwertigkeit im Alltag gab es Gesetze, auf die wir Frauen uns berufen konnten, und bei der Arbeit hinderte uns niemand, sie gut zu machen. Unser Politbüro sah zwar aus wie noch heute die meisten Vorstände in der Wirtschaft, ein grauer Anzug neben dem anderen, aber das war unser geringstes Problem. Ich kenne keine Frau, die Mitglied im Politbüro sein wollte, und ich, ich hätte mir eher einen Leierkasten genommen und wäre über Höfe gezogen, ich mit meiner Angst vor Langeweile. Dort oben, das wussten wir doch, wurden nur vorher getroffene Entscheidungen verkündet. Als mir die Volkskammer angedroht wurde, war ich ein einziges Mal meiner ersten Familie dankbar, dass sie alle schon zwanzig Jahre vorher abgehauen waren, denn dadurch durfte ich nicht Mitglied der Volkskammer werden. Ich spielte Getroffenheit und äußerte, ich hätte bis jetzt geglaubt, meine Grenzen lägen bei meinem Verhalten, nicht dem meiner Verwandten. Ein damit extra beauftragter Genosse sagte mir, innerhalb der Partei könne ich alles erreichen, jede Position, nicht aber in der Volkskammer, so seien die Gesetze.

Vielleicht war es so, aber ich hatte einen einflussreichen Mann abgewiesen und damit gekränkt. Da es für ihn »nur Liebe oder Hass« gab, musste er nachdenken, was er gegen mich tun konnte. Er sah sich meine Unterlagen an, und so kam es, dass Gerhard Baumert das Ressort »Jugend« übernahm, und ich war raus, fein raus. Mit siebenunddreißig Jahren war ich eben in die Partei eingetreten, weil ich inzwischen etwas vorzuweisen hatte und niemand sagen konnte, ich hätte das durch Mitgliedschaft ermöglichen wollen. Ich hatte Glück, ich wurde in der Redaktion »Eulenspiegel« erst Kandidatin, dann Mitglied, und ich glaube heute noch, dass sich unsere Parteiversammlungen sehr von denen in anderen Bereichen unterschieden. Bei uns war es nicht redundant, und als ich dann zum Schriftstellerverband wechselte, weil ich mit der Redaktion kaum noch was zu tun hatte, erfuhr ich eine weitere Annehmlichkeit: Ich hörte den interessantesten Persönlichkeiten zu, sofern die anwesend waren, aber das mussten sie nicht sein, und ich auch nicht. Unser Parteisekretär versuchte zwar manchmal, Erscheinen anzumahnen, aber er war schon froh, wenn er dreißig Prozent Anwesenheit weitermelden konnte. Was die Alten durften, nahmen wir uns auch heraus. Dort war noch Schneid zu holen, dort konnte man noch widersprechen lernen und auch, in manchen Augenblicken, einfach aus Respekt die Klappe halten. Das half dem Mut auf, draußen, in der Öffentlichkeit, bei der allmählich gelingenden Arbeit und in den zunehmenden ehrenamtlichen Funktionen. Die sollten von uns übernommen werden, denn die alten Spanienkämpfer, die Zuchthäusler, die Überlebenden aus den Lagern und die Exilanten wollten nicht mehr, sie waren alt, müde und unzufrieden mit dem, was aus ihren Kämpfen geworden war. Sie zogen sich zurück, in Krankheiten oder ohne Erklärungen. Aber wenn sie auftauchten, dann war da etwas zu bewundern, wenn auch noch nicht zu übernehmen.

Es gab zu viel Unruhe in der Seele, oft zu verworrene Gedanken und jene Konflikte, von denen ich heute weiß, dass sie in solches Alter gehören, weil man zwischen dreißig und vierzig halt anfällig ist für Irrtümer, für zu rasch getroffene Entscheidungen ebenso wie für deren überfordernde Folgen.

Was wollte ich denn damals? Ich wollte mit meinen Töchtern leben, und niemand sollte versuchen, sie mir wegzunehmen, ob ich sie geboren hatte oder nicht. Das war mir nicht gelungen. Obwohl wir seit Jahren getrennt lebten, hatte der Vater meiner kleinen blonden Tochter noch immer Schlüssel für unsere vorher gemeinsame Wohnung. Damit er seine Tochter jederzeit besuchen konnte.

Das war einer jener scheinbar edlen blöden Vorschläge, an denen es in meinem Leben lange nicht mangelte. Er kam, wann er wollte, auch ohne vorherige Anmeldung, auch am Heiligabend, und er verbreitete schlechte Laune. Vielleicht kam er mit sich selber nicht gut zurecht, aber er stichelte und nörgelte, und einmal, als es im Geflügelladen Langusten gegeben hatte, kubanische, die er wortreich nicht aß, waren unterm Weihnachtsbaum viele Überraschungen, viele kleine Freuden vorbereitet worden, die er alle mit unfrohen Augen ansah. Da wusste ich es: Seine Anwesenheit war falsch, überlebt, so nicht länger zu dulden. Nicht, nachdem ein paar Jahre vergangen waren, in denen er ganz frei war und alle Pflichten bei mir lagen.

Wir konnten uns nicht einigen. Er wollte die bisherigen Regeln beibehalten.

Und mir die Tochter nicht mit allen Rechten und Pflichten überlassen. Zumal ihre Mutter inzwischen in Berlin lebte und dem nicht zustimmte. Die Tochter war nun dreizehn Jahre alt, hatte mit sich zu tun, und ich mit mir auch.

Es war eine Trennung, die bei ihr und bei mir niemals heilte.

# TIEF IM
## DUNKLEN
# MEER

Ich weiß noch jenen Augenblick.

Es war ein ganz normaler, ein eben begonnener Tag. Die Tochter redete, frühstückte, das Telefon klingelte fast unablässig, aber von vielen scheinbar nichtigen Vorgängen jenes Morgens ist mir nichts geblieben. Kirsten verabschiedete sich, ging zur Vorlesung in die Humboldt-Uni, die Nachbarin aus dem ersten Stock wollte mir ihre neueste Drangsal schildern, und ich war ungeduldig, denn das Kommen fiel ihr leicht, das Gehen immer schwer. Ich wollte nicht unhöflich sein, aber sie zwang mich manchmal in die Nähe eines Rauswurfs. Andererseits war sie eine wichtige Person, sie schneiderte ziemlich beholfen und verfügte über umgehende Termine bei den Zahnärzten in der Charité. Nun lechzte sie nach Kaffee und wollte wie immer loswerden, dass ihr Liebhaber viel netter war als ihr Ehemann.

An der Tragödie seines Lebens hatte das Paar gleichen Anteil, aber sie konnten leichter damit leben, wenn sie einander die Schuld gaben. Das kam so: Im Sommer 1961 war es für sie endlich so weit, sie hatten alle Möbel verkloppt, sich von den wichtigen Freunden verabschiedet, und am folgenden Dienstag wollten sie in den Westen abhauen, ganz normal, mit der U-Bahn. Ohne Gepäck, damit etwaige Kontrolleure ihnen die Absicht nicht von den Taschen ablasen. Die letzte Nacht im Osten wollten sie in der leeren Wohnung auf dem Fußboden zubringen, schlafen wohl kaum. Der Dienstag war als passender Tag ausgewählt worden, weil der Mann am Vormittag noch sein Gehalt in Empfang nehmen konnte. Sie war Zahnarzthelferin in der Charité, er Chorsänger in der Staatsoper. Dort gab es am Dienstag, in der Mitte des Monats, das Gehalt, aber vor dem Dienstag lag ein Sonntag, und der fiel auf den 13. August. Da lagen sie nun auf dem nackten

Fußboden und standen in ihrer leeren Vier-Zimmer-Wohnung, natürlich ohne Radio. Die stark pubertierende Tochter gab ihnen später für immer alle Schuld am verpassten großen Leben, und sie die gleiche einander bis zur viel später erfolgenden Scheidung. Für die Welt um sie her hatte sich alles geändert, aber für diese beiden Leute brach die ihre zusammen. Sie hatten ganz ihrem Traum und Plan gelebt. Alles, was sie einander nicht wurden und nicht sein konnten, war auf die lockende Zukunft geschoben, in der sie finden würden, was sie zusammen hier nicht fanden.

Sie gingen wieder zur ungekündigten Arbeit und richteten sich langsam neu ein, manchmal noch immer von einem abenteuerlichen Aufbruch durch Feuer oder über Wasser träumend, lebten also ihr Leben weiter, ein falsches, das ein großes hätte sein können, dachte sie, wenn er nicht auf seinen paar letzten Ostpiepen bestanden hätte. Bloß weil er die noch im Westen umrubeln wollte. Typisch für ihn.

So spricht in einer Ehe der Hass. Was er gedacht hat, weiß ich nicht. Er war ein besonders fader Mann. Wie sie eben geraten können, wenn sie nicht beachtet, nicht geliebt und nie gerühmt werden. Sie plapperte, was sie alles drüben hätte bereisen und werden können, blabla. Was für eine eitle, dumme, zierliche und ganz hübsche Person, die nähen konnte, je nach Gemütslage, und sich von jedem Zahnzieher einbildete, er sei hinter ihr her. Ich höre sie noch schnattern, ohne zu wissen, was sie, in ihrer Endlosschleife hängend, an jenem Morgen gesagt hat.

Aber von einem Moment zum andern: Da war es wieder. Ich scheiterte, ging verloren, verlor meine Wände, an die ich mich anlehnen konnte, die zu eng rücken konnten, manchmal belauscht, abgehört wirkten, für bösartige Augen durchsichtig schienen oder bei schwer absehbarem Alleinsein zu weiten Raum ließen. Die Nachbarin, wollte ich mir sagen, war durch ihr eigenes unerträgliches Gehabe ungeliebt. Warum ich, ich doch nicht. Ich war doch nicht einsam, ich doch nicht.

Bis eben war ich es nicht gewesen, stand im Leben, sorgte für alles und alle, wie wir Weiber in unseren eifrigsten Jahren eben so sind, und ich schrieb doch gerade ein Brevier darüber, wie man es schaffen kann, glücklich zu lieben.

Aber da war es wieder, dieses Unbehagen an mir selber. Ein Zustand, als hätte mir jemand eine schwarze Decke über den Kopf geworfen. Drunter wuchs die Gewissheit: Ich würde niemals lieben können, nicht wirklich, es würde in meinem Leben immer nur Verliebtheiten geben, ach, es würde sich allemal jemand finden, um sich aufzuregen, mit klopfendem Herzen am Telefon zu sitzen, schöne Briefe zu schreiben und zu warten. Dieses Gefühl, tröstliches Gefühl, durch die Augen eines anderen Jemand zu sein, im Mittelpunkt meines eigenen Lebens zu stehen, es würde mir für lange Zeit immer mal wieder zuteil werden, wenn ich nur richtig mit mir umging. Andere konnten das doch auch, sich nahezu in sich selber verknallen und herrliche Verzweiflungen erleben. Wenn mir das gelang, gab es Anlass für traurige Lieder und Gedichte. Aber für die Liebe, die große, so oft beschriebene, war ich wohl nicht gemacht. Dazu musste es mir an etwas fehlen, was ich nicht benennen konnte. Es war auch in den Vorwürfen, die mir bei Trennungen gemacht wurden, nicht zu finden. Da ging es ja immer um ein »zu wenig«, um einen Mangel an totaler Hingabe.

Ich wurde damals nicht geliebt. Der Mann, mit dem ich lebte, hatte mich mit seinem Talent bezaubert, er hatte mich auf einen wichtigen Weg meines Lebens gebracht, er war sehr jung, sehr intelligent und sehr bequem, konnte über sich hinauswachsen, wenn ihn etwas interessierte, war aber unfähig, eine ungeliebte Pflicht zu übernehmen. Ein anständiger Mensch, der eben das Grün hinter seinen Ohren bemerkte und abzustreifen suchte, und uns stand noch eine lange, eine lebenslange kreative Freundschaft bevor, in der ich wirklich für ihn nützlich sein konnte, in der auch er mir alles gab, was er hatte und erwarb. Den Fleiß, den Erfolg, die unvergleichliche Umsetzung meiner Arbeit. Berühmt und erfolgreich, und ich blieb ein wichtiger Mensch in seinem Leben. Das sagte er, und er sagte auch, er habe bei mir nebenbei in einer Woche mehr gelernt als in den Jahren seines Studiums, das ihm nicht wirklich etwas brachte. Er hatte sich in mich verliebt, weil er jemanden wie mich brauchte, aber er liebte mich nicht, konnte mich nicht lieben, so wenig wie er die vielen jungen Mädchen in den Klubs der Singenden liebte, die mich beneideten, aber dazu hatten sie nach der ersten stürmischen Zeit keinen Grund. Sein Weg war ein anderer, der war ihm vorgegeben, und daran war nichts zu ändern. Vergilbte Seite, erste Auflage meines ersten Gedichtbandes aus dem Jahr 1976: »Nichts ist so bitter wie nicht geliebt zu sein …« und »unter der Schminke grau vor Mut bin ich: / Ich, ungeliebt, hab es noch einmal versucht / das hat sich gelohnt …«

Zu jenem Zeitpunkt schrieb ich also das Brevier, in dem ich allen Lesern erzählte, um was es in der Liebe geht. Wie sie zustande kommt, was ihr Wesen ausmacht, wodurch sie bedroht wird. Es mehrte sich als Wissen in meinem Kopf, meine Augen hatten Beweise gesammelt, mein Hirn hatte manches sogar zu Ende gedacht, was zunächst nur Präambel oder These war.

Der Verlag für die Frau in Leipzig bekam mein Manuskript und ich mein persönliches Gespräch mit der Lektorin, die dritte Anwesende war wieder Margot Pfannstiel. Das Gespräch fand in ihrer Redaktion statt. Sie mischte sich nicht ein, lauschte aber unserem Gespräch einerseits ungläubig, andererseits amüsiert. Die Lektorin, mit straffer Portierzwiebel, kam gänzlich ohne weibliche Eitelkeiten aus. Flache Schuhe, laute energische Schritte, sehr schmaler ungeschminkter Mund. Sie hatten sich etwas anderes vorgestellt, sagte sie mir mit engen misstrauischen Blicken. Wie ich aussah und was ich geschrieben hatte, das gehörte für sie zusammen. Hochhackige Schuhe, schwarzes zweiteiliges Ensemble, weiße Hirtenbluse und den Kopf voller Locken, außerdem war ich geschminkt. Die Augen der Leipzigerin waren beim regen und erregten Austausch ihrer totalen Ablehnung und meiner rasch temperamentlosen Verteidigung nicht zu stellen. Was ich geschrieben hatte, war das Gegenteil von dem, was sie wollten. Hinweise, Tipps, Ratschläge fehlten, zumindest ihr, aber sie fühlte sich wohl unangreifbar, wenn sie im Plural sprach, als hätten Millionen mein Manuskript gelesen und Tipps für Regale in der Speisekammer vermisst. Sie sprach immer in dieser beleidigenden Mehrzahl, stand nie als Urheberin eines Einwands zu dem, was ich ihnen geliefert hatte. Um das Schlimmste zu verhindern, hatte sie mit farbigen Kugelschreibern in meinem Manuskript gestrichen, ausgetauscht und überschrieben. Ironische Bilder, sagte sie, gehen gar nicht. Sie können doch nicht schreiben, dass eine »deswegen« heutzutage sicher nicht mehr in den Mühlteich geht, wenn vorher von einem Mühlteich gar nicht die Rede ist. Sie schlug Änderungen vor nach der Methode: Eigentlich geht kein Satz, aber ich als erfahrene Lektorin helfe Ihnen beim totalen Umschreiben. Ich hatte sie mir zur Feindin gemacht, weil ich sie, scheinbar ganz arglos, fragte, ob sie früher in der Organisation »Frauenschaft« gewesen sei. Sie hatte das Alter und sah so aus, aber es war eigentlich gemein von mir, denn sie hätte doch nie zugegeben, dass ihre Seele am Frauenbild dieser Naziorganisation kaum Anstoß genommen hätte.

Ich nahm mein Manuskript wieder an mich, brachte es in seinen vorherigen Zustand, also in Ordnung, und es verging Zeit, ohne dass ich mich darüber aufregte. Schon damals hatte jede Arbeit Folgen. Der erste Film ebenso wie die Kinderhörspiele, die Hörspiele für Erwachsene, die Lieder und die ehrenamtlichen Funktionen. Beim drohenden Herzeleid klärte sich allmählich, dass es für mich keinen Grund gab, die Ursache beim Altersunterschied oder wegen eigener Mängel zu suchen. Das tröstete und machte Anstand und einen anderen Anfang miteinander möglich. Nicht gleich, erst mussten noch Weltfestspiele in Berlin stattfinden, erst heiratete ich noch meinen Wilhelm, erst klatschte ich noch zusammen mit Joachim Walther ein leider versprochenes Buch über die Weltfestspiele zusammen, das wir beide verdrängt hatten. Aber es gab einen leichtsinnig unterschriebenen Vertrag, und wir hatten zu liefern, innerhalb weniger Tage, obwohl keiner von uns beiden auch nur eine Notiz vorweisen konnte. Am hilfreichsten war der violette Pressedienst, der kostete den Rundfunk viel Geld und den bekamen nur Chefredakteure. Mein Mann brachte ihn uns täglich nachhause, wo wir erst ratlos und zunehmend etwas verantwortungslos ein Manuskript fertigten. Walther schrieb was, ich schrieb was, das andere schrieben wir ab und füllten alles reichlich mit Fotos auf.

Schwamm drüber! Es lag nichts Besseres über das Ereignis vor. Über unsere Methode schwiegen wir, das Buch ist erschienen und wurde gekauft, das war bei allen Büchern in der DDR so. Nicht bei allen, zum Beispiel nicht bei meinem Brevier, vorerst.

In einer etwas langweiligen Stehpause, anlässlich der Verleihung des Heinrich-Heine-Preises an Heinz Kahlau, stand Hans Bentzien, der eben als Minister für Kultur in Ungnade gefallene und nun zum Leiter des Verlages Neues Leben ernannte Mecklenburger, neben mir, kaute an einem der gealterten belegten Brötchen und sagte: »Kannst du mir nicht mal ein Buch für junge Leute schreiben, über Liebe?« Ja, kann ich. »Bis wann?« Bis morgen. »Vier Exemplare?« Ja, kann ich. »Kannst du rüberbringen?« Ja, kann ich. Von der Schönhauser Allee mit all ihrem das schöne Leben verkürzenden Lärm und Licht an den falschen Stellen, dem Hinterhof mit Schlosserei, immer in Augenhöhe mit der U-Bahn, die nur nachts für zwei Stunden nicht alle fünf Minuten an unseren Fenstern vorbei donnerte. Aber dort war das Manuskript entstanden, dort lag es für ewig abgelehnt oder eben nun doch in die Markgrafenstraße zum Verlag Neues Leben gerufen.

Eine Woche nach meiner Abgabe zu treuen Händen rief Hans Bentzien mich an und fragte mit seiner heiseren Stimme: »Kannst du noch zwanzig Seiten schreiben? Dann habe ich zehn Bogen, das wär's.« Ja, kann ich. Er konnte, ich konnte, und Beschwerden von Lesern über fehlende Tipps sind mir auch nach fünf Auflagen nicht bekannt geworden.

Der Heinrich-Heine-Preis ist von den Folgen der Inflation durch zu viele Preise, von zu vielen Institutionen, verschont geblieben. Ich weiß noch sehr gut, dass er etwas ganz Besonderes war. Den gab es nur für Arbeit, nicht für Wohlverhalten, und nicht, weil man gerade einen runden Geburtstag hatte. Ich habe ihn bekommen, und ich werde ihn Laura vererben, und die wird ihn auch aufheben. Sie ist mir ja hart in den Arm gefallen, als ich in einem Moment der Entmutigung alles weggeben wollte. Auch die Theodor-Körner-Medaille, von der ich bis heute nicht weiß, wofür ich die damals gekriegt habe. Schon bei der Einladung und der Mitteilung habe ich gedacht, dass ich mich mit diesem Künstler eigentlich nie befasst habe – und ich hatte auch nichts gemacht, was nah unserer damaligen gerade gültigen Auslegung seines Werkes so gesehen werden konnte. Mein Mann meinte, wir würden das schon noch erfahren. Dann saßen wir im dunklen Saal, und ein Mann nach dem anderen ging, in alphabetischer Reihenfolge aufgerufen, auf die Bühne, bewegte dort seine Hand in Richtung Stirn und sagte: »Ich diene der Deutschen Demokratischen Republik.« Ich fragte meinen Mann flüsternd: »Muss ich das da oben auch sagen?« Er sah mich mit dem Blick sehr weiser, sehr angeödeter Männer an und zischte: »Wage es!«

Mir hat nie jemand gesagt, was ich mit Theodor Körner gemein habe, und bis 1990 ist mir das Kästchen mit der Medaille nicht wieder vor die Augen gekommen. Eine Prämie gab es übrigens dazu nicht. Auch für keine andere meiner bis dahin geleisteten Arbeiten, und da bin ich nun wieder beim Brevier. Es war so, dass wir 1990 alle gerade erschienenen Auflagen, auch des Breviers, in unserer Platte unterbringen mussten, in unserer Wohnung, die nicht halb so groß war wie meine alte Bleibe in der Schönhauser Allee.

Mein Mann Wilhelm Ernst Martin wollte alle diese auf einmal eilig erschienenen Nachauflagen sowie alle lästig gewordenen Bestände meiner Bücher besitzen, und mein Verleger Rudi Chowanetz musste sie loswerden. Dem saß sehr bald die Treuhand im Nacken, und da zwei Kommunisten zu den Gründern des Verlages gehört hatten, konnten alle geschäftigen Aufschübe, Wandlungen und Umwandlungen nicht darüber hinwegtäuschen, dass dieser Verlag auf jeden Fall zu verschwinden hatte. Samt Karl May, bei dem schon wegen der abzuschaffenden Konkurrenz. Wie sollte sich Chowanetz denn wirksam gegen einen entschlossenen Staat wehren, der im Gegensatz zu uns allen mit fertigen Plänen, mit genauester Analyse, mit Taktik und Strategie antrat, stark, unbesiegbar und seiner selbst ganz sicher. Was Autoren wie ich geschrieben hatten, wurde von der Liste verkäuflicher Bücher gestrichen. Zunächst nur befürchtet, zeichnete es sich ab, wurde dann so gehandhabt und hat sich im Lauf der Zeit allmählich in Maßen wieder zu unseren Gunsten geändert. Wie mit den überstehenden Büchern verfahren wur de, darüber ist genug geschrieben worden. Mein Mann meinte, meine Bücher gehen ihm nicht in die Jauche und nicht in die Container. Dafür sah unsere Wohnung eine Zeitlang sehr zugestellt aus, mit den abgerückten Möbeln und achtzehntausend Büchern dahinter.

Von manchem Titel habe ich nun kein einziges Exemplar mehr. Es ist mir unterlaufen, dass ich sie alle weggegeben habe, an Schulen, Bibliotheken, Frauen-Beratungsstellen, auch an frisch geschiedene Leute, die um Ersatz baten, weil die Bücher aufgeteilt worden waren. Bis heute haben wir immer ein paar restliche als »Schenkis« bei uns. Nicht von allen Titeln, aber eins wurde damals, kurz vor den großen Veränderungen, von meinem Verleger endlich mal hoch genug geplant und gedruckt, jenes kleine »Brevier für Verliebte«. Es fängt nun an zu gilben, und zwar in zweifacher Weise. Einmal war es sowieso schlechtes Papier, andererseits war ich ziemlich erschrocken, als ich neulich eine erbetene Stelle suchte. Ich entdeckte, dass meine Verliebten und Liebenden wohl in einem anderen Jahrhundert lebten. Sie haben kein Handy, können sich also bei Verspätung weder von unterwegs entschuldigen noch eine SMS schicken, sie haben keinen Fotoapparat, der sofort die Aufnahme anzeigt, und sie haben keinen Computer.

Es entspricht nicht meiner Lust, noch ist es meine Aufgabe, nun zu erklären, was alles sich noch geändert hat. Das Büchlein wird schon noch Entdeckungen über das Verhalten in der Liebe liefern.

Und was ist mit den großen Dichtern? Gretchen könnte die Pille nehmen oder abtreiben lassen, sie müsste ihr Kind nicht umbringen, und sie selber würde auch nicht umgebracht, weil sie in ihrer Not und wegen der gesellschaftlichen Bedrängnisse gar nicht zurechnungsfähig sein konnte.

Laura bekam eine schlechte Zensur, weil wir uns darauf geeinigt hatten, dass Emilia Galotti sich vom Vater den Tod geben lässt, weil sie sich kennt. Sie weiß, dass ihre Sehnsucht und ihre Sinnlichkeit unwiderstehlich sein werden, sobald der Prinz sich ihr nähert. Sie weiß aber auch um die Aussichtslosigkeit ihrer Liebe.

Für diese Interpretation gab es 1995, in der dreizehnten Klasse, die Bewertung: Thema verfehlt. Null Punkte. Laura sagte: »Das ist die erste Sechs, die du dir eingefangen hast.«

Wie gut, dass ich auch darüber nicht schreiben muss. Das ist meine Freiheit. Die Freiheit der Andersdenkenden. Obwohl ich Freiheit in meinem ganzen Leben nie gesehen habe, und sie nicht einmal erkennen würde, wenn sie auf meinen Füßen stünde.

PS: Alles viel später, alles wie gerade eben, aber ich muss noch einmal zurück zu jenem Morgen mit meiner geschwätzigen Nachbarin und ohne meinen hilfreichen Mann, der damals noch in einer anderen Familie lebte, der mich noch nie gesehen hatte, aber wegen meiner Förderung von Dilettanten in den Klubs sehr unfreundlich über mich sprach. »Dieses rote Flintenweib hat uns gerade noch gefehlt!« Das wurde mir hinterbracht, aber er leugnet es, er habe nur »diese rote Ziege« gesagt. Ich glaube, er schwindelt, aber als wir uns das erste Mal in die Augen sahen, war es bei beiden Liebe auf den ersten Blick. Auch das war Anfang der siebziger Jahre, und damals stellte sich mein Leben vom Kopf auf die Füße.

Während ich aber ein paar Jahre vorher jene Else aus der Wohnung zu drängen suchte, um mit einem Anflug von Verzweiflung besser fertig zu werden, suchte ich schon wieder unterstellter Unfähigkeit gute Seiten abzugewinnen. Ich wollte mir einreden, wenn ich nicht lieben könne – tschüss, Else! –, dann sei es vielleicht gut so, und es würde mir bei einer größeren Aufgabe helfen. Wer weiß denn, wie das bei Thomas Mann oder Rilke war, vielleicht haben die nur deswegen ihr Werk zustande gebracht, weil sie unfähig waren, etwas anderes wichtiger zu finden als die »alleinzige« große Liebe, siehe Theodor Storm. Die haben sich auch verliebt, ja, das weiß man. Aber wurden sie je abhängig durch verzehrende Liebe und tiefe Zweifel an sich selber?

Bis dahin dachte ich in guten Momenten, ich hätte ein besonders großes und anfälliges Herz. Eins, das nachholen wollte und musste, denn die Tröstungen und Liebkosungen waren ausgeblieben, als sie hätten sein müssen, früh, sehr viel früher. Es ist nicht mehr wichtig, es hat nicht mehr wichtig zu sein.

Als ich die für mein Leben taugende Liebe fand, glaubte ich, mit diesem Alb abschließen zu können. Aber ein kleiner Anlass genügt, dass ich mich mit fremden kalten Augen sehe, und für Momente ist alles wie damals.

Meine Mutter sitzt mir wieder an einem kleinen Tisch gegenüber, liest einen Liebesroman und ich schreibe Briefe an die Ostfront. Sie guckt hoch und sagt feindselig: »Atme nicht so …« Wie ich atmen soll, sagte sie nicht. So ehrlich ist sie nicht. Sonst würde sie sagen: »Hätt'st du schon in meinem Bauch unterlassen sollen.«

Ich denke heute, dass die größten Gefühle gerade groß genug sind, und wenn ich könnte, würde ich sie mir immer noch durch Hingabe und Vertrauen, durch Einfälle und unermüdbare Zärtlichkeit steigern wollen. Seit ich das kann, bin ich reich und fühle, dass ich bereichere. Ich darf unzulänglich sein und muss nicht über meine Grenzen streben, die wir ja beide nicht kennen. Manchmal sind sie enger, als der Mann und ich dachten. Alten Ähnlichkeiten näher, aber manchmal auch tun sich neue Weiten auf, und sie erweisen sich als begehbar. Ich erfahre nun, dass ich bisher für nichts zu alt bin.

# LAURA
# MARIE

Sie hat mir ruhige Augen gemacht, mitten in unruhigem Leben. Wenn ich in ihr Gesicht sah und mit ihr sprach, wurde ich nirgendwo sonst gebraucht, das war eine neue Erfahrung. Ich sprach mit ihr, nicht zu ihr, und von ihrem ersten Lebenstag an wie zu einer anderen Frau. Sie sah mich immer an, als ob sie alles, oder das Wichtige, versteht. Manchmal tat es mir weh, dass ich damals, bei ihrer Mutter, so jung gewesen war, zu jung, um zu wissen, dass ich nur alles besser, aber nichts gut genug wusste. Laura gab mir die Chance, ohne Ehrgeiz zu sein, ohne Vorführung mütterlicher Überlegenheit. Nichts war wichtiger, als sie zu lieben und sie entstehen zu lassen.

Die Tochter meiner Tochter ist nun eine junge Frau. Ich nehme sie in die Arme und sortiere mit ihr ihre Zweifel. Ich sage: »Atme erst mal aus.« Das sage ich auch zu der Freundin oder einer anderen Frau, die mir ihre Lage erklärt, um entweder beim Sprechen oder durch meinen Rat aus der Falle zu entkommen oder zu erkennen, dass es keine ist. Es ist mir nie aufgefallen, wie oft ich das sage, auch zu mir selber, wenn alles wieder einmal zu hastig und zu unübersichtlich gerät: Atme erst einmal aus. Warum mir dieser Gedanke als Ermutigung so wichtig ist, das habe ich erst eben verstanden. »Atme nicht so« hat sie gesagt, und ich sage mir und dir, du sollst atmen, ausatmen, zu dir selber finden. Wenn eine scheinbar Glück hat, ist sie schon als Kind dazu ermutigt worden, es zu erkennen. Gemeint ist ja auch: Was immer es ist, wir können es wieder in Ordnung bringen, wahrscheinlich ist es halb so schlimm.

Mein Mann wurde als Kind wahrgenommen, respektiert und geliebt. Seine Mutter lachte, wo andere Mütter unbeherrscht ohrfeigen. Er durfte Freunde mit nachhause bringen, nach Lust und Laune Klavier spielen und erstaunliche Streiche verüben. Sogar chemische Versuche unternehmen, die dann schief gingen und eine schöne alte Uhr oder Meissner Porzellan kosteten. Meine gehässige Schwiegermutter war ein Engel der Kindheiten in ihrer Familie. Es ist nicht allen gleich gut bekommen. Mancher hatte nicht die Kraft, sich von ihrer Dominanz zu lösen und sich ihrer hilfreichen Hand zu entwöhnen.

Damit haben wir kein Problem. Du warst ein Felsen, sagen mir Frauen, die sich gut an dich erinnern. Du mit der Enkelin auf dem Arm, du immer neben mir, du mit den geduldigen Ohren für die Klagen der Frauen, die nach dir fragen, weil du ihnen damals mit deinem Zuhören und deinem Rat geholfen hast, sich nicht unbeholfen zu fühlen. Dein Respekt und dein erstaunliches Erinnern, so wie deine nie ermüdende Bereitschaft, jemandem aus der Patsche zu helfen, und für die praktische Seite einer Sache warst du immer der Bessere, der Stärkere – das alles war langsames Heilen meiner beschädigten Seele. Was du für die Frauen getan hast, auch mit den Kindern vor unserem Haus, mit denen du auf der trostlosen Baustelle eine Sonne gemalt hast – was für einen liebenswerten Mann ich habe. Hatte, sagst du bitter und verweist auf Altersleiden. Obwohl du mich nicht mehr sehen kannst, gucke ich dich streng an und sage: »Ist nicht hergequalmt, nicht hergehurt und nicht hergesoffen. Das bringt man mit auf die Welt, also richten wir uns damit ein.«

Ich habe diesen Mann immer geliebt. Und ihn manchmal deshalb so gebraucht, weil seine Unbestechlichkeit, seine tief verwurzelte Moral und seine seelische Kraft mich vor falschen Entscheidungen bewahrt haben. Auch solchen, die ich wahrscheinlich getroffen hätte, um als Frau zu gefallen oder als Autorin mehr Anerkennung zu bekommen. Sein Einspruch war meist berechtigt, nicht unbedingt schonend, nicht immer taktvoll, aber er hat mich nie, vor mir selber oder vor anderen, bloßgestellt. Er hat keinen Druck ausgeübt, sondern ließ mir immer die Chance, mich gegen seinen Rat zu entscheiden. Und Halleluja, ein paar Mal hab ich's getan, und er unterließ später den Hinweis auf seinen früheren Rat und hat die Folgen mit mir getragen.

# GIB
## MIR
### DUNKEL

Ich habe die Nacht geliebt, immer schon. Sobald es dunkelte, wurde meine Seele ruhiger. Ich habe mich eher im Hellen als je im Dunkeln gefürchtet. Nacht und Dunkel, das brachte Ruhe in alles. Nachts hörten sie auf, sich zu streiten, zu verdächtigen, einander Böses zu tun. Nachts kehrte eine Ruhe ein, die es für uns in der Familie und in der Welt, in die sie gebettet war, am Tag nicht gab. Nachts lag ich wach und dachte mir Geschichten aus oder genoss das Glück, etwas zu lesen. Falls ich ein Buch hatte und mir nicht das Licht dazu fehlte, weil sechs Personen in drei Betten im selben Raum schliefen, da wurde das Licht ausgeknipst. Und später, auf dem Bauernhof, hatte ich zwar auch manchmal ein Buch, geliehen oder auf einem Dachboden gefunden, ich schlief zeitweise sogar allein in der Apfelkammer, hätte also das Licht brennen lassen können, aber ich hatte keine Verdunklung. Die war Pflicht, bei Androhung von schwerer Strafe, bei Wiederholung sogar Todesurteil wegen Feindbegünstigung. Es war Krieg, und wir durften den Flugzeugen nicht den Weg weisen.

So blieb mir nur die Dynamo-Taschenlampe. Die musste mit dem Daumen unablässig gedrückt werden, um kurz das Licht aufleuchten zu lassen. Meine Töchter wollten es nie glauben, aber ich habe Tom Sawyer unter der Bettdecke auf diese Weise gelesen.

Ein unvergessenes Bild: Der volle Mond und eine so nie mehr erlebte Stille.

Auch die Kühe hörten auf, mit ihren Ketten zu rasseln. Oder ich bin so an das Geräusch gewöhnt, dass ich es nicht erinnere. Der Schein des Mondes liegt auf dem Misthaufen, auf dem Weg zum Außenklosett, ziemlich weit weg, auf dem halben Weg zum Dorfteich. Ich schlief vorübergehend in einem Zimmer, das drei Fenster hatte. Unter jedem stand ein Birnbaum, köstliche Früchte, wenn sie reif waren. Manch einer gab ich nicht soviel Zeit. Das stillte den Hunger, aber der große Genuss war es nicht, denn Aroma und süßen Saft gab die Birne erst her, wenn sie gepflückt war und eine Weile im Kühlen gelegen hatte.

Der dörfliche Frieden war tief und trügerisch. Das Leben hatte sich nach den Jahreszeiten zu richten, das Wetter teilte die Arbeit im Freien zu, aber auch so hat es an der nie gemangelt. Frauen und Kinder hatten sie zu leisten. Die Männer waren im Krieg, und die Angst um sie wurde keinen Augenblick lang geringer oder gar vergessen. Wie berechtigt sie war, und dass alle Tränen die gefürchtete Trauer vorwegnahmen, das ließ jene Idylle nicht ahnen, die meine Augen im Mondlicht sahen. Aus ihr entstand eine wunderbare Abwesenheit aller Ängste. Dunkel und Stille legten sich auf mich, als ob mir eine Stimme versprach, dass alles gut wird.

So lernte ich, solche Ungestörtheit zu schätzen. Später konnte ich den Genuss von Ruhe und Dunkel steigern, wenn ich mich vorher mit Anstrengungen und genügend Unruhe belud. Da war es dann Heimkehr wie zu mir selber, es war das gute Gewissen, wieder bei mir selber anzukommen, in einem Element, das mein Geheimnis war. Lange Zeit war nicht einmal ich selber mir dessen bewusst. Nicht alles an und in mir gehörte also anderem und anderen, ich durfte etwas behalten, ohne ein schlechtes Gewissen zu haben. Dieser Teil von mir kam oft schlecht genug weg. Das macht man sich als Frau so lange nicht bewusst, wie es scheinbar nicht zu ändern ist. Die Seele muckt auf, der Körper deutet auf Schwachstellen, aber wir hüten ja unsere Nützlichkeit, wir finden uns großartig, wenn wir uns selber ausbeuten, denn: »Es geht ja jetzt nicht anders.« Es ging anders, aber das habe ich erst erfahren, als es fast zu spät war.

Und vorher eben doch manchmal dieser Trost: Nacht, Dunkel, niemand will etwas von mir. Ich lese zu lange, das wird mir morgen schaden, aber jetzt nützen. Nur der Tag brachte damals Gefährdungen, von der Nacht habe ich sie kaum erwartet. Oder lange Zeit nicht, oder manchmal auch nicht genug.

Ich habe oft gelesen, dass ausgedachte oder wirkliche Personen eine ganze ununterbrochene Liebesnacht erleben. Von mir kann ich das nicht sagen. Alles wunderbar, hinreißend, manchmal, aber ich denke, dass auch ein total beglücktes Paar irgendwann schlafen möchte und muss. Bin ich eine Versagerin, und alle anderen sind einfach nicht müde zu kriegen? Jetzt fürchte ich den Vergleich nicht mehr, also habe ich unter anderem eine meiner klügsten Freundinnen gefragt, eine zarte Person, deren Aufrichtigkeit ich sicher sein kann.

Sie hat nicht lange nachgedacht: »Doch, zweimal habe ich das erlebt. Zweimal in meinem ganzen Leben. Man braucht ja dazu jemanden, der einem nicht wegschläft.« – Ist das eine gute oder eine schlechte Quote? Mehr werden wir von meiner Freundin nicht erfahren, denn erstens würde sie mir nie verklickern, wer diese Erlebnisse mit ihr geteilt hat, und zweitens hat sie das achte Lebensjahrzehnt überschritten. Sie hat ihre Erinnerungen, die bereichern sich nur noch um Varianten, aber wohl kaum zum Thema meiner Nachfrage. Ich kannte ihre klugen und bedeutenden Männer. Sie leben nicht mehr, und alles ist ach so lange her wie bei mir.

Meine erste Hochzeitsnacht hat mich sehr bereichert, wirklich, das ist nicht zu leugnen. Sie war ganz von Bildung getragen, und das kam so: Ich war siebzehn, mein eben angetrauter Mann hatte seine Examen als Bauingenieur abgeschlossen, und er fühlte sich auch bei mir am Ziel. Dabei hätte meine geringe Herkunft ihn eigentlich von mir abhalten müssen. Er gestand mir, er habe sich als Student entschlossen, nicht nach der Liebe zu wählen, sondern unter allen Umständen eine reiche Frau aus erstklassiger Familie zu heiraten. Er sagte, auf eine arme Schöne hätte er es nicht abgesehen gehabt. Die hätte er sich ja immer noch nebenbei zulegen können. War das übertrieben frecher Scherz, oder war es nur sehr offen? Auch wenn ich das damals nicht glauben wollte, so denke ich doch, es war aufrichtig. Obwohl ich solchem Gedanken damals keine Entschuldigung gewusst hätte, also durfte ich ihn nicht glauben. Aber er war ein Findelkind, ein adoptierter Junge, der seine Wurzeln nicht kannte, und wenn ich nicht so jung und so unbarmherzig gewesen wäre, dann hätte ich ihm seine Storys zugestanden. In denen hatte er seine Mutter zufällig auf der Flucht aus Ostpreußen auf einer Brücke getroffen, und sie hatten sich erschüttert erkannt, aber der Strom der Flüchtlinge riss sie auseinander. Das durfte er doch sagen, sich doch ausdenken, wenn es ihn tröstete. Anstelle seiner schlichten Eltern hat er sich immer einen Nachweis gehobener Herkunft gewünscht, und deswegen verkehrte er eben lieber bei Herrn und Frau Bankdirektor, die noch immer zu den Spitzen der Gesellschaft in der kleinen Stadt nahe bei Berlin gehörten. Deren Sohn war sein Freund, auch dessen Familie gehörte zu den Verlierern des Krieges, aber ihr Ansehen hatten sie behalten.

Mich hatte der junge Bauleiter im zerbombten Haus der Flieger in der Leipziger Straße gesehen, dort war ich Lehrling in einem Baubüro. Er leitete seine erste Baustelle in Oberschöneweide. Bei uns holte er Unterlagen ab, in Eile. Ich hätte mich an ihn nie erinnert, ihn auf der Straße nicht erkannt. Aber er nervte meinen Chef, indem er mehrmals am Tage bei ihm anrief und ihm erklärte, er habe sich in mich verliebt, und mein Chef solle mich mit Bauzeichnungen zu ihm schicken und eine Weihnachtsfeier ausrichten, dann könnten wir uns offiziell begegnen.

Es war damals, drei Jahre nach dem Krieg, ein sehr umständlicher Weg zu seiner Baustelle, und es war kalter Oktober. In meinem dünnen roten Igelit-Regenmantel fror ich, war müde, unterkühlt und hungrig, denn ich hatte meine täglichen zwei Scheiben trocken Brot auf dem Kanonenofen geröstet und sie einen halben Tag zuvor gegessen. Ob es zuhause etwas zu essen geben würde, war fraglich. Die S-Bahn fuhr noch nicht, nur eine Art Vorortzug. An die Straßenbahnlinie 1 und Teile der U-Bahn erinnere ich mich und dass ich fast zwei Stunden brauchte, bis ich in seinem Baubüro angekommen war. Ich lieferte die Bau-Zeichnungen ab und ging wieder. Draußen hielt mich ein Brigadier auf, für dessen Leute ich wöchentlich die Lohnabrechnung zu machen hatte. Frauen kriegten 0,87 Mark die Stunde, die Maurer und Schlosser 1,67 Mark. Weiß ich noch genau. Der Brigadier fragte mich: »Na?« Ich sagte: »Was, na?« Er wollte wissen, wie er mir gefallen hat. Wer? Na, unser Herr Steineckert, der Bauleiter. Der da telefoniert hat? Hab ihn ja gar nicht gesehen. Aber, zwinkerte der Brigadier verschwörerisch, der redet dauernd von dir. Hm, mit mir hatte er jedenfalls nicht geredet, und ich wollte auch gar nicht mit ihm reden.

Als der Chef mich als Lehrling einstellte, für 36 Mark im Monat, arbeiteten außer mir mehrere Personen im Büro der Baufirma Klapproth & Groß, alle älter und manche gebildet.

Die Stenotypistin heiratete und kündigte. Eine Hochzeit war so kurz nach dem Krieg noch selten, dass sie deswegen ihre Arbeit aufgab, üblich. Ein Mitarbeiter war als SS-Mann entlarvt und von meinem ostpreußischen Chef gefeuert worden, und der kriegsversehrte ältere »Architekt« hatte keine rechte Funktion, wurde aber bezahlt, weil er seine Entnazifizierung noch nicht in der Tasche hatte und also noch nicht wieder als Anwalt arbeiten konnte.

Diesem Mann habe ich zu danken. Er erkannte meine Neugier und mein Interesse an allem, was zu wissen wichtig sein konnte, und da er über Bildung verfügte, ließ er mich an ihr teilhaben. Ich glaube, es machte ihm Spaß, lange Gespräche mit mir zu führen, während mein Chef zwar über meine ausgeprägte Handschrift staunte, sonst aber nur fehlerfreie Abschriften von Briefen, Kostenvoranschlägen und Rechnungen wollte. Das war leicht für mich geübte Briefschreiberin. Die Gespräche über Bücher, Theater, Philosophen und das ganze wichtige Leben aber, diese Gespräche habe ich geliebt. Ich kann nur über sehr vorläufige Ansichten verfügt haben, und sicher war viel Unsinn darunter, aber Herr Dr. Geschke hat mich nicht ausgelacht, oft nicht einmal belehrt, er lenkte mich zu Fragen hin, denen er mich dann überließ. Es war seine Art, mich zum Denken zu bringen. Er redete voller Liebe über seine Frau, eine geborene Knickmeyer, aber vielleicht war das auch Nachrede von unserer schnippischen, nun verheirateten Sekretärin, für die keine andere eingestellt wurde. Die Berufsschule in der Gipsstraße hat mich angeödet, aber die Arbeit im Büro war leicht von mir allein zu leisten. Mein verehrter Gesprächspartner bekam seine Zulassung als Anwalt wieder, darüber war er sehr froh, aber dann schlug eine blutige Untat in diese gerettete großbürger-liche Familie ein. Sie hatten zwei sehr »wohlgeratene Söhne«, von denen er nicht genug schwärmen konnte. Die sollten auch Anwälte werden. Der Ältere ermordete aber eine alte Dame aus der Verwandtschaft, weil die Frau seines Herzens unbedingt ein Boot wollte, ein teures Boot, das er ihr schenken musste, um sie nicht zu verlieren, vielleicht sogar erst zu gewinnen.

Ein solches Versagen väterlicher Liebe und Autorität kann niemand wirklich überleben. Es war nicht für meine Ohren bestimmt, als die beiden Chefs darüber sprachen. Sie dachten vielleicht, ich wüsste es nicht, aber es stand groß in der Zeitung, auch der Name der Familie G. Ich weiß ihn noch, nach etwas mehr als sechzig Jahren. Und die Dankbarkeit für die Wahrneh-mung durch diesen gebildeten Mann ist mir auch geblieben.

Wir bekamen einen neuen Buchhalter, der mich immer dräng-te, mittags schon nachhause zu gehen. Er flog auf, hatte Lohn-listen gefälscht, Geld unterschlagen, und so war ich wieder mit der Arbeit allein.

Mein Chef meinte missmutig, die Weihnachtsfeier finde lei-der statt, der Mann mache ihn wahnsinnig, rufe schon morgens um sieben bei ihm zuhause an, und ich müsse dort hingehen, weil er selber Geld gespendet habe, und ich solle dafür was ver-zehren.

Ich hatte keine Lust, auch nichts Hübsches anzuziehen, aber ich war dort, es gab eine Art Suppe aus Roten Rüben und den ersten Heiratsantrag meines Lebens.

Wann verloben wir uns, fragte er und gab sich selber die Ant-wort: zu Weihnachten. Wir waren auf die Straße gegangen, in tröstliches Dunkel, ich wollte ihn animieren, mit mir Hopse zu spielen, und er beeindruckte mich als Mann immer noch nicht, aber die einzigen Minuten für das ihm gegenüber mögliche Nein waren verstrichen und er erklärte mich für verlobt, was ich nicht ernst nehmen wollte, aber musste, weil wir uns von da an jeden Tag sahen, da er bei meinem Vater um meine Hand anhielt, alle seine und meine Leute informierte und mich einer-seits mit Kraft und Leidenschaft an die Wand fuhr, andererseits meine Jungfernschaft achtete und unangetastet ließ, was mich sehr beeindruckte. Manchmal dachte ich, dass er mich doch mal in Ruhe lassen solle, dass ich einen Abend für mich haben will, aber als ich das einmal durchsetzte oder durchzusetzen glaubte, fuhr er mit einem Taxi vor, zwang mich hinein und erklärte mir, dass wir jetzt solange kreuz und quer durch Berlin fahren, bis das Geld für die Verlobungsringe ausgegeben sei. Er setzte auch das durch, und auch das passte mir nicht, und meine armen Gefühle für ihn wuchsen auch durch diesen Einfall nicht. Aber beeindruckt hat mich das schon, und ich verstehe auch, warum ich mich nicht genügend widersetzt habe. Er wertete mich auf. Nie zuvor hatte ich von einem Menschen soviel Aufmerksamkeit erfahren, niemand hatte mir zuvor so ehrfürchtig und keusch die Hand geküsst und mir die wunderbarsten Komplimente gemacht. Er liebte Opern und Nietzsche, und was er sonst noch in seiner Seele heilig hielt, das erfuhr ich erst, als es zu spät war, viel zu spät, vorerst und für lange Zeit, denn da band uns schon ein gemeinsames Kind, und es dauerte, bis sich unsere Leben endlich trennten.

Sein Respekt vor meiner Jungfräulichkeit entzückte mich. Ich weiß heute, dass er mich anders nicht geheiratet hätte. Es war falsch, ganz falsch, dass wir nicht ausprobierten, ob wir zusammenpassten. Aber ich war stolz auf meine wahrlich von ihm nicht angetastete Beharrung, und da sich in meinem Kopf neben Unwissenheit nur Schwärmerei und falsche Vorstellungen breitgemacht hatten, da ich etwas Überirdisches, ganz ohne mein Zutun, ausschließlich von ihm zu Leistendes, erwartete und mir nicht vorstellen konnte, dass es sich dabei um die von meiner Mutter ständig hässlich geredeten Vorgänge handeln könnte, ging ich als Verlobte in Glanz und Glorie einher. Aber es rührt mich heute, wie aufregend diese einzige erotische Tändelei zwischen uns war, fast erregend, wenn ich auch nicht mochte, dass er mich küsste oder streichelte. Das würde sicherlich alles ganz anders werden, denn wir lebten ja aufgeregt auf etwas zu, das dann meine Pflicht sein würde und ganz bestimmt sehr wunderbar, jedenfalls vielleicht. Mehr als diese durchaus sinnliche Neugier habe ich zwischen uns nie wahrgenommen, und die war ja absehbar endlich.

An einem verschneiten Tag im frühen März des Jahres 1949 wurde ich die Ehefrau von Walter Steineckert. Diesen Namen habe ich behalten, weil ich so heißen wollte wie mein Kind. Im Lauf der Zeit wurde es durch die Arbeit mein Name, und Laura benutzt ihn neben ihrem ehelichen auch. Alles ist gut geworden.

An die Zeremonie im Standesamt kann ich mich nicht erinnern, nur an den gepumpten hässlichen Hut mit Gummizug unterm Kinn, an einen kurzen Ziegenmantel, auch geliehen, und an wunderbaren weißen Flieder.

Es gab eine Haustrauung. Der Pfarrer kam aus der Elisabethkirche am Elisabethkirchplatz, dort wurden alle Mitglieder unserer Familie getauft oder ausgesegnet. Das geschah immer in einem vom Krieg verschonten Nebengebäude, weil die Kirche zerbombt und, bis vor kurzer Zeit, eine Ruine war, die schöne Schinkel-Kirche. Ich weiß nicht, woran es liegt, und wenn ich meine Folgerungen äußere, klingen sie ziemlich beleidigend, aber wahr ist: Meine ganze riesige Sippschaft bestand aus Katholiken, die nie in die Kirche gingen, sie aber für große Ereignisse in Anspruch nahmen, da sie die protestantische Elisabethkirche für eine heilige Stätte der Katholiken hielten.

Damals, ab März 1949, war Walter Steineckert also mein Mann und entführte mich zur Untermiete nach Köpenick, in ein fertig eingerichtetes Zimmer mit anschließender Kochnische. Das war vorher sein Geheimnis, nun unser Zuhause, in dem ich nichts mehr ordnen musste, oder einrichten konnte, er hatte mit Hilfe »seiner Frauen« von der Baustelle alles gerichtet und mir nur Andeutungen zuteil werden lassen. Meine schicke neue Einkaufstasche enthielt im Seitenfach das erste Kostgeld und die Lebensmittelkarten, es fehlte in der winzigen Küche weder an Seifenpulver, noch in der Stube auf dem Sofatischchen an Butterkremtorte aus der HO. Der Flieder stand dann auch dort, und das Sofa gab es, geeignet zum Sitzen, kaum zum Liegen, aber nun sollte es unser Brautbett sein und die künftige eheliche Stätte. Ich war immer noch Jungfrau, überknallt, müde, saß im Sessel und bewunderte alles, auch die Torte, auch die Tasche, nicht auch meinen Mann.

Wir haben nie darüber gesprochen, wie es ihm wohl erging, auf dem ja nun die ganze Verantwortung lag. So sah er es, nur so konnte er es leben, und warum das bei ihm so war, das wusste ich zwar, verstand es aber erst viel später. Weil er zuletzt noch an der Front Leutnant geworden war, und das Eiserne Kreuz hatten sie ihm noch ganz zuletzt verliehen. Und Hitler hatte, und die Sieger waren …

Nun aber nannte er mich die Seine, ich trug seinen Namen, gehörte ihm nach den damaligen Gesetzen ja wirklich ziemlich umfassend, es war also alles für ihn in Ordnung. Unser Glück war möglich.

Für diesen einmaligen Abend hatte er lange Teile des »Faust« auswendig gelernt, und er begann, sie mir vorzutragen, alle. Vermutlich, denn ich schlief tief und fest ein, wieder dem Dunkel und der Nacht vertrauend. Erst morgens wachte ich auf, noch immer in meiner Kleidung, aber auf der unbequemen Couch.

Wir haben nicht zusammen gepasst. Wir hätten uns vielleicht nie begegnen sollen. Über eine lange Zeit hin wusste ich viel Trennendes über seine Gewohnheiten, seinen Charakter, seine Fehler, seine krankhafte, wenn auch verständliche Eifersucht, und vor allem über seine unerträgliche Weltsicht zu sagen. Die Erde deckt ihn, aber ich hatte vorher schon lange und nicht ohne schmerzhafte Einsicht erkannt, dass ich ihm keine gute Partnerin war. Er war und blieb mir fremd, und ich habe ihn nie bestärkt und gerühmt, ihn nie ermutigt, mit mir wie mit einem erwachsenen Menschen zu reden. Es blieb immer kindisch und immer unehrlich zwischen uns. Ich hätte Respekt haben sollen vor seinen Gefühlen. Er hat mich schlecht geliebt, aber bis zu seinem Tod keinen Zweifel daran gelassen, dass er mir lange unglücklich anhing, auch wenn wir beide einander nie verstanden.

Manchmal, um des inneren Friedens willen, wünschte ich mir sogar, ihn zu lieben. Es gelang mir nicht, und als er anlässlich des DEFA-Dokumentarfilms »Du und mancher Kamerad« darauf bestand, Auschwitz sei eine Erfindung und nachträgliche Einrichtung der strafenden Sieger, war es das Ende. Auch das verstand er nicht, aber so, wie ich damals als viel zu junge Ehefrau war, wäre ich auch für keinen anderen Mann eine Partnerin gewesen. Ich gehörte zu einer Generation, der man den Kopf so voll Kitsch gepackt hatte, dass die Arbeit am Ausräumen bis heute anhält. Er tat mir später in meiner Erinnerung manchmal leid. Aber er hat sich auf Weisung seiner nächsten Ehefrau dreißig Jahre lang nicht getraut, seine Tochter zu treffen. Dann wollte er alles nachholen, was sie miteinander versäumt hatten. Es wurde Zeit für Mitgefühl, für Respekt vor seinen langen und unerbittlichen Leiden, die ihn weicher stimmten. Aber für jegliche lebendige und vertraute Beziehung war es zu spät.

Unsere Tochter war bei ihm, als er starb. Die Enkelin ging mit allen ganz unbefangen um und wurde von allen respektiert, wenn schon vielleicht nicht geliebt. Dazu war sie zu wenig bereit, auf Großvaters unangenehme Gedankengänge einzugehen oder ihm einfach recht zu geben, um der Ruhe und des Friedens willen. Das war sie nicht gewöhnt, das wollte sie auch nicht. Sie bot ihm, dem Mann mit den für sie ärgerlichen, manchmal lächerlichen ehernen Ansichten über das Leben und all seine Themen, einfach die Stirn. Ihr war bewusst, dass sie nichts hinnehmen musste, was er über Großdeutschland dachte, über die DDR, über die Bestimmung der Frauen, ihre eigene von ihm empfohlene Karriere in der Wirtschaft, über das Essen auf dem Teller und die selbstlosen Hilfeleistungen seiner aufopfernden Frau. Die konnte uns alle nicht leiden und duldete auch im hohen und von seinen Leiden geprägten Alter keinen Kontakt mit mir, aber über Laura spricht sie und nennt sie ihre Enkelin. Er hat sich immer beklagt, dass Laura ihn nicht Opa nennt. Sie konnte das nicht. Aber als er starb, hielt sie seine Hand und sagte: Großvater, lass einfach los. Wir sind alle hier, wir sind bei dir.

Die Ärzte haben ihn immer wieder zurückgeholt, es hat so furchtbar gedauert, bis er endlich erlöst war.

Als ich sein Grab besuchte, war ich allein, mit ihm, mit mir, aber wenn ich mir früher vorgestellt hatte, dass ich es ihm endlich mal geben würde, wenn er mir dazu irgend eine Chance bietet, dann wäre jetzt die Gelegenheit gewesen. Aber in mir war nur der Gedanke, dass es Leute gibt, die sich besser nie begegnen sollten, und statt der seinen fielen mir viele meiner Verstöße gegen Treu und Glauben ein.

# MITTEN
## IN DEN
# FLITTERWOCHEN

Meine Tochter hat gesagt: »Ihr sollt die ganze Freude haben und gar keine Arbeit.« Klar, so ist das Leben. Wir haben die Schwangere neun Monate lang auf Händen getragen, tiefe Trauer um den sofort abgehauenen Erzeuger war nicht zu beschwichtigen, aber dann hatte sie das Kind geboren, und es war ein Mädchen, welch ein Glück. Ein Mädchen muss nie Soldat werden, eine Enkelin hatten wir uns gewünscht, heimlich, solche Wünsche darf man nicht aussprechen.

Sie wurde Laura Marie genannt, diese Wahl war wohlbedacht, aber es war ein gerade ungebräuchlicher Mädchenname. Wir konnten nicht wissen, dass wir damit eine Mode auslösten. Damals waren französische oder amerikanische Mädchennamen üblich, sie hießen Colette, Jacqueline oder Mandy. Aber die Freundinnen meiner Tochter fanden unseren Namen dann so schön, dass sie nun ihre Töchter auch so nannten, bis dieser weibliche Vorname den Spitzenplatz unter den beliebtesten Vornamen einnahm.

Laura, du sollst die Nacht nicht fürchten lernen. Wir Großeltern müssen uns ausdenken, wie wir das Schlafzimmer an einem heißen Sommertag kühl halten, hier oben in der Platte, wo die Sonne am frühen Nachmittag schon schattenlos auf den Fenstern brütet. Das müssen wir, weil die Mama noch in einer Einraumwohnung am Leninplatz, auch in einer Platte, wohnt. Dort ist es noch viel heißer als bei uns. Das muss deine Mama aushalten, du aber nicht. Mein Mann muss in meinem wesentlich kleineren Bett im Zimmer nebenan liegen, da stehen ihm unten die Füße über und mit den Armen weiß er auch nicht, wohin, aber darum können wir uns nicht auch noch kümmern. Er beklagt sich ja auch nicht.

Die dicken Vorhänge aus Kneipenfries im großen Schlafzimmer bleiben den ganzen Tag über geschlossen. Darauf besteht er, unser lieber Koch, Vorleser, Chauffeur, bester Besorger für Eintrittskarten, geduldigster Begleiter und Erklärer im Tierpark und Puppentheater, auch anlässlich der ersten Premiere des Kindes in der Oper. Aber Neurodermitis ist für einen kleinen Menschen eine gnadenlos überfordernde Qual. Bettwärme fördert den Juckreiz, und einmal geweckt und das Kratzen erzwingend, tötet er die Nachtruhe.

Wir kennen unseren Gegner und nehmen es mit ihm auf. Unsere Zeremonien sind festgelegt, unser Leben richtet sich danach. Für dich ist gekocht worden, der Großvater hat auch dein Brot gebacken, das Roggenmehl wurde aus Sachsen beschafft, und zur Nacht nehmen wir deine Verbände ab. Das trauen wir uns inzwischen, du machst es auch schon selbst. Wir versuchen immer einen kleinen Schritt nach dem anderen, so lassen wir vorsichtig Vertrauen wachsen. Das Bett ist groß genug, alle Wäsche darin dünn und kühl, und du hast bereits eine deiner für immer unabänderlichen Lebensregeln: »Alles muss so sein wie immer.« Neben meinem Bett steht eine Schüssel mit kaltem Wasser, ein Taschentuch darin, ausreichend zum Betupfen, immer seltener benötigt. Du kuschelst dich ein, streckst mir deinen Arm entgegen, und ich fange an zu erzählen.

Viel später werde ich erfahren, dass ich eine alte chinesische Heilmethode benutze, die ich instinktiv anwende, weil sie wirkt. Ich weiß, dass ich dem Juckreiz zuvorkommen muss, ihm aber auch nicht erlauben darf, dass wir ihn fürchten und »behandeln«. Also geht es nur um den geliebten bösen Rudi und seine bewunderten, scharf von dir kritisierten Untaten, während ich mit den Fingerspitzen ganz leicht auf die Armbeuge poche, die immer gereizte, am schlimmsten befallene Stelle. Ganz leicht, wie nebenbei, beschäftige ich die Haut. Und erzähle, erzähle. Es darf nichts vorkommen, was wir schon kennen. Derselbe Personenkreis muss in ganz neue, nie vorherzusehende Vorgänge verwickelt werden, es muss ulkig zugehen, dramatisch und nicht ungefährlich, aber alles muss zu einem guten Ende gebracht werden. Einem vorläufigen, keineswegs zuverlässigen. Man kann dich nicht reinlegen. Es muss immer glaubwürdig bleiben. Auch ein scheinbares Wunder muss erklärbar sein, könnte also unter Umständen auch im wirklichen Leben heraushelfen. Das ist Arbeit, Schatz, und ich schaffe es nicht immer, erst nach dir einzuschlafen. Aber da bist du unerbittlich. »Schrank? Was denn für ein Schrank?« Da war ich wohl eingenickt. Zu früh, aber dann schläfst du und hast nicht gekratzt, es hat nicht gejuckt, und das ist ein kleiner Sieg, dem wir am nächsten Abend einen hinzufügen, bis wir, langsam, allmählich, mit Rückfällen, auch mit kluger ärztlicher Hilfe, aber doch darauf vertrauend, dass wir es wieder schaffen können, diesen unbarmherzigen Feind aus dem Feld schlagen.

Rudi wird dein Traummann und erscheint in einem kleinen Buch vielleicht auch anderen kleinen Mädchen begehrenswert. Ehe es aber zu haben ist, bekomme ich einen Anruf vom Verlag Volk und Wissen. Mir wird gesagt, ich solle mir einen anderen Titel ausdenken. »Unsere schöne Zeit mit dem bösen Rudi«, das geht nicht.

Warum nicht? Ja, der Stellvertreter unseres Staatssekretärs heißt Rudi, und er könnte denken, mit dem bösen Rudi sei er gemeint. Ich hole Luft, dann sage ich: »Den Mann kenne ich nicht, aber mit dem Einwand habt ihr natürlich Recht. Ich nenne das Buch also besser ›Unsere schöne Zeit mit dem bösen Erich‹.«

»Na, das geht ja erst recht nicht,« sagt er, statt sich zu verdrücken oder zu lachen, und ich kann gerade noch sagen, dass es beim bösen Rudi bleibt. Ein folgenloser Anruf, denn es bleibt bei Rudi, für den später Kinder in einem Stralsunder Malzirkel bunte Bilder malen, auf denen Ungezogenheiten zu sehen sind, die wir uns niemals getraut hätten. Und einmal, bei einem Soli-Basar auf dem Alexanderplatz, will ein Mann das Buch signiert haben, weil er auch Rudi heißt und gerne so sein möchte. Ein paar Sätze hin und her, es ist jener stellvertretende Staatssekretär, der es noch eine Weile war, ehe auch er evaluiert und in die Strafrente abgeschoben wurde. Er hätte niemals gedacht, naja, und er hat es gar nicht gewusst und schüttelte den Kopf.

Laura Marie, wir Eheleute über vierzig hätten uns miteinander noch ein Kind gewünscht. Um alles richtig zu machen, weil wir manches anders sehen als in unseren unruhigen Jahren, mit all unserem Ehrgeiz, der zu viele Bereiche unter einen Hut bringen wollte. Als reife Leute halten wir für möglich, dass vielleicht alles darunter auf seine Art zu leiden hatte und Wichtiges zu kurz kam. Noch ein eigenes Kind, dafür war es zu spät, aber eine Enkelin ist etwas ganz Besonderes. Manche Frauen lachen und stimmen ganz mit mir überein, weil ich sage: »Wenn ich noch einmal auf die Welt komme, werde ich gar nicht erst Mama, ich werde gleich Großmutter.« Klingt so, als richte es sich gegen die eigenen Kinder und gegen mich als junge Mutter. Aber so ist das nicht gemeint. Bei den Enkeln sind wir gelassener, nicht gar so ehrgeizig, nicht so verdammt fordernd, wir denken nicht daran, einer Schwindelei immer sofort auf den Grund zu kommen, zumal wir sie als Großeltern nicht herausfordern. Wir sind ruhiger, und da unsere eigenen Konflikte mit der engsten Beziehung endlich hinter uns liegen, sind wir weniger hektisch. Wir arbeiten und haben trotzdem für das Kind genügend Zeit, mehr Zeit, als wir je für einen Teil unseres Lebens aufgebracht haben. Wir sagen zwar, dass wir ja nicht die ganze Verantwortung haben, aber es ist unser ganzes Herz, es ist unsere ganze Liebe, und so ist es natürlich doch die ganze Verantwortung. Und wir brauchen Beruhigungen.

Gegen Gefahren muss man handeln. Laura Marie glitt wie ein dünner Fisch durchs Wasser, sie sprang hinein, tauchte unter und strahlend wieder auf, und wir sahen, dass sie sich im nassen Element gern bewegte. Das beruhigte eine der Ängste vor möglicher Gefahr. Der Sohn einer spätgebärenden Freundin war zu faul, schwimmen zu lernen, und sein Papa sagte, wie immer: »Lass ihn doch.« Sie ließen ihn, und er ist beim Schulausflug ertrunken. Von den anderen Schülern der zweiten Klasse geschubst, hieß es, als unbeliebter Mitschüler, ewig nörgelnd und für fast alles zu dick und zu schwach. Meine Freundin und ich, wir haben uns nie wieder getroffen, denn sie ertrug den Anblick meiner Tochter nicht. Maxie Wander nahm Kirsten in die Arme und sagte: »So alt wäre unsere Kitty jetzt, und vielleicht würde sie auch so aussehen.« Kitty war in der Baugrube unter Kies erstickt. Das alles weiß man, weiß es immerzu, aber so kann man auch nicht leben.

Lauras größtes Vergnügen bestand darin, uns zu beschäftigen. Sie schlug dem Großvater vor, mit ihm Kekse zu backen, aber eigentlich wollte sie nur, dass er in der Küche den Teig anrührte. Dann begab sie sich zu mir, weil ich ihre Minipuppen einkleiden sollte. Ich sehe mich heute noch im Sessel sitzen, mit Nähkasten und vielen kleinen Stoffresten, um Kleidchen, Hütchen und Schuhchen zu verfertigen, so klein, dass sie kaum auf meinen Finger passten. Sah das Kind uns in solcher Weise beschäftigt, verschwand sie im großen Wohnzimmer, legte sich eine ihrer Märchenplatten auf, sprach die Texte laut mit und baute auf dem Teppich aus Bausteinen eine Stadt. Wichtig an der war die Umzäunung. Es sollte niemand hinein, den sie nicht eingeladen hatte. Zu früh, ihr zu sagen, dass so etwas im Leben nicht funktioniert. Von den Keksen aß sie kaum etwas, russisches Hähnchen war eins ihrer Leibgerichte, ist es immer noch. Die neu eingekleideten Püppchen bewunderte sie, ließ sie aber immer bei uns zurück. Wir haben sie nicht gefragt, aber zu ihrer Mama kamen Freundinnen mit ihren Kindern, die gern behielten, womit sie in Lauras Zimmer gespielt hatten. »Sei doch nicht so geizig«, sagte die Mama, noch nicht erkennend, dass ihre Tochter von klein auf unbeirrbar konservativ war.

Alles muss so sein wie immer, und eigene Unberührbarkeit war eine der Voraussetzungen für Lauras Art, mit anderen zu leben. Daran hat sich bis heute nichts geändert. Bringt man so was mit auf die Welt? Ich bin zu alt, um zu glauben, dass ich alles verstehe, was sich im Leben so wundersam vielfältig fügt.

Einmal, viel später, wirst du deinen Weg in die Literatur finden, selber schreiben, was ich seit deinen frühen Briefen an uns kommen sah. Du wirst dein Examen ablegen, wegen der Weltgeschichte wirst du achtzehn Jahre lang Schulräume aufsuchen müssen; im Kleiderladen, in der Kneipe und auf dem Weihnachtsmarkt wirst du jobben. Da wird mir das Herz bluten, und ich würde am liebsten unsichtbar mitlaufen, aber ich werde dich nicht aufhalten. Unter den Linden in Berlin darfst du bei deinem Praktikum im Kultur-Management »Literatur und mehr« organisieren und durchführen helfen. Ich sehe dich her und hin flitzen, die ganze lange Strecke zwischen Bebelplatz und Brandenburger Tor, du bist begeistert, hast aber auch wieder Grund, dich aufzuregen. Wir Ossis lesen alle um der guten Sache willen ohne Honorar und werten es als Erfolg, dass wir so viele Zuhörer haben. Die gut versorgte Schauspielerin aus dem Westen bekommt ein Honorar von zehntausend Euro, einen exquisiten kleinen Raum, und es darf auch nicht jeder hinein. Geladene Gäste, lass sie doch, wir lachen.

Es wird sich ergeben, dass wir zusammen arbeiten. Wir werden ein »unverwandtes« Team. Da zählt anderes als die Herkunft, und die Leute gewöhnen sich daran, dass du mich bei meinem Vornamen nennst. Würde ja auch komisch wirken, wenn du die »Oma« zum Signieren rufst.

Du wirst, auch in schweren Stunden, meine zuverlässige Partnerin, wir werden auf Augenhöhe miteinander umgehen, auf langen Autofahrten zur Arbeit einvernehmlich schweigen oder hilfreiche und heilende Gespräche haben. Wir werden immer eine Familie sein und unsere Lieblingsgerichte miteinander genießen, denn du wirst eine bekennende Genießerin sein, eine schöne Person, und du wirst deinen »Rudi« im Leben finden. Unsere Unzertrennlichkeit hat damals ihren Anfang genommen: als wir die ganze Arbeit ... Pardon, die ganze Freude haben sollten, und gar keine Arbeit.

## MEIN TAG
### BEI DER
## MACHT
*1. Juli 2010*

Gestern konnte ich mich den ganzen Tag über gut leiden. Es ging um Großes, und ich durfte dabei sein. Ich habe mich gelangweilt, gewundert, war hungrig, durstig, brauchte Hilfe, um hinter anonymen Türen endlich eine Toilette zu finden, fühlte mich überflüssig, überfordert und verachtet, aber wiederum unter den richtigen Leuten am richtigen Platz. Sie hatten mich in Sachsen gewählt, und ich hatte zugesagt. Dahinter steckten wieder die Frauen, die es mir zumuteten, aber auch zutrauten. Nun war ich Wahlfrau, und sollte mit 1300 anderen gewählten Leuten den richtigen Mann für das wichtige hohe Amt des Bundespräsidenten auswählen. Ganz nach meinem Wissen und Gewissen, ganz aus der Erfahrung meines Lebens heraus.

Das große Erlebnis begann schon am Abend vorher, bei einem Empfang, auf dem wir uns inhaltlich, organisatorisch und menschlich abstimmen wollten. Der Ort der Begegnung bot eine Wohltat, mitten in dieser heißesten Zeit eines überfordernden Sommers, denn das Treffen fand in einem Strand-Restaurant am Ufer der Spree statt.

Die nötige, zumindest geplante offizielle Absprache dauerte eine knappe Viertelstunde, sie war mit launigen, lustigen und ein paar bereits bekannten Bemerkungen von Gysi gefüllt.

Dann konnte man sich am Büfett mit mehrerlei Salaten bedienen, aber die Vorfreude galt den Begegnungen und Gesprächen. Händeschütteln und ans Herz drücken war leicht, sonst nichts. Denn wie immer hatten die Linken für Musik gesorgt, und wie immer war sie dröhnend. Luc Jochimsen und ich brüllten uns unsere Zufriedenheit über die eigene und die Gegenwart der anderen ins Ohr, nickten uns wortlos zu, gingen weiter.

In einer kurzen Pause der Beschallung standen zwei Frauen

hinter meinem Platz, dem auf der lehnenlosen Holzbank. Mit ihnen zu sprechen war körperwidrig, also stand ich auf, und die eine von beiden erzählte mir, dass ich ihre Rednerin bei der Jugendweihe war. Und weil ich die Rede frei gehalten, nicht abgelesen hätte und vorher mit ihnen im Theater gewesen war, auch im Museum, und zum sehr offenen Gespräch bei ihnen in der Schule, waren sie sehr mit mir zufrieden. Ich kann mich nicht erinnern, nur daran, dass ich wegen des bombastischen Gelöbnisses später jede Teilnahme an Jugendweihen abgelehnt habe. Die Schüler in Berlin gelobten gar nichts, sondern sagten: »Ja, das glooben wir …«

Und dass die Schüler mir je zugehört hätten, statt an die Geschenke und die Party zu denken, das bildete ich mir nie ein. Besonders die Mädchen waren fast immer übertrieben aufgeputzt und zickig. Du natürlich nicht, sagte ich zu der Frau, die mir nun erzählte, sie hatte am Schluss die Dankesrede zu halten. Vermutlich war sie also die Klassenbeste, das hat sie aber nicht gesagt. Für sie war der Tag schon gelaufen, als zwei andere Mädchen das gleiche Kleid aus der »Jugendmode« vorführten, das sie selber trug. »Aber dann standen wir auf der Bühne, kriegten unser Buch und die Blümchen, und als du bei mir warst, hast du mir ins Ohr geflüstert, dass mir dieses Kleid ganz besonders gut steht. Da war ich gerettet. Ich hab's einfach geglaubt.«

Das war richtig, Weib.

Die Musik dröhnt wieder los, und ich haue als Erste ab. Schone mich für den nächsten Tag.

Den durfte ich im Reichstag verbringen. Ich empfinde das Innere dieses Gebäudes als sehr menschenfern, in seinen Dimensionen und Einrichtungen zum ständigen Verlaufen geeignet, und ich erliege zwar immer meinem mangelhaften Orientierungssinn, habe aber auch andere Wahlmenschen ziemlich herumirren sehen.

Es begann pünktlich mit Erheben, wie im Gericht. Der Präsident des Bundestages war für mich eine angenehme Überraschung. Im Fernsehen kam er mir manchmal eher blass und trocken vor, aber jetzt nahm ich ihn als einen gelassenen Mann wahr, einen souveränen, der die Sache kennt und mit ihr umzugehen weiß. Diese Art Routine, immer mit einem Hauch Ironie durchsetzt, lernte ich im Verlauf dieses langen und anstrengenden, zum Teil beklemmenden, aber auch befriedigenden Tages noch schätzen. Wir spielten Demokratie, Gewissen und Überzeugung waren gefragt, Sieg der eigenen Seite angestrebt, und wenn es sein musste, dann mit allen Mitteln.

Zu einer solchen Aufgabe geht man nicht, ohne zu wissen, wen man ganz gewiss nicht wählen wird. Eine Persönlichkeit, der ich ein freudiges Ja gewusst hätte, war nicht im Angebot. Den einen kannte ich zu wenig, den anderen zu gut. Nicht persönlich, aber das tat auch nicht not.

Während die Präliminarien abgehakt wurden, wuchs in mir eine satte Freude. Sechzehn Jahre zuvor war mir angetragen worden, als Abgeordnete in dieses Haus einzuziehen, mich also demokratisch wählen zu lassen, das würden die Frauen doch bestimmt machen. Ja, hätten sie wohl, in der falschen Hoffnung, wir könnten für unseresgleichen dort etwas bewirken, aber ich hatte ohne innere Zweifel abgelehnt. Bonn erschien mir als Ehe-Mörder, aber mehr noch fürchtete ich den Verschleiß des Anstands durch Privilegien.

Während ich mir im Verlauf dünn tropfender Stunden dreimal 1300 Namen vorlesen lassen musste, damit nach jedem unbefriedigenden Wahlergebnis ein neuer Anlauf genommen werden konnte, hatte ich ausreichend Zeit, um zu beobachten. Ich fragte mich: Können diese Leute sich leiden? Nein, natürlich nicht, dachte ich. Nach gehässigem oder triumphierendem Beifall zu urteilen, sind die sich spinnefeind. Aber dann sah ich Grüppchen, oder auch nur zwei Leute ins Gespräch vertieft, die Arme hielten sie vor der Brust verschränkt, ihre Körper also im Abstand, aber der Kopf war aufmerksam vorgeneigt. Sie sprachen wie Spieler aus verschiedenen Mannschaften, die jeden Trick vom anderen kennen, aber nicht sicher sind, ob sie nicht demnächst gemeinsam gegen andere Gegner antreten.

In einer langen, notwendig gewordenen Pause sah ich einen Kreis bekannter Politiker, zwei Frauen, acht Männer, eine Lachsalve folgte der anderen, sie erzählten sich Witze, schlugen sich nicht direkt, aber geistig auf die Schenkel. Alles nicht so ernst gemeint. Die schöne Martina Gedeck ging an mir vorüber, hatte ihren Aufruf in die Wahlkabine verpasst. Ich sah sie alle, alle, sogar solche Berufspolitiker, von denen ich gedacht hätte, dass sie gar nicht mehr leben. Aber ihre Partei hatte auch sie aufgeboten, wegen der Wichtigkeit, sich durchzusetzen. Ich saß am Rand, neben mir gab es auf dem Gang eine Steigung, die konnte Herr Minister Schäuble im Rollstuhl nicht allein bewältigen. Das musste er auch nicht, denn da packte jeder zu, unabhängig von Zugehörigkeiten. Da schoben selbst Persönlichkeiten, die ich in Fehde mit ihm wusste, aber der Schieber und der Geschobene tauschten ganz unbefangen ein paar Freundlichkeiten aus.

Zu essen und zu trinken gab es nichts, das war für die Zeit nach dem gültigen Wahlergebnis festgelegt, obwohl die Büfetts und die Bediener von Anfang an auf die Gäste warteten. Hunger ist eigentlich ein starker Drängler, aber es klappte trotzdem nicht.

Heute am Morgen hat mich ein Mann angerufen und geschimpft, man habe mich so allein sitzen lassen: »... auch die Leute, die dich da hingeschickt haben.«

Im Fernsehen wäre meine Einsamkeit zu sehen gewesen.

Ich wollte gern allein sein, hingucken, mitdenken, mir eine Meinung bilden, oder sie verändern. Aber es kam immer jemand, um mich aus unterstellter Einsamkeit zu erlösen. Dagegen gibt es nur ein Mittel. Wenn ich schreibe, lässt man mich in Ruhe. Da war doch eben Kerstin Kaiser, die wird nächstes Jahr einen runden Geburtstag haben und wünscht sich ein Lied. Im Moment passiert wieder einmal gar nichts, also schreibe ich dieses Lied: dass die Hälfte des Lebens nun um ist, wie sie war, was sie gebracht hat und was aus ihr zu lernen ist.

Es geschieht immer noch nichts.

Ein proletarischer Gedanke flitzt durch mein Gehirn: Die können es sich leisten, die haben sehr gut bezahlte Jobs und alle Zeit der Welt. Das ist auch zu simpel.

Es geht mir nicht so gut, wie ich möchte. Ich spüre die Ablehnung für meinesgleichen. Ich spüre sie vor dem Fahrstuhl, in den auch nicht jeder mit jedem einsteigt, und mit jedem Wahlgang wächst die Feindseligkeit.

Um 19 Uhr ist immer noch nichts entschieden, aber der Präsident gibt die Büfetts frei. Jede Fraktion hat das ihre, unterschiedlich reich ausgestattet. »Du stehst grade bei der FDP, um Gottes willen ...« Der Hunger ist übergangen, der Appetit lustlos und nun treffen wir uns noch für eine lange Sondersitzung und können uns so einigen, wie ich ohnehin gewählt hätte. Und empfangen dafür bei der Verkündung der Ergebnisse die Pfui-Rufe, Pfiffe, die ganze Verachtung. Aber das ist schon in Ordnung.

Mit ein paar Entwürfen für Lieder und keiner Notiz haue ich am Abend ab.

Am Sonntag danach höre ich im »Presseclub« von diesem Journalisten, der aussieht wie Pinocchio, wir hätten alles »versemmelt«. Weil wir auf ein würdeloses, nur scheinbar trächtiges Angebot nicht eingeschwenkt sind?

Ehe ich abhaue, frage ich mein Mädchen von der ehemaligen Jugendweihe, die Frau, die eine weite Herfahrt hatte und trotzdem heute jünger aussieht als gestern: »Bist du selber gefahren?« Ja klar, ist sie. Und fährt heute noch zurück, den Wagen voller Frauen, nachhause. »Muss ja morgen gleich früh wieder ran.«

So war es bei den Frauen immer, so bleibt es, und sie sieht trotzdem ganz zufrieden aus. Hoffentlich bleibt ihr die Arbeit, wenigstens noch lange, wenn schon nicht bis »67«.

Nachtrag: Beim Sommerinterview hat Sigmar Gabriel über die Linken gesagt: »Sie haben durch die Nichtwahl von Herrn Gauck bewiesen, dass sie mit dem freiheitlich-demokratischen System Schwierigkeiten haben.« Demnach handelte es sich gar nicht um eine Wahl, sondern um eine von uns nicht befolgte Weisung, eine nötige Vorleistung für »spätere Zusammenarbeit«, um einen Lackmus-Test. Die Zusammenarbeit wird solange unterbleiben, bis sie vom aufmuckenden Volk durch Wahlergebnisse erzwungen wird. Dann werden dieselben Politiker sagen: »Die Linken haben sich so geändert, dass man jetzt in Sachfragen mit ihnen zusammenarbeiten kann.« Hoffentlich haben sie dann nicht Recht. Ich geh in mein Leben zurück und finde alle Erschwernis darin erträglich.

# AUF GLATTEIS
## ZU MOSTBOTTICH
ODER SO

Die DDR und ich, wir haben immer mal wieder recht gut zusammen gelebt. Aber nicht an jenem Tag, als wir auf vereisten Straßen unterwegs waren, weil wir um Hilfe gebeten wurden. Um die zu leisten, hätte es einer Person bedurft, die anderen etwas zu sagen, nicht nur zu raten oder zu erzählen hatte. Die eingreifen kann, nicht nur vorschlagen darf. Man konnte in solchem Ruf stehen, es war aber nützlich, den nicht zu strapazieren.

Die Nachrichtensprecher warnten vor Schneesturm und Glatteis, auch auf den Autobahnen, und auf eben die hatten wir uns zu begeben.

Der uns um Hilfe bat, war ein Pastorensohn, dessen Vater in die Bundesrepublik übersiedelt war. Der Sohn lebte mit Familie weiterhin in Thüringen, studierte und war Liedermacher. Ihm wurde kein Telefonanschluss zugestanden, durchaus kein seltenes Los, für einen Liedermacher aber eine bedeutende Erschwernis des Lebens. Mit den Ablehnungen seiner Anträge hätte er seine Schränke auslegen können. Er war ein Moralist, und ganz unfähig, jemanden zu bequatschen, wirkungsvolle erlogene und wahre Gründe zu hoher Dramatik und damit zu eingreifenden Vorgängen zu bewegen. Wir als gelernte DDR-Bürger wussten, wie man ein bisschen unter Druck setzt, ein bisschen erpresst und ein bisschen besticht, damit der Kohlenhändler früher kommt und liefert, oder man eben doch ein Telefon kriegt. Seine christliche Moral ließ solche Mischung aus Alltagsschläue und kurz mal unterbrochenem Anstand nicht zu. Er war so gradlinig wie anstrengend, aber eben diese Mischung hatte mich auch bei anderen schon auf den Plan gerufen, denn es kam oft vor, dass bedrängte, zu häufig abgewiesene sensible Menschen es bei ihren Anliegen oft mit Amtsträgern zu tun hatten, die nicht von vornherein davon ausgingen, dass hier jemand aus redlichen Gründen bei Abwimmlung nicht abwinkt und einfach wegbleibt, sondern dreist immer wieder vorspricht. Das rief Stirnrunzelnde auf den Plan. Sie hatten insofern Recht, als sie jeden Tag in ihren Amtsstuben mit der von mir beschriebenen Mischung aus Wahrheitsliebe und Druck machender Übertreibung zu tun hatten. Und sie unterlagen einem Verschleiß, der ihnen den Blick trübte. Dreimal abgelehnt, das müsste doch reichen, brauchte er ja nicht immer wieder zu versuchen.

Aber was sollte er denn sonst machen? Die Ausreise beantragen, damit man ihm ein Telefon zugesteht? Oder dann vielleicht erst recht nicht?

Die Ablehnung eines privat-beruflichen Telefons war gewiss für den Liedermacher dramatisch, aber dieser Umstand hätte mich nicht in den Süden der Republik getrieben. Solche Fälle gab es die Menge auch in Berlin, ärgerlich genug. Aber im südlichen kleinen Wohnort stand das einzige private Telefon im Pfarrhaus, und nur von dort aus konnte mein junger Kollege mit seinem auf den Tod erkrankten Vater, mit interessierten Veranstaltern oder mit seinem Duopartner sowie seinem Komponisten telefonieren. Vom Dorf aus in die Städte, wenn schon selten genug in die andere, die westliche Welt. Oft auch den Arzt, wenn die Kinder erkrankten, oder eben mich, weil ich vielleicht helfen konnte.

Die ihm eher peinlichen zu häufigen Gänge ins Pfarrhaus hatten nun die »Sicherheit« auf den Plan gerufen. »Der rennt dauernd zum Pfarrer, angeblich zum Telefonieren, aber worum geht's in Wirklichkeit?« Einmal geweckt, findet der Argwohn allemal ein buntes Feld. Er war sperrig, hieß es, redete mancherlei, unser – Künstler? – wer hat ihn denn dazu ernannt, wer hat ihm überhaupt erlaubt, Auftritte wahrzunehmen, und wo? Heimliche, sagt man. Sagte wer? Er hatte doch eine Honorar-Einstufung, vom Bezirk, vom Ministerium in Berlin bestätigt, aber wer so oft zum Pfarrer rennt und heimlich öffentlich vor Leuten singt, dem kann man die Papiere auch ganz schnell wieder wegnehmen.

Die heimlichen Auftritte waren nun kein Gerücht mehr, sondern galten als Fakt. Wenn ich mich recht erinnere, schrieben wir das Jahr 1985. Die Zahl der Bezirke stimmte mit der Anzahl der Kulturpolitiken überein. Aber ich hatte mich bereit erklärt, die vernachlässigten Interessen der Unterhaltungskünstler zu vertreten. Als Präsidentin eines neuen Komitees, und so rief der Liedermacher mich nicht als Mensch und Dame, sondern als zuständige, wenn auch ehrenamtliche Trägerin eines Amtes, für das es eigentlich keine Konzeption gab.

Wir beide machten uns also im Auto auf den Weg, ohne ausreichende Informationen, aber mein Mann murrte nicht, eines seiner unvergessenen Verdienste.

In Gera suchten wir erst auf rutschigem Eis die Bezirksleitung der SED. Dann darin einen Mann, der zuständig sein könnte, der uns eigentlich erwarten sollte, denn wir hatten uns telefonisch angekündigt. Natürlich ohne den Schimmer einer Meinung gucken zu lassen, wir waren ja nicht blöd und beide im Alltag ausreichend erfahren. Als ich mein Kommen anmeldete, wurde ich an jemanden verwiesen, der Ostzottich oder Mostbottich heißen konnte, die Unverständlichkeit des Wortes konnte dem Dialekt oder einer Absicht geschuldet sein. Aber keine Voreingenommenheit, nicht immer nur der eigenen Erfahrung glauben, denn es kann alles im Leben immer auch ganz anders kommen, als man es zu kennen glaubt. Vielleicht ist Mostbottich ein künftiger Freund fürs Leben?

Ziemliches Rumgerenne, aber endlich wurden wir in ein sehr hässliches Büro geschickt. In dem saß ein wuchtiger Mann hinter einem Ungetüm von altem Schreibtisch. Ich spürte, dass mein Mann ihn sofort nicht mochte, erkannte alle Signale, die es bei ihm braucht, um für immer abgelehnt zu werden, aber der besuchte Mann mochte uns beide auch nicht. Gegen ein Minimum von Manieren gab es eigentlich kein Dekret. Wer war er, dass er nicht einmal aufstand, um uns zu begrüßen, und hieß er nun Ostzottich oder Mostbottich, sein Name war auch aus der Nähe nicht zu verstehen. »Nennt mich Hans.« Machten wir aber nicht.

Wir durften auf zwei unbequemen Stühlen vor seinem Schreibtisch Platz nehmen. Er fragte uns nicht, was wir eigentlich wollten, aber während seine Handbewegung aufforderte, doch einfach zu reden, oder leider umständlich unser Anliegen vorzutragen, griff er nach einem dicken Aktenordner, der lag neben ihm, und in dem fing er an zu blättern. Wir verständigten uns durch einen Blick, zu schweigen. Wenn er alles vor sich hatte, beängstigend umfangreich, dann wusste er ja mehr als wir, und sollte etwas sagen, fragen oder erklären. Fragen hätte er stellen müssen, weil er meine Funktion kannte, die mir das Recht zur Nachfrage gab, zur Erkundung des Problems, das vielleicht dringlich war, das er wohl doch kannte, oder zu kennen glaubte, im Gegensatz zu uns.

Aber während er zunehmend eilig blätterte, und wie er da so saß, in einem Stuhl, der eigentlich für seine Figur zu eng war, an einem Schreibtisch ohne jedes Utensil, das beseitigte jede Hoffnung auf ein ersprießliches Gespräch. Auch wie er sich verspätet innerlich auf uns vorzubereiten schien, überflüssig und umständlich, während uns nicht einmal ein Wasser angeboten wurde, ganz ungewohnt und ungastlich, bei uns gab es früher immer Kaffee und Kekse, bei allen Besprechungen in Amtsstuben. Während nichts und alles in vielleicht nur zehn Minuten vor sich ging, festigte sich mein Eindruck, dass dies nicht sein Arbeitsplatz war, dass er sich im Raum nicht auskannte und für dieses Gespräch den Platz eines anderen eingenommen hatte. Ich dachte, wenn ich eine Schreibtischlade aufziehe, finde ich den ganzen Krempel des Kollegen, der sonst hier arbeitet.

Der Mann redete nicht, teilte nur seine Blicke zwischen der Akte und uns. Es wurde mir zu dumm. Ich sprach den Namen des Künstlers mit Fragezeichen am Ende aus. Es war unsere ehrenamtliche Zeit, die da verging, wir hatten das Benzin bezahlt und uns mit unserem persönlichen Auto auf Glatteis begeben. Nun sollte der uns mal einen Schritt entgegenkommen.

Der bauchige Mann ließ die Akte sinken und sah mich etwa so lange an wie heute Günter Jauch einen Kandidaten, wenn der endlich einen Joker verzocken soll.

»Was hat er für ein Problem, dass er nicht zu mir kommt, sondern dich herholt?«

»Was habt ihr mit ihm für ein Problem, dass er mich bei diesem Wetter rufen muss? Ihr wollt ihm seine Auftrittserlaubnis entziehen. Warum?«

»Ja, weil er bei so einem Problem zum Beispiel nicht zu mir kommt, sondern denkt, er muss sich an die große Glocke hängen.«

»Woher weißt du, was er denkt, wenn er nicht zu dir gekommen ist, du nicht zu ihm gegangen bist, und ihr euch also gar nicht kennt?«

Seine Stimme wurde misstrauisch, nein, ich sage jetzt nicht: »lauernd«.

»Woher kennst du den denn?«

Das war in einem Satz, vielleicht in drei Sätzen zu sagen. Wir hatten eine paar Werkstatt-Tage in Gussow, in Brandenburg, alte stillgelegte Gaststätte, dort konnte sich jeder mit seinen Liedern vorstellen, der außer der Reihe zum bevorstehenden Chansonwettbewerb nach Frankfurt an der Oder delegiert werden oder beraten werden wollte, weil er schon delegiert war. Damals schrieb ich unregelmäßige »Rundbriefe«, die mancher amüsiert aufgehoben hat. In einem davon stand der Vorschlag, zu erscheinen. Sie kamen, junge Schauspieler und Liedermacher, auch erfahrene Mimen, die sich an ihrem Theater unterfordert fühlten und es mit einem eigenen Programm versuchen wollten. Es kamen auch Autoren, die Interpreten suchten, und umgekehrt, Komponisten, die eigene Arbeiten mitbrachten und sich mit anderen ins Probieren vertieften. Es war eine Atmosphäre, in der mancher glaubte, viel mehr zu können, in der sich vor allem jeder traute, etwas anzubieten. Mir wird heute noch eng in der Kehle, wenn ich an das Wunder jener kaum organisierten Tage denke. Da gab es einfaches Essen und einen stillen See, schlechte Betten und einen schlichten Dorfkonsum, wir hatten keine Technik, alles musste von uns selber ausgedacht und gemacht werden, und es ging. Damals rannte nicht dauernd jemand raus, um per Handy zu telefonieren, es gab noch gar keine, und so kamen wir im Verlauf unserer Arbeit ganz zu uns selber und zur gemeinschaftlichen Bemühung. Die Aufgeschlossenheit und die Moral dafür brachte jeder mit, und alles passte. Thea Elster vom Theater in Dresden war dabei, übrigens noch immer eine begnadete Lehrerin für Chansonniers, ebenso unser Freiherr Friedel von Wangenheim zu Winterstein, ein kultivierter Plauderer und guter Autor, von Güte geprägt, dem die »Freiheit« dann unerträgliche Einsamkeit bis zum entsetzlichen Freitod brachte; es kam auch jener seriöse Dichter, der die alten Lateiner so wunderbar nachdichtete und für die Puhdys schrieb. Der war noch aus einem anderen Grund anwesend, aber das wussten wir nicht. Und dann, fast zum Ende unserer dortigen Zeit, trafen drei junge Männer ein, und es war, als hätten wir einen gut geplanten Höhepunkt zu verschenken. Sie spielten ihre Gitarre und ihr Banjo und sangen eigene Lieder. An denen stimmte alles, und wir waren uns einig, dass sie in Frankfurt an der Oder auftreten müssen.

Das konnte vom Bezirk vorgeschlagen, bezahlt und organisiert werden, aber im Leben bestimmen Ausnahmen ja oft die Regel.

Singt weiter, dachte ich, singt noch eine Stunde, und von mir aus unser ganzes Leben lang.

Der Genosse vertiefte sich wieder in den Aktenordner und wiegte seinen Kopf in verschiedene Richtungen, sah mich aber auch vorwurfsvoll an.

Ich fragte: »Kann ich da auch mal reingucken? Scheint doch wichtig zu sein.«

Mitnichten. Aber nun redete er. Lange und wichtig, ohne einen Anflug von Frage oder Zweifel. Er wusste irgendetwas ganz genau. Mir schien alles zum Heulen angreifbar, denn die scheinbaren Untaten stammten aus Zuträgerei und Unterstellung.

Das häufigste Wort war: »Er soll …« Er wusste es also nicht aus eigener Erfahrung oder Ermittlung, der Mann, der hier uns gegenüber an einem fremden Schreibtisch saß und eine Position verteidigte, die durch mein Auftauchen bedroht schien. WAS SOLL ER?

Ich sagte: »Hast du mal einen Stift? Ich kann meinen gerade nicht finden.«

Er zog keine Schublade auf, sah sich zwar einen Moment

die Wände entlang suchend um, aber da hatte mein Mann mir schon einen Stift gereicht, und der dienstlich Befasste reagierte nervös. »Was willst du denn aufschreiben? Das ist doch hier nur ein vertrauensvolles Gespräch unter Genossen.«

»Bis jetzt hast du doch noch gar nichts gesagt, über das wir reden oder unser Leben lang schweigen könnten.«

Er erklärte mir diesen nicht zu bestreitenden Umstand. Weil sie noch mitten in den Ermittlungen sind. In Klammern hieß das, nichts Genaues weiß man nicht.

»Und worum geht es überhaupt?«

»Die machen euch sonst was vor«, sagte er, »und ihr fallt darauf rein. In Wirklichkeit haben die ein zweites illegales Repertoire, und mit dem ziehen die rum.

Außerdem: Der Besagte rennt dauernd ins Pfarrhaus und ruft Leute an, die auch Musik machen, und so organisieren die sich. Vater ist Pfarrer im Westen, und unsrer hier studiert ja auch Religion und will dauernd seinen Vater besuchen, weil der angeblich schwer erkrankt sein soll.«

»Dauernd? War er schon mal bei seinem Vater?«

»Nein, natürlich nicht. Wir unterstützen das nicht auch noch. Der will doch bloß seine Texte rüberbringen.«

»Wär auch kein Schaden«, sagte ich, und das war eine Fußspitze über der Grenze, die er mir zugestand.

»Wir werden nicht zulassen, dass dieses feindliche Zeug von drüben aus gegen uns verwendet wird.«

»Kennst du die Lieder, um die es geht? Hast du sie selber mal gehört? Du hast doch sicher ein Tonband, da sollten wir sie uns zusammen anhören.«

Nein, er hatte kein Band. »Es ist uns noch nicht gelungen, rechtzeitig vor Ort zu sein und was mitzuschneiden.« Wie er es sagte, klang es, als könnten sie im Iglu keine Steckdose finden.

»Aber du musst doch Texte von ihm kennen, woher kommt denn sonst deine Meinung? Gebt ihm doch ein Telefon, dann werdet ihr ja sehen, ob er dann noch dauernd den Pfarrer belästigt. Bis wann kann ich das Band haben?«

Ich hatte gar kein Recht, von ihm etwas zu verlangen, aber worum ging es eigentlich?

»Er stellt dauernd Anträge. Trotz der Ablehnungen.«

»Das zeugt von Ausdauer und Vertrauen. Darf er doch. Ist ja nicht verboten. Bis wann kann ich das Band haben?«

»Die bedimseln euch und spielen in den Kirchen ihr heimliches Programm.«

Ganz heimlich ja wohl nicht, wenn Ostzottich oder Mostbottich davon wusste.

Er wies auf seine Akte, reichte sie mir aber immer noch nicht.

»Gib mal ein Beispiel«, sagte ich.

»Die teilen den Nachbarn mit, dass sie das Gras wachsen hörn, und es ist über Nacht schon wieder höher geworden, weil das Wetter für sie günstig ist. Also für die Konterrevolution.«

»Meint ihr damit dieses wunderbare Lied: ›Der Nachbar ist gestor'm‹?«

In dem erzählt wird, was der nun alles nicht mehr sehen und erleben kann, dass er nun nie mehr erfährt, wie es in der Nacht nach seinem Tod geregnet hat und das Gras in seinem Garten ist gewachsen, und …

»Ja, so ungefähr.«

Der Schreibtisch war schwer, aber noch Jahre danach haben wir uns vorgeworfen, dass wir ihn nicht gemeinsam umgekippt haben.

Ich sagte, während ich aufstand: »Innerhalb von zwei Wochen möchte ich die Kassette mit den konterrevolutionären Liedern auf meinem Schreibtisch haben. Wenn nicht, dann holen wir uns den Mann nach Berlin, und nicht nur das.«

Ich hatte das nicht zu fordern. Mit meinen sieben Metern Wind hinterm Haus hätte er mich einfach rauswerfen können, dieser Hans oder Ostzottich oder Mostbottich.

Es kam keine Kassette nach Berlin, kein Anruf, keine Entschuldigung, aber der Liedermacher kriegte zuhause einen Telefonanschluss und zog trotzdem nach Berlin. Er trat in Frankfurt an der Oder beim Chansonwettbewerb auf, obwohl sein »Bezirk« ablehnte, ihn zu delegieren. Die jungen Künstler sangen dort auch das Lied vom Nachbarn, der gestorben war, und sie kriegten den Preis der Schallplatte, das heißt: die Zusage für eine LP. Das war ein Traum vieler Künstler, nicht nur der jungen, und für unseren Liedermacher nun erfüllbar. »Wir haben die Torte mit Sahne und Kirschen obendrauf gekriegt.« Er, um den es ging, wurde mein Vizepräsident im Komitee für Unterhaltungskunst und passte sehr gut in das Präsidium unverwechselbarer und eigensinniger Leute, die ausnahmslos von ihren Kollegen fachlich hoch geschätzt und von ihnen zu dieser Funktion überredet und gewählt worden waren. Solche wie der unbestechliche Toni Krahl, Puhdy-Meyer, Barbara Thalheim und Dagmar Frederic, der großartige Jazzer Conny Bauer, der wortkarge erfolgreiche Artist Wolfgang Schwenk, die geistreiche Kabarettistin Oechelhaeuser, und Freddy sei nicht vergessen, ein Clown, der in Las Vegas ebenso zuhause war wie in Japan, aber er war auch Altkommunist, wirkte wie ein Zwilling von Ernst Busch und ließ sich von niemanden an den Karren seiner alten, gerade nicht besonders gefragten Ideale fahren. Wir waren ein neues, ein unerprobtes Ensemble, den Kaffee spendierte ich, das Essen musste jeder selber bezahlen. Wenn wir höflich baten, durften wir mal im Palast der Republik in einem Nebenraum tagen, jedes Mal woanders, immer, wo man uns gerade duldete. Wir waren ungeübt, ja. Wussten auch nicht, was wir hätten fordern können. Artig Kind verlangt nix und kriegt auch nix. So bekamen wir zwar keinen »Haushalt« und keinen Etat, arbeiteten alle ehrenamtlich und hatten als Komitee eigentlich keine Adresse. Fahrende Leute eben. Aber das war unser Vorteil. Toni Krahl sagt noch heute: »Da konnte jeder alles sagen.« Nun ja, das konnte man vorgeblich überall. Aber er meint damit: ohne dass es dumme Folgen hatte.

Ich weiß nicht, wer in unserem Kreis nebenbei für Dienste gearbeitet hat, hiesige oder solche von anderswo, und ich will es nicht wissen.

Druck auf mich gab es nur einmal, das war ein unangenehmer Moment: Einer unserer Vizepräsidenten war der Philosoph Helmut Hanke. Ein Mann wie ein Bayer oder Bär, sehr urig, sehr verschmitzt und in seinen Ansichten sehr selbstbewusst und unabhängig. So schien er uns, aber auch solche Kraftkerle können ja von sensiblen Mächten getrieben werden, gerade die. Ich lernte ihn kennen, als er in Babelsberg zu einer Voraufführung meines Films »Leben zu zweit« mit seiner Ehefrau, der Potsdamer Oberbürgermeisterin Brunhilde gekommen war, weil die mal mit mir reden wollte. Sie hatten drei Kinder, und er war ein Mann, für den die Frau als Geschöpf auf Augenhöhe außer Frage stand. Sie liebten sich, das war selbstverständlich, aber das hatte eine vernünftige Basis, eine solche, wie ich sie mir damals für mich auch erträumte. Später waren wir Gast in ihrem Haus und Garten, und er hatte exzellente Saubohnen gekocht, lecker, die Köche tauschten sich aus, aber dann sprach er, und der bittere Becher der Erkenntnisse war ihm bis zum Rand gefüllt. Als Hanke, nun schon offiziell in Ungnade, zusammenbrach, fuhren wir sofort nach Buch ins Krankenhaus. Wir wollten ihn nur umarmen und einfach für ihn da sein. Am nächsten Tag bekam ich einen Anruf anderer Art. »Musst du denn da gleich hinrennen?« – »Ja, das mussten wir.« – »Warum?« – »Weil es ihm schlecht geht.« – »Er ist als dein Vizepräsident nicht mehr tragbar. Das musst du dir überlegen.« – »Gut«, sagte ich, »wenn wir gehen sollen, dann gehen wir. Heute noch?« – »Du doch nicht.« – »Wir beide oder keiner.« Über das unanständige Ansinnen habe ich kein Wort mehr gehört.

Mein umfassendes Dankeschön gilt der Tatsache, dass wir damals in unserer ehrenamtlichen Arbeit eine Moral gehabt haben, die war nicht ausgedacht und wurde nie beteuert, aber sie funktionierte, und wer immer dieses oder jenes zu unserem Nachteil hätte weiterflüstern oder an die große Glocke hängen können, der hat es vielleicht doch nicht getan. Wir führten alle das große Wort, äußerten auch sehr Vorläufiges. Aber mir scheint, wir waren unbefangen, wir waren es bei der Arbeit. Vielleicht kam uns zugute, dass wir als einzige Künstlervertretung der DDR nicht der Partei unterstellt waren, sondern dem Kulturministerium, eine immer bevormundete Einrichtung mit sehr beschränkter Macht. Die Partei hatte diese heiße Kartoffel, diese Fuzzis und lauten Aufrührer, nicht gewollt.

Unterhaltungskünstler sind aber auch für die anderen in der Regel keine Konkurrenz. Bei uns stand jeder für ein anderes Genre, für ein unverwechselbares Modell, während bei den

Schriftstellern nach wie vor der Neid auf die Paar Grashalme herrschte, die der andere, dieser unfähige Schmierfink, einem wegfressen könnte. Bei uns bot sich nichts, bei den Schriftstellern alles zum Wettbewerb an. Die von dem bunten Wagen waren die Neuen. Bei uns Schriftstellern schienen mir die Grabenkämpfe oft hoffnungslos verspätet, und wenn sie auch immer interessant ausgetragen wurden, so ging es im Wesentlichen um Vorgänge, die niemand mehr ändern konnte. »Ich habe schon 1923 gesagt ...«, ja, um siebzehn Uhr, und du hattest recht, aber warum schreist du jetzt den an, der auch dabei war und meint, er hätte das weitaus schärfer schon um fünfzehn Uhr gesagt. Ihr wart so verdammt ehrwürdig, ihr habt etwas gewagt und mancher hat schrecklich dafür bezahlt, aber ihr seid in all dem Versuchten und Misslungenen, in Spanien, in Moskau und gleich nach dem Krieg in Deutschland, in all euren Niederlagen und Enttäuschungen steckengeblieben. Wir Jüngeren konnten euch nicht erreichen, nur manchmal, nur dann, wenn wir mit einem von euch allein redeten und uns im Wesentlichen aufs Zuhören und Nicken beschränkten. Wir waren eine andere Generation, und wenn wir euch manchmal kaum noch ertrugen, dann hatten wir ein schlechtes Gewissen und hielten uns eure Leidenszeiten vor Augen. Aber ihr wart in eurer Rolle als Vorbilder so unangreifbar wie unbegreiflich, aber auch das konnten wir euch nie sagen. Respekt verstand sich von selber, auch Abstand, aber ihr seid Künstler geworden, ihr habt eure Erfahrungen in Bücher und Gedichte gebracht, in Theaterstücke und Filme, darin hattet ihr kein Recht auf umfassend besondere Behandlung. Aber ihr seid sakrosankt gewesen, das schuf den unüberbrückbaren Graben. Ich war oft genug in der Nähe von Anna Seghers, aber von ihr ging ein starkes Desinteresse an uns Nachwachsenden aus, und obwohl sie Ausnahmen machte, hätte ich nicht zu denen gehören wollen, denn es war kein lebendiges und kein von Herzen kommendes Weiterreichen.

Ich weiß aber auch, dass ihr die Alten gewesen seid, die es schwer hatten. Historische Fehden wirkten nach, und vor neuen habt ihr euch gefürchtet, denn ihr sehntet euch nach Frieden in eurem Leben und nach Sicherheit vor Nachstellung, welcher Art auch immer. Aber auch euch drohte wegen eurer kritischen Haltung zur Gegenwart neues Ungemach – das ihr dann manchmal eben doch nicht genug gefürchtet habt. Ich war dabei, wenn bei euch alten Kämpfern eine Tapferkeit aufflammte, die zugunsten der »guten Sache« längst ins Innerste verdrängt schien.

Ihr habt euch manchmal in bewundernswerter Weise nicht einschüchtern lassen, aber ihr seid auch unsere Zensoren gewesen. Leider, aber ich erinnere mich doch, wie pfiffig Anna Seghers der ideologischen Aufregung um ein Gedicht von Volker Braun in westlicher Gazette die Luft abgelassen hat. Sie nannte es einfach ein schwaches Gedicht und verbat sich jedes weitere Wort darüber. Wir sind oft über sehr dünnes Eis gelaufen, wenn ihr eure Furcht vor Schützenhilfe für den Gegner in Form von Kunstkritik ausgepackt habt. Als hätte die andere Seite etwas Wichtiges über uns nicht gewusst, als wäre ihnen irgendeine Information nicht zugänglich gewesen. Einige unter euch waren auch zu begeistert von der eigenen Art, die Geschichte und eure Rolle darin darzustellen. Deswegen, auch deswegen gab es Fremdheit zwischen den Generationen.

Alles Neue dagegen wurde oft zu rasch und leider wirksam entmutigt, oft fatal unannehmbar begründet. Es war aber nicht die Angst vor künstlerischer Konkurrenz, die euch auf den Plan brachte, es war die Angst davor, dass alles vergeblich gewesen sein sollte, jedes Opfer, jeder Verzicht auf ein Mehr von eurem Überleben.

Künstler aus der ganzen Welt haben daran mitgewirkt, die vorher so engen Grenzen zwischen der hehren und der Gossenkunst aufzuheben. Das war einmal neu, und also ein Phänomen, das zum Verbot, zum Verriss oder zum Mitmachen herausforderte. Wir waren nicht nur nett zueinander, aber wir hatten Respekt, und wir waren neugierig auf die Arbeit des Kollegen. Etwas davon hat uns genützt und diente der Beharrung, als in der Zeit der Wende nach 1990 die große Aussortierung vor sich ging. Nur Hacks trat aus der Akademie der Künste der DDR aus und in die neue gesamtdeutsche gar nicht erst ein. Er begründete das in zwei Sätzen mit Martin Wagner, dem er folge.

Der war als Einziger aus der Preußischen Akademie der Künste ausgetreten, nachdem Heinrich Mann und Käthe Kollwitz ausgeschlossen worden waren.

Den Schriftstellerverband hat Hacks für immer verlassen, als dessen damaliger Vorstand, auf Weisung von oben, Heiner Müller ausgeschlossen hatte. Ich war noch Kandidatin, nicht stimmberechtigt. Darüber war ich froh. Es ging um die »Aussiedlerin«, und ich hatte die Premiere in Karlshorst in der Pause verlassen, weil mich das Stück langweilte und ärgerte. Aber das Theater um dieses Theaterstück warf lange Schatten, und ich werde mir nicht anmaßen, zu beurteilen, wie ein für Arbeit bestrafter Künstler damit umzugehen hat. »Weiterarbeiten«, das hat sich immer gelohnt, denn nicht selten folgte auf die Strafe irgendwann der Nationalpreis und ebenso sicher die Folgenlosigkeit von beidem. Darauf konnte man sich in unserer alten Kulturpolitik immer verlassen. Und wenn einer nicht die Kraft dazu hat? Verstummt, oder davongeht? Für beides gibt es Lebensgeschichten.

Der Verweis auf Hacks gilt auch hier nicht. Hat er das Verdikt über sein Werk gut ausgehalten? Ich will diese mögliche Kraft nicht bewundern, ich wäre lieber ins Theater gegangen, um eins seiner Stücke zu sehen, die mir so herzzerreißend aktuell erscheinen. Das gilt für den »Frieden« ebenso wie für die »Schlacht bei Lobositz«, schon gar für die »Margarete in Aix«.

Hacks rief übrigens 1990 bei mir an, als er aus dem ND erfuhr, dass ich, bis kurz vorher niemals dessen Mitglied, die Vorsitzende des »Demokratischen Frauenbundes« geworden war. Er verstand mich und meinte, dass ich es richtig mache.

Zwei Jahre nach unserer Begegnung mit Hans oder Ostzottich oder Mostbottich in Gera bezauberte uns unser Liedermacher, der Chef von »Zirkus Lila« und nun mein Vizepräsident, mit einem großen »Liederzirkus« zur Eröffnung der nächsten Chansontage in Frankfurt an der Oder. Ihm gelang es hinreißend, Klassik und neue Unterhaltung unter einen Zauberhut zu bringen, und das Ensemble bekam dafür den Hauptpreis.

Unsere Fahrt übers Glatteis nach Gera hatte sich gelohnt. Den wuchtigen Mann würde ich bei neuer Begegnung kaum erkennen. Er sagte, wir sollten ihn Hans nennen. Ach, vorgeblicher Hans, du warst noch leichter zu durchschauen als die saubere Fensterscheibe in jenem Büro, in dem du für gewöhnlich nicht gearbeitet hast.

Nachtrag mit unsicheren Gedanken:
Jener Hans hat zu wenig gewusst. Aber ich vielleicht auch nicht so viel, wie ich dachte oder aus guten Gründen vorführte. Wir konnten helfen, es ist alles gut gegangen. Die Schallplatten sind sehr bald erschienen, und dann, wie ein Wunder, kam die Wende, über Nacht.

Wir verloren einander aus den Augen. Und dann hörten wir, dass unser ehemals bedrängter Künstler nun für Kultur und Bildung ein wichtiger Mann war. So bald nach der Wende?

Ein paar Jahre später lud er mich ein, in seiner Dorfkirche zu lesen. Die erste Familie war damals in Thüringen geblieben, in Berlin hatte sich eine neue gefunden. Die trafen wir in einem sehr schönen alten Bauernhof, der ihnen nun gehörte. Mit traumhafter Landschaft ringsum, Wald und Wiese als Besitz. Der noch erweitert worden war und würde. Wir haben zusammen Tee getrunken, ich habe vor etwa zehn Besuchern in der Kirche gelesen und hätte nicht gewusst, wie ich auch nur eine einzige Frage formulieren sollte. Der überzeugte Christ war in die SPD eingetreten. Und ein wichtiger Mann geworden. Hm!

Zweiter Nachtrag:
Im Deutschen Theater gab es nun die Premiere eines Stückes von Hacks.

Applaus, Applaus dafür. »Die Sorgen und die Macht« spielen sie und obwohl ich die Versuchung spüre, werde ich nicht hingehen und mir die Aufführung angucken. Was ist die Idee? Ist es das einzige Stück, das nicht so verzweifelt aktuell wirkt, wie es viele andere täten? Ich war damals in der Premiere, kenne also das Stück, aber es gelingt mir nicht, Parallelen zur Gegenwart herzustellen, wie ich es beim Monolog der Frau von Stein tun kann, auch ein Stück, das keinen Staub ansetzt. Wie nicht anders zu erwarten, treten die üblichen Beschimpfer sofort wieder an und wiederholen, Hacks sei ein selbsternannter Klassiker. Ja, er hat das auch gesagt, sich auch so bezeichnet. Aber nicht nur er. Und inzwischen redet die Zeitgeschichte mit, die Politik mischt sich ein und rückt vieles an andere Stellen. Prophezeites wird normaler Alltag, Befürchtetes überboten, und manchmal hat einer einfach recht gehabt.

Es geht immer noch um alte Fehden, um Nachgetragenes, und es klingt so frisch, so hitzig, als gäbe es nicht inzwischen Größenordnungen zwischen Sein und Nichtsein, die uns alle vernünftig und mit kraftvollen Gedanken auf dieselbe Barrikade stellen sollten.

Wird aber wohl nicht sein, war in Deutschland ja noch nie so; wie traurig.

»Denk ich an Deutschland in der Nacht …« Ja, Heine, es hat sich nichts geändert.


Nachtrag 3:
Wir wohnen in derselben Platte, die Familie Armin Stolper und wir. Der alte Theaterhase konnte nicht widerstehen, er war im Deutschen Theater und hat sich »Die Sorgen und die Macht« angesehen. Neben vielem, was er anders gemacht hätte, erzählte er, die haben die Rede vorgelesen, die Wolfgang Langhoff auf dem 11. Plenum gehalten hat.

Das trifft, das tut weh. Langhoff hatte damals nur noch kurze Zeit zu leben, das wusste er. Horst Drinda hat es mir erzählt, er ließ sich damals ins Krankenhaus einweisen, um bei seinem Freund Langhoff zu sein, der vorher auf jenem unseligen Plenum vernichtend für sein Theater kritisiert worden war. Aber Langhoff hat in jener Rede nicht sich verteidigt, denn ihm konnte am späten Abend seines Lebens niemand mehr etwas tun. Es war sein letzter Kampf um das Theater, für seine Schauspieler, für seine Idee von einem Sozialismus, in dem auch der Einzelne umfassend leben kann. Das als Wirtschaftsplenum gedachte Ereignis erkannten die Mächtigen als nicht durchführbar, denn selbst sie wussten, dass ihre offizielle Analyse und die Wahrnehmung der Bürger nicht übereinstimmten. Kultur und Kunst sind immer angreifbar, besonders von Menschen, die mit ihnen nicht viel anzufangen wissen, und denen die »Estrade« als Abfolge von Opernarie bis Schlager zum Nachweis kultureller Vielfalt ausreicht.

Was aber soll das Verlesen einer damals stolz selbst gewählten Demütigung zum höheren Zweck heute bewirken? Heute, wo so vieles in Vergessenheit geraten ist, was einmal wichtig war?

Wenn jemand sagt, es war nicht alles schlecht, dann antworten wir, inzwischen auch hohl und verdrossen: Es war nicht alles gut. Tapfer, trifft aber die Zielscheibe auch nur am Rand.

# WAS
# BLEIBT...

Vorhin habe ich geschrieben, dass wir damals eine Moral hatten, die war nicht ausgedacht, wir hatten sie untereinander. Ich habe also behauptet, dass wir zusammengehalten haben, uns halfen, beistanden, ohne Neid, ohne Nachtrag. So wollte es mir in dem Moment scheinen, oder so hätte ich es am liebsten gehabt, nicht nur gesehen.

Alles nur die halbe Wahrheit, alles noch nachträgliche Sehnsucht nach mehr Harmonie, nach mehr Lohn für viel Mühe.

Wenn die Leute aufhören zu warten, dann fangen sie an zu handeln. Und sie haben gehandelt, indem sie lebensfremde Gesetze umgingen, sich auf Risiken einließen, auch andere mit einspannten, und wenn eine Hand die andere wusch, dann war es nicht immer Schmutz, der beseitigt werden musste. Es gab das private Leben und das öffentliche, in dem die Verstöße gegen die Vorschriften nur soweit überdeckt wurden, wie es die eigene Sicherheit verlangte.

Ich möchte, dass alles arm, aber prachtvoll gewesen ist. Und ich habe gar keine Lust, die Kellertreppe hinunterzusteigen, um in den Raum zu gelangen, in dem die nackte Wahrheit aufbewahrt ist. Wir, das liebessüchtige, friedliebende, lange Zeit allzu einsichtige Volk, sind moralisch heruntergekommen, weil wir unentwegt schlau sein mussten und weil wir uns das Lügen angewöhnt haben, wo die Ehrlichkeit nicht zu lohnen schien oder gefährlich war.

Wenn wir uns im Präsidium des Komitees zu unserer ehrenamtlichen Arbeit trafen, dann hatten wir innerhalb einer vorgegebenen Zeit einiges für viele abzuarbeiten, und es war nicht üblich, eigene Sorgen vorzutragen. Aber die gab es, jeder Einzelne hatte sie, und es ging nicht etwa um künstlerische Krisen, nicht um Insolvenzen, nicht um eine spanische Finca oder die nächste Million.

Sie waren alle erfolgreich, sie waren populär, ob Schöbel oder Puhdy-Meyer, sie verdienten Geld, nicht wenig. Das schien sie abzuheben vom Alltag der anders arbeitenden Leute. Aber sie mussten ihr Geld zu großen Teilen umrechnen, geteilt durch fünf, um sich jene Dinge zu beschaffen, ohne die sie nicht konkurrenzfähig waren, ohne die es auch für das Publikum nicht wie aus dem Fernseher gewohnt klang. Ohne die der Trick nicht durchführbar war, ohne jene Teile der Bekleidung, die von der Artistin auf dem Hoch- oder Drahtseil getragen wurde, ohne Ballettschleppchen, die es wie alles andere auch nicht gab.

Aus den Stoffen im »Künstlerladen« hätte man nicht einmal ein Kleid für den Dorftanz machen wollen.

Ohne DX7, ohne den Adapter, ohne das Equipment, das inzwischen international Standard war, konnten die Künstler nicht erfolgreich arbeiten. Ihr Publikum hatte Hörgewohnheiten entwickelt, sie schalteten nicht auf DDR-Maßstab um.

Einen Teil meiner für besseren Zeitvertreib vorgesehenen Lebenszeit habe ich aufgewendet, um die entstehende Schere zwischen den einheimischen Produkten und den internationalen Standards etwas enger zu machen und wenigstens einen Kompromiss zu finden. Bei totaler Unlust der staatlich Befassten war das kaum möglich. Ich war in Klingenthal, um herauszukriegen, warum es in der DDR kein dort hergestelltes Akkordeon zu kaufen gab. Die Leute im Werk hoben nur die Schulter. Und die Gitarrensaiten? Auch einheimische Produktion, auch nur aus dem Westen zu besorgen. »Takt und Ton« am Alexanderplatz hatte weder das eine noch das andere, nicht einmal ein Tamburin, erzählt mein Freund Dirk Michaelis.

Ich habe gar nichts erreicht und wusste doch, woran es fehlte und was unsere Kollegen ständig von der schöpferischen Arbeit abhielt. Einen Second-Hand-Laden für Bühnenbedarf hätten wir gut gebrauchen können, für Kostüme und Bühnen-Utensilien. Eine Tänzerin, die ihre frühe Altersgrenze erreicht hatte, kam auf die Idee, die auch anderen einleuchtete. Also fanden sich Leute dafür, aber drei Ministerien konnten sich nicht einigen, und am Ende war alles umsonst, auch das Herumsitzen beim jeweiligen dreizehnten Stellvertreter des zuständigen Ministers, der mir immer ausrichten ließ, sie würden sich melden.

Das haben sie nie getan.

Wie gut, dass mein Mann so lang und so lässig war, dass sie ihn alle so gut leiden konnten und ihm vertrauten. Nur mir klopfte das Herz laut im Hals, wenn ihn wieder einer mit einem Pfund Zahlungsmittel der DDR betraute, um sie in Westberlin umzutauschen. Als Chefredakteur für Musik durfte er »nach drüben« fahren, aber aus dem Rundfunk war er 1979 auf eigenen Wunsch ausgeschieden, also dem Zoll ein Mensch wie jeder, ohne bevorzugende Bescheinigung. Als unbeirrbar konservativer Mann beehrte er am Zoo immer dieselbe Wechselstube, obwohl dort, glaubwürdigen Gerüchten zufolge, Leute von der Stasi alles beobachteten. In seiner Auffassung von Korrektheit brachte Wilhelm auch jeweils die Quittung mit, denn es sollte niemand denken, er habe sich um einen Groschen bereichert. Er schleppte auch einen DX7 durch den Zoll herüber, unbeachtet, weil er durch seine Statur nie beladen aussah. Als der werte Künstler den gar nicht bedienen konnte und deshalb behauptete, der sei kaputt, trug er ihn insgesamt dreimal hin und her.

Ich ging erst dazwischen, als ich durch einen Zufall erfuhr, dass er auch Geld für Kollegen umtauschte, die selber einen gültigen Pass hatten, aber lieber ihm das Risiko überließen. Wie ich ihn kenne, hätte er bei Verlust den Schaden übernommen.

Ein Kollege kam zu mir, als seine Frau über Ungarn in den Westen gereist war. Es traf ihn ins Herz. Wahrscheinlich; aber es kann ihn auch bis ins Herz getroffen haben, als das tausendmal heimlich besprochene Ereignis nun wirklich geworden war. »Wann soll ich es denn melden?« Gar nicht. Solln sie sich doch bei dir melden. »Und was soll ich sagen?« Dass du sehr gekränkt bist und keine Ahnung hattest, aber immer noch denkst, sie kommt zurück.

Doofer Dialog, und unglaubwürdig, denn nun kam heraus, dass sie eine nicht unbeträchtliche Erbschaft gemacht hatte. Die Hälfte hatte sie in seine Band gesteckt, die andere würde ihr reichen, um sich einen Lebenstraum zu verwirklichen. »Muss ich jetzt das Geld abgeben?« – »Welches Geld? Du hast keins und weißt von keinem, und außerdem ist eure Tochter hier. Mach gar nichts ...«

Wir redeten wie eine Gang. Und als wir uns neulich nach zwanzig Jahren zum ersten Mal wieder sahen, war er inzwischen Großvater und junger Papa, immer noch sehr erfolgreich. Seine Erinnerungen sind sicher den meinen ähnlich, bitter um soviel Vergeblichkeit, und schön auch, denn wir waren alle jünger und hatten, nicht alle und nicht alle gleichermaßen, die Illusion einer verbindenden Moral, die es nach meinem heutigen Wissen so nicht, und also eigentlich gar nicht gegeben hat.

In unserer Wohnung haben sie gesessen, die jungen Sängerinnen, und wir haben geredet, über ihre Sorge um die Karriere, ihre Verlustängste, ihre Konflikte zwischen Kind und Bühne, ihren Frust wegen schlechter Behandlung als unterstellter Schlampe, zwischen übellaunigen Musikern, für die sie Matratze sein sollten oder geschlechtslos waren ... Hier hat mich Tamara überredet, das »Amt« als Präsidentin auf mich zu nehmen, sie war wie immer unwiderstehlich, aber zu den schlimmen Schmerzen der Erinnerung gehört jener Moment am 10. November 1989, als wir uns in einem großen Ost-West Kreis in Weißensee zum Gespräch trafen. Als ich ihr die Hand reichte, fiel sie mir nicht wie sonst um den Hals, sondern trat einen halben Schritt zurück und sah mich unvergesslich fremd an.

Der Augenblick war meiner Dummheit geschuldet, denn dem ging etwas voraus, was mich hätte warnen sollen. Ein paar Jahre früher wurde ich zu einem dienstlichen Gespräch gebeten, es ginge um Tamara. Ich hatte gehört, dass »Silly« wegen eines Plattentitels Ärger gehabt habe: »Tote Gleise«, sollte die LP heißen, und das Cover zeigte auch tote Gleise, das sah ich, als ich in die Bizetstraße kam, wo die Verwaltung unseres Komitees saß. Das Cover löste bei mir die Assoziation »Auschwitz« aus. Und es sollte einen Liedtext geben, in dem sich die Schweine ihre Schwarte an den toten Gleisen reiben, so in etwa. Dr. Büttner, der Cheflektor von Amiga, hatte mir gleich nach meinem Amtsantritt mitgeteilt, dass er sich von mir in seine Produktionen nicht hineinreden lassen würde. Ich hatte keine solche

Absicht. Und kam also unwissend in die strittige Beratung, traf den Texter Karma, begrüßte Tamara und erinnere mich an ein paar Kollegen aus dem Büro. Es gab einen geisterhaften Austausch von Unwichtigkeiten.

Erst durch ein Buch von Werner Karma habe ich nach 1990 wenigstens zum Teil erfahren, warum er und Tamara so merkwürdige Lächeln austauschten, und dass die Vertrauensseligkeit durchaus einseitig war. Ich wollte in der Beratung nicht sagen, dass ich den Plattentitel sehr provozierend, auch ungerecht fand und das Lied etwas pubertär-aufsässig. Die Verse waren ziemlich feige, verschwommen. Verständlich, dass Staatsverdrossenheit geäußert werden sollte. Aber das macht noch kein gutes Lied.

In Wahrheit war es so harmlos nicht, die Begegnung nur scheinbar meine Kunstkritik herausfordernd. Ich schätze Werner Karma, nicht nur als attraktiven Mann, sondern vor allem als guten Autor, der wunderschöne Lieder geschrieben hat, neuerdings für Anna Loos solche schreibt.

Jene Sammlung damals aber sollen Tamara und Karma als Tonband einem berühmten Fotografen in die Tasche gesteckt haben, der sollte sie nach Westberlin tragen. Dem Gerücht nach wurde er sonst nie kontrolliert, aber bei dieser Gelegenheit gründlich. Es muss jemand aus ihrem eigenen Kreis gewesen sein, der die Sache verpfiff. Wer sonst hätte davon gewusst? Das Band wurde gefunden und landete nach mehreren Stationen »im Politbüro«. Bei wem, das weiß ich nicht. Und hatte von dieser Geschichte keine Ahnung, als einzige im Raum. Die Platte ist mit unerheblicher Verspätung als »Liebeswalzer« erschienen, die Gleise waren auf dem Cover verschwunden, das Schweinelied nicht produziert worden, und das Ganze blieb für die Künstler folgenlos.

Hat das wehgetan? O ja, schon. Ich war noch nachträglich vorgeführt, lächerlich gemacht worden, in einem nachträglich tapferen Buch von Karma, in dem die Geschichte mit dem Fotografen aber nicht erzählt wird.

Die Pforten des Kulturministeriums waren schon versiegelt, alle Mitarbeiter daraus entfernt, als mich bei einer zufälligen

Begegnung ein ehemaliger Leiter an diese Geschichte erinnern und gelobt werden wollte. Sie hatten diese, die ich bis dahin nicht kannte, doch geschickt unter den Teppich gekehrt, oder nicht?

Es hatte zu lange gedauert, bis sich einige Dinge normalisierten. Endlich durften auch Rocker reisen, nicht alle, und niemand von uns erfuhr, warum die einen durften und die anderen nicht. Auch das schuf böses Blut. Ich war auch niemals in der Kommission, in der über Nationalpreise debattiert und entschieden wurde. Ich bin nicht dazu eingeladen worden, aber ich hätte auch abgelehnt, weil den Veröffentlichungen im Oktober immer zu entnehmen war, dass die DDR zwar reich war an vorschlagsberechtigten Einrichtungen, auch einzelnen Persönlichkeiten, aber die Entscheidungen gingen nach Geburtstagen, vielleicht nach dem Alphabet, vielleicht gab es einen, der am Ende einsam entschied. Es war auch üblich, jemanden vorzuschlagen, der es dann aber erst Jahre später erhielt, das ehrende, ihm schon lange zugedachte. Er wusste es aber schon bei der ersten Nennung im Gremium. Es gab immer jemanden, der sich ihm gegenüber damit brüstete, es vorgeschlagen oder ganz sicher durchgesetzt zu haben. Arndt Bauses schicker Anzug hing mehrere Jahre lang ungenutzt im Schrank. Mich erreichten Vorwürfe, dass es wieder nicht geklappt hätte, und ich hätte doch was machen können, und mancher wird das heute noch glauben, aber ich hatte damit nichts zu tun und wäre lieber in den Wald gezogen, als mich an diesem dummen, so leicht zu durchschauenden Spiel zu beteiligen.

Reisen war ja auch viel wichtiger. Ich durfte nach achtzehn Jahren für einen Abend nach Westberlin, andere durften auch, ab Mitte der achtziger Jahre traf die ablehnende Entscheidung, die niemals begründet wurde, auch Gruppen nur noch selten. Die Wartezeiten waren unzumutbar lang und es war so gut wie unmöglich, den Gründen für eine negative Entscheidung nachzugehen. Um die mögliche Größenordnung zu erwähnen: Eine Gruppe konnte nicht reisen, weil ein Mitglied es nicht durfte. Aber bis heute weiß niemand, wer es war. Vielleicht, das war möglich, fand der Nachbar, dass der Garten so aussah, als solle er ungepflegt hinterlassen werden.

Wer die Nerven dazu hatte, besaß einen zweiten Pass als Bürger der Bundesrepublik, hatte drüben ein Konto und sparte im Westen für die Rente an. Nicht wenige Künstler waren bei der GEMA als Bürger der Bundesrepublik gemeldet, das war auch nach der Wende ein Vorteil, der uns anderen nicht zugute kam. Wir hatten keinerlei vergleichbare Vorsorge getroffen. Aber auch wir haben heimlich Geld umgetauscht, für Obst, Presse und Bücher, auch für Medikamente, für die wir von jedem hiesigen Arzt die nötigen Rezepte bekamen. Klingt ja sehr tugendhaft, aber wir haben schon auch anderes gekauft, was man nicht braucht, aber schon immer haben wollte.

Der große Unanstand erzwang sich viele kleine Ableger. Da das kaum jemand ganz für sich behalten kann, erfuhr ich vieles, riet zu einigem und suchte nur oft Rat bei meinem Mann, dem erfahrenen Reisenden und gewandtesten Geheimnisträger. Wo mir nichts mehr einfiel, wusste er noch immer einen Ausweg. Er versteckte auch Drohbriefe und Morddrohungen an mich, das war aber nach dem November 1989.

Ich habe oft schmerzendes Heimweh nach unserem Leben, das nicht nur in Mark und Pfennigen rechnete. Ich habe Heimweh nach meinem Ich, das vielleicht manchmal ziemlich blöd war, zu arglos, aber weitgehend ohne heutige Bitterkeit. Ich will das alles gelebt haben, aber manches von damals möchte ich endlich vergessen.

# NOCH
## NIEMALS IN
### SALZBURG

Jeder hat seine Traumstadt, vermutlich. Es hat mit Erlebnissen zu tun, die man hatte, oder glaubt, dort haben zu können. Meine Geburtsstadt Berlin konnte mir für den ersten Teil meines Lebens nicht gerade glückliche Erinnerungen schenken, Ried im Innkreis auch nicht, es war die langweiligste Örtlichkeit auf der Erde. Jedenfalls glaubte ich das, sobald die kleinen Aufträge erledigt waren und das lange Warten auf den Omnibus für die siebzehn Kilometer Heimweg ins Dorf begann. Todlangweilig, ohne Geld in der Tasche, aber einmal doch sehr aufregend, als ich das Happyend des Ufa-Films »Der weiße Traum« nicht mehr sehen konnte, sonst hätte ich den Bus verpasst, den einzigen nach Wildenau. Da ich keine Uhr besaß, war ich vor Angst, dann siebzehn Kilometer laufen zu müssen, viel zu früh an die Haltestelle gerannt. Diese Interruption hat mich so lange verfolgt, bis der Film, Jahrzehnte später, an einem Montagabend in Peter Palms »Rumpelkammer« im DDR-Fernsehen zu erleben war. Da erfüllte sich meine Ahnung, dass Olly Holzmann und Wolf Albach-Retty sich kriegen.

Im Mai 1944 verkündete mein Altbauer Anton Karrer eines Tages wortkarg, wir fahren nach Salzburg. Wir, das waren seine beiden verzogenen Enkel Berta und Toni, Kinder seiner früh verstorbenen Tochter Mirzl, die er wohl geliebt hat, aber über Gefühle sprach man in Wildenau nicht. Ihr Tod lag zwölf Jahre zurück, und er bewahrte immer noch ihre Kleidung in seinem neu gebauten Altersitz auf, der aber dann außer von meiner Mutter noch von drei anderen wartenden Soldatenfrauen bewohnt wurde. Jede hatte zwei Räumchen, Toilette und Wasser auf dem Hof, dort gab es für jede Mieterin einen Verschlag für Holz und Kohlen.

Alles sehr klein, sehr eng, die Landschaft war ja weit genug, und schön war sie auch.

In sein neues Haus wäre Anton Karrer gern eingezogen, aber das konnte er nicht, weil sein einziger Sohn eingezogen worden war, der junge Bauer, der gerade den Hof übernommen und geheiratet hatte. Das konnte er, weil die sperrige alte Bäuerin gestorben war, die konnte ihm nichts mehr verbieten, so kam die sanfte Rosl zu uns. Der alte Anton musste weiter zu Tische vorbeten und der Bauer sein.

Ich habe den Schrank einmal vorsichtig geöffnet, Kleider und Pelzmantel berührt und mir die junge Frau vorzustellen gesucht, die gegen den Rat ihrer Eltern zu früh im Jahr ein Bad im Dorfteich genommen hatte und an Lungenentzündung gestorben war. Ihre Mutter war daran böse geworden, feindlich gegen alles, was nicht gestorben war, aber ihr noch immer fescher Mann blieb besonnen und gütig. Jedenfalls zu mir, den Grund dafür erfuhr ich einunddreißig Jahre später, da hielt er, nun sechsundneunzigjährig, seinen alten Zeigefinger hoch und sagte belehrend: »Auf di' hob ich allweil g'holten. Weil du a so a scheene Rechtschreibung g'hobt host.« Deswegen mochte der mich? Nicht, weil ich ihm immer die Jause aufs Feld brachte, den Mostkrug, Kartoffelkäse und Brot oder kaltes Schweinsfleisch, Gselchtes, manchmal, und ich mochte es, wenn er dann seine Arbeit unterbrach und wir miteinander redeten. Es kann sein, dass er sah, wie mir die Feldarbeit an heißen Sommertagen die Migräneanfälle brachte, aber ich arbeitete weiter, bis ich erbrechen musste und mich in einem schattigen Winkel krümmte. Diese Migräne hat meine Kindheit vergiftet, sie war unvermeidlich, sobald mein Kopf der Sonne ausgesetzt wurde. Ich hatte sie im Hochsommer täglich, auf dem schattenlosen langen Schulweg begann sie, auf dem Feld, der Wiese, beim Holzhacken, Heuwenden, und sie hat mein Leben lang jeder Behandlung widerstanden, bis sie eines Tages im reifen Frauenalter verschwand. Mein Mann konnte sie mir mit absteigenden Bädern lindern, mit kochend heißer Knoblauchsuppe, aber das einzig wirklich lindernde waren Dunkelheit, Vermeidung jeder Bewegung, Schlaf und Kompressen. Auf dem Bauernhof gab es nur einen natürlichen Vorrang, der hieß Arbeit, und die wurde durch das Wetter bestimmt. Auch die Großmagd Resl, die im Monat fünfzig Mark verdiente und unter ihrer Periode immer schwer zu leiden hatte, packte ungeachtet solchen Umstands den hohen Erntewagen voll, versorgte drei mal zehn Kühe täglich, und sie wäre nicht auf die Idee gekommen, sich zu schonen.

Der Anton Karrer hatte, so sagte man, eine heimliche Liebschaft mit der Häuslerin Kathi, deren Mann im Krieg geblieben war, nun blieb ihr nur das Taggedinge. Mit einem Schrank zu Lichtmess wollte sie nicht mehr als Magd zum Bauern gehen. Später hat der Anton Karrer sie wirklich geheiratet, aber das ist eine andere Geschichte.

Nun war eine Reise nach Salzburg angesagt. Das Gedächtnis trifft seine eigene Auswahl. Wir vier Reisenden müssen damals zur Bahnstation nach Gurten gelaufen sein, eine Stunde etwa, und dann sind wir wohl mit dem Zug gefahren, aber davon habe ich in meinem Kopf kein Bild mehr, während ich anderes wie eben erlebt weiß.

Salzburg, die Stadt, die ich auch von der Leinwand kannte, eine Stadt voller Lieder und Liebesgeschichten und schönen Schauspielern, die sie erlebten.

Jede unbekannte Stadt kann eine Traumstadt sein, in der alles möglich ist, was bis dahin unmöglich schien. Anton Karrer war auf eine besondere Art würdevoll. Das blieb er auch in Salzburg, trotz seines Hütls mit dem Gamsbart und seines Jankers mit den Beinknöpfen, der den Bauern auswies. Er hatte immer seine hängende Pfeife im Mund, schmunzelte oft vergnüglich, besonders um die Augen herum, sein Schnauzer war angemessen, und seine Bewegungen waren es auch. Mit ihm zusammen waren die Enkel weniger zänkisch, er konnte mit ihnen umgehen, und Anton behielt immer die Ruhe. Man musste sich mit ihm nicht genieren, meine damals sehr ausgeprägte Eigenheit.

Wir waren 1944 in Salzburg, und Salzburg war wunderschön. Zwar voll von Soldaten, aber dennoch mehr in sich ruhend als andere Städte damals, denn Salzburg wurde meines Wissens nicht bombardiert. Mozartkugeln gab es nur für Zuckermarken, und die hatten wir nicht, aber es gab den Namen Mozart allgegenwärtig durch die Bilder in den Auslagen. Öffentliche Veranstaltungen kann es auch in Salzburg 1944 nicht mehr gegeben haben, aber wir waren in Hellbrunn, im Schloss. Auf der alten Fotografie, ganz hinten auf den Stufen vor dem Springbrunnen, bin ich zu sehen. Seltsam, dass sich gerade dieses Foto durch alle aussortierten Schachteln hindurch erhalten hat.

Geschlafen haben wir in der »Blauen Gans«, dort haben wir auch gegessen. Ich hatte mir Marillenknödel mit Gurkensalat gewählt, eine seltsame Zusammenstellung, die mir immer mal wieder eingefallen ist, ohne dass ich sie je bereitet habe, denn ich wusste wohl, dass die damalige Köstlichkeit auf meiner Zunge nicht wiederkehren würde. Die »Blaue Gans« war ein einfaches Kellerlokal mit schlichtem Nachtquartier in den Etagen, für uns gerade recht. Ringsum saßen laut redende Leute, und zur Tür kam eine Dame herein, die trug Lippenstift, einen Hut mit kleinem Schleier, und sie sah ein bisschen auffallend aus. In Berlin war schon vorher das Schminken der Frauen für die Öffentlichkeit verboten worden. Mein Bauer betrachtete die Frau und meinte, das sei eine »Gefälligkeitsdame«. Diesen Ausdruck habe ich nie wieder gehört, aber nun ade, mein liebes Salzburg, ich war dreizehn und du warst ein großes Erlebnis. Für lange Zeit, damals, als das Reisen über Jahrzehnte für mich und meinesgleichen nur nach Osten hin möglich war, blieb Salzburg meine Traumstadt.

Mein Mann hatte eine Art von Freund. Der war reich und geizig. Zuhause war er in Salzburg, seinen Musikverlag hatte er aber ein paar Kilometer näher, aus steuerlichen Gründen, also in Deutschland, naja, in Bayern. In Ostberlin war er sehr beliebt, jedenfalls rissen sich die Musikredakteure um Kontakte mit ihm. Er lud immer mal einen von ihnen ein, veröffentlichte in seinem Verlag eine Komposition von ihm, der verdiente sich damit ein paar Westmark, in deren Besitz er bei Anwesenheit im Westen kam. Auf jeden Fall verdiente der Verleger an der DDR, und umgekehrt. Ich konnte ihn sehr markant nicht leiden, und das beruhte auf Gegenseitigkeit. Über Frauen sprach er nur zynisch und als hätte er sie alle gehabt. Von seiner Gattin erfuhren wir, dass sie als junge Schauspielerin mit Helmut Lohner in einem Stück gespielt habe.

Da er in der DDR viel Geld auf seinem Konto hatte, kaufte er gern Meissner Porzellan, gelegentlich kleinere Antiquitäten, auch Bücher und Schallplatten.

Er war aber viel zu arrogant, um für seine Einkäufe eine Ausfuhrgenehmigung zu beantragen, und damit kamen wir dem Grund seiner Einladungen schon näher. Er ließ Besucher aus dem Osten seine Kostbarkeiten außer Landes schmuggeln, so blöd sollten beim Rundfunk angestellte Fachleute, einer Einrichtung, die dem Ministerrat der DDR unterstellt war, eigentlich nicht sein.

Mit uns ging er gern essen. Die Männer kannten sich seit Jahren, mein Auftauchen sah er ungern. Er suchte Wilhelm zu beeinflussen, der damals noch nicht mein Mann war: Frauen wie ich seien viel zu eigenständig und egoistisch, und wenn sie ihr Geld selber verdienen, dann kann man sich auf sie nicht verlassen, weil sie jeden Mann verlassen. Und dann sagte er, was er immer sagte: Wilhelm sei für die DDR und für den Funk viel zu schade, woanders könne er ganz anders dastehen, aber schon ganz anders.

»Sobald du willst«, sagte er, tunlichst in meiner Abwesenheit, »Venedig oder London, zehntausend im Monat.«

Das Thema hatten wir beide sehr schnell erledigt. Unter keinen Umständen würden wir uns einem solchen Ausbeuter unterwerfen, und unsere Familie ... alles schon gesagt. Es war ein stiller Zweikampf, er war vor mir im Leben meines Mannes gewesen und der hatte dem Abwerber oft vergnügt – oder doch eine Alternative wägend? – ausweichend geantwortet.

»Mach dich von ihr um Gottes willen nicht abhängig. Komm zu mir, sie kann ja nachkommen. Dann kannst du sie rauswerfen, wenn du sie nicht mehr magst. Schreiben kann die doch überall.«

Das hätte er vielleicht besser nicht sagen sollen, denn es berührte Stellen, die ich mir nicht antasten ließ. Wann immer mich die DDR geärgert hat, und das konnte sie gut, ich vergaß nie, dass sie mir die Chance meines Lebens gegeben hatte. Ich hatte dafür keine Opfer bringen müssen. Niemand verlangte von mir, dass ich erst einmal in die Partei eintrete, erst einmal auf die Couch komme, man ließ mich schreiben und bot mir nach einer Arbeit die nächste an, auch in einem anderen Genre, so unausprobiert ich in ihm war.

Ich ging das nächste Mal wieder zum Essen mit, hoffend, er würde vor mir Ähnliches äußern und ich könnte loswerden, was ich gegen ihn auf dem Herzen hatte. Noch mehr als seine ständigen unanständigen Angebote ärgerte mich, dass er ausschließlich im 37. Stock des Hotels Stadt Berlin zu dinieren wünschte, und wenn wir uns setzten, fragte er mit besorgter Miene, ob wir solvent seien, »ich bin ja total abgebrannt ...«

Sobald wir ihn beruhigten, wählte er genussfähig vom Feinsten und ließ es sich munden. Manchmal aber – ich glaube, einmal – meinte er, wir seien seine Gäste. Ehe wir uns, schon vorher, bedanken konnten, fügte er hinzu, sein Magen sei nicht in Ordnung, und die Vorspeisen könne man sich in dieser Kneipe auch sparen, nach Wein sei ihm heute nicht und eine Nachspeis' mag er auch lieber in Salzburg. Natürlich richteten wir uns nach ihm, er war schließlich der Gastgeber.

Wenn wir bezahlten, betrug die Rechnung ein halbes Monatsgeld meines Chefredakteurs und Ehemannes. Das fand ich nicht so lustig, heute würde ich mich darüber weniger wundern. Aber dieser schlaue Mann machte sich jeden Abend denselben dummen Spaß. Er redete rücksichtslos über alles, ganz offen, über diesen ungeschickten und aussichtslosen Sozialismus, der nur wegen der unheilbaren Naivität seine ganze Sympathie hatte, irgendwie, und warum er als Geschäftsmann hier nie leben könnte, obwohl es auch nicht leicht sei, wie alle seine Angestellten ihn ständig übers Ohr hauten, und dann unterbrach er sich, warf konspirativ Blicke um sich und fragte uns mit gedämpfter Stimme, ob wir hier wohl unbelauscht und unbeobachtet genug seien. »Nicht dass du Ärger kriegst ...« Ich war nicht mehr dreizehn, und wir waren nicht in Salzburg, obwohl mich sein Dialekt immer daran erinnerte, wie sehr ich mir das wünschte, für ein paar Tage? Während seiner Vorführung schien es mir, als rechne er mit dienstlichem Ärger für meinen Mann, und es wäre ihm nicht unlieb, ihn herbeizuführen. An Widerstand bei solch verlockend klingenden Angeboten war er nicht gewöhnt. »Also, kommt's einmal nach

Salzburg? Meine Frau tät sich auch freuen. Wir laden euch ein, Salzburg ist schön, wirklich.«

Zu mir gewandt: »Gnädige Frau, so nah bei der Heimat, ins Innviertel is's net weit.«

Das war die Begründung, die Salzburg möglich machte. Recherchen für ein Buch in der nachweisbaren Kriegsheimat Oberösterreich. Nach langem aufregendem Warten traf in der Reisestelle meines Verbandes die Genehmigung ein. ER hatte einen Vorwand, ich hatte einen, für den nötigen Nachweis von Mitteln für den Aufenthalt benutzten wir uns gegenseitig als angebliche materielle Versorger.

Aus Furcht, dort als die armen Bekannten aus dem Osten aufzutreten, hatten wir für genügend Gastgeschenke gesorgt. Bücher durften, andere Gaben konnten irgendwie untergebracht werden. Rechzeitig für gute Gefühle sorgen, das muss vor einer solchen Reise sein.

Es gab eine kleine Schwierigkeit. Der Gastgeber hatte Unter den Linden ein umfangreiches Meißner Service aus der Serie »Rote Rose« erworben, das sollte nach Salzburg, und eine Ausfuhrgenehmigung hatte er nicht. Darüber war auch mit ihm nicht mehr zu reden, denn er war bereits wieder in Salzburg und wartete auf uns. Meißner Porzellan ohne Genehmigung auszuführen, das war etwa so abenteuerlich, als wolle heutzutage jemand aus den Tropen ein Krokodilbaby einschleppen oder einen niedlichen kleinen Affen. Wenn schon, dann verkaufte die DDR ihre Wertsachen allein. Meißner Porzellan gehörte fraglos dazu. Ich gestehe, dass ich sehr aufgeregt war und die Reise am liebsten abgesagt hätte.

Aber wir fuhren, mein Mann hatte das kostbare Gut irgendwo in den Moskwitsch geklemmt, und die Zöllner ließen uns nach kurzem, oberflächlichem Spiegeln unterm Wagen durch. Wir waren noch einmal davongekommen, aber die ganze Freude war es nicht mehr. Dabei ließ uns unser Moskwitsch doch erst im Stich, als wir angekommen waren, in meinem lieben Salzburg.

Wir begrüßten die Familie, sie uns, und es dauerte nicht lange, bis ich bemerkte, dass in dieser Ansammlung von Personen keine mit der anderen einverstanden war. Die Gattin sah aus, wie zierliche Blondinen als gepflegte Damen aussehen. Sie machte ein großes Aufhebens von unserer Ankunft und allem Mitgebrachten, ließ sich über mein scheinbares und wirkliches Alter aus, als hätte sie eine Zonengreisin erwartet, aber von da an waren wir ihr eigentlich egal. Sie war viel unterwegs, um dringend nötige Teile in ihren Kleiderschrank zu bringen, aber alles, was an ihrer Tochter hiiimmlisch! aussah, machte sie dick und hässlich. Der Tochter war es gerade egal, wie sich ihre Mutter fühlte, denn sie sollte ihr erstes Auto vom »Bab-ba« geschenkt kriegen. Unseretwegen hatte er den sehnlich erwarteten Vorgang auf den Montag gelegt, aber nun war es erst Samstag, der Autosalon noch geöffnet, und Constanze konnte nicht glauben, dass sie die Wartezeit lebend überstehen würde.

Es war eine Zank-Ehe, und sie waren zu viert eine Zank-Familie. Das Auto wurde am Samstag gekauft, da konnten wir uns in unserem Hotel ausruhen. Wenn wir wollten. Wir wollten schon, aber es war schwierig. Das Hotel lag mitten in einem Park, und der war vor allem Wohnort sehr vieler Pfauen, die nicht vornehm schwiegen, sondern sehr frühmorgens laut schrieen. Der Besitzer des Hotels hatte die Räume mit echten Barockmöbeln ausgestattet, schön und wertvoll, alles aus altem Holz, und nichts, das nicht laut knarrte. Das machte die Nacht sehr keusch, aber auch schlaflos, denn eine Handbewegung genügte, eine leichte Schulterdrehung, und beide saßen wach im Bett. Ob Schrank oder Stuhl, alles war schön und sehr laut. Wir holten uns, nach einem Blick auf die Speisekarte draußen, ein paar Semmeln, Käse und Wurst und aßen im Zimmer aus dem Papier, denn wir wären uns blöd vorgekommen, nach Tellern zu fragen. Am nächsten Morgen bemerkten wir, dass unser Frühstück aus einem kleinen Kännchen Kaffee, einem niedlichen Hörnchen, einem Klecks Butter und einem Teelöffel Marmelade bestand. Ich schob meine Portion meinem Mann zu und war leichtfertig genug, mir eine Portion Haferflocken zu bestellen. Den Preis ließen wir natürlich nicht auf die Rechnung für den Herrn Doktor setzen. Er betrug, umgerechnet in unsere Währung, zwanzig Mark, für ein Tässchen Haferflockensuppe, für einen Salzburger wären es nur fünf DM gewesen.

Wir wollten uns mit dem Ehepaar zum Essen treffen, aber da streikte unser Auto und wir hatten zu tun, die Sache mit dem geplatzten Schniiipsgummi in der »Kremlkuh« entdecken zu lassen und in den Läden ringsum einen Schnipsgummi zu erbitten.

Die Wiederbelebung des Moskwitsch kostete uns die Hälfte unseres gesamten Taschengeldes, bei 21 Prozent Mehrwertsteuer. Wir wollten uns nicht aushalten lassen, uns nicht verpflichtet fühlen. Ich hatte unseren Gastgeber im Verdacht, er wolle meinen Mann im schönen Salzburg rumkriegen, er schätzte ihn und wollte ihn als Geschäftsführer in einer Niederlassung haben. Da ich mir aber sicher war, dass wir zu zweit wieder nachhause fahren würden, haute ich viel lieber die DDR übers Ohr. Ein Hörspiel von mir war im westdeutschen Rundfunk gelaufen, und eigentlich hätte ich das Honorar dafür zuhause abliefern müssen, man kennt die Vorgänge. Ich aber hatte mich erkühnt, das Geld an den Doktor schicken zu lassen, was Mitte der siebziger Jahre und zu meinem Erstaunen auch gelang. Ein zweiter Versuch ähnlicher Art gelang dann nicht mehr, da war ein Loch gestopft worden, aber dieses eine und einzige Mal war es nichts als Glück. Mit dem Geld in der Tasche kaufte ich mir erst einmal einen Sonnenhut, und dann lud ich das Ehepaar zum Essen ein. Das wollten sie aber nicht, und es konnte leicht unterlassen werden, als der Doktor uns aufklärte, er könne alles von der Steuer absetzen. Wir redeten über Kleider, wir Frauen, die Männer über Philosophie, Weltlage, Ansichten.

Ich wollte so gern ins Mozart-Haus, diesmal endlich. Es wurde leider gerade renoviert, war also geschlossen. Ausgestattet mit Atzung gingen wir bald in unser Zimmer ohne Fernseher, setzten uns auf den Balkon und lauschten den Geräuschen von Hellbrunn.

Der nächste Tag war etwas ungünstig, weil die Tochter unbedingt Fahrten mit den Eltern unternehmen wollte. Aber am Abend würden wir uns beim Sohn treffen, dem wir einige Fachbücher – »bei uns sehr sehr teuer, er wird sich freun« – mitgebracht hatten. Wir waren in Berlin deutlich unterrichtet worden. »Aber der Bub hat nie was zu essen daheim.« Wir kauften köstliche Salate, Obst, Schinken, Baguette – und Bier und Wein hatten wir noch von zuhause im Wagen. Ein wunderbarer Abend. Der Bub, ein Student, war ein netter Kerl, solange wir mit ihm allein waren. Als die Eltern erschienen, wurde er grantig, spitzzüngig und teilte seine Aufmerksamkeit zwischen unseren Präsenten und seinem Hasen, den er unablässig und zu schnell streichelte. Es war ungemütlich, aber dann wurde es interessant. Die Gattin bemerkte, dass sie ihre Schlüssel verloren hatte. Es erhob sich ein unangenehmer Streit, weil sie zugeben musste, dass sie ihr Schlüsselbund, wie lange angeraten, noch immer nicht getrennt hatte. Die Freude über unseren Besuch, soweit vorhanden, die über das neue Auto, doch sicher noch ausreichend vor dem nächsten Wunsch, und das Entzücken über das schöne Abendessen, dem alle sehr kräftig zusprachen, all diese Freude und Freuden waren vergessen, denn es fehlte nicht viel und die Eheleute hätten sich gekloppt. Übereifrig und überflüssig krabbelten wir auf der Straße in ihrem Auto und unter das Auto, suchten die Treppe ab und der Abend verging. Entscheidend war die Vermutung, dass inzwischen ja wahrscheinlich die eheliche Wohnung schon ausgeräumt sei.

Wir verabschiedeten uns und hatten auf nichts mehr Lust. Warum wir nicht einfach noch durch das abendliche Salzburg schlenderten oder mit dem Auto durch die erträumte Landschaft fuhren, das könnte ich auch heute nur damit begründen, dass wir einerseits Heimweh nach uns und unserem Leben hatten, andererseits damit beschäftigt waren, uns die Reisesemmeln für zuhause auszudenken und wie wir unsere Freuden für die Lieben durch den Zoll bringen.

Am nächsten Tag waren wir die Gäste, in einem schönen Restaurant. Als Erstes wurde dem Oberkellner, der um den »Herrn Doktor« herumdienerte, bedeutet, beim vorigen Mal habe man das Essen kaum schlucken können. »Es war toooootaal« ungenießbar. Der Oberkellner gelobte Besserung für den Rest des Lebens und ging davon. »Warum kommst du dann mit uns ausgerechnet hierher?«, fragte mein Mann, und ich merkte, er mochte diesen ungenießbaren Kerl immer noch. »Es war wunderbar«, sagte der, »fantastisch, is' es immer, aber das derfst du denen niemals sagen. Sonst is'es beim nächsten Mal

wirklich furchtbar.« Ich aß einen Eierkuchen mit frischen Blau-
beeren, eine zuhause in der HO kaum erlangbare Köstlichkeit,
während die Männer sich Krebse und Kalbfleisch kommen ließen. Die Gattin wollte gar nichts essen, am liebsten nie wieder,
sonst steht man wieder in der Kabine …, aber einen Salat, einen
Wein und einen Kognak, sowie Kaffee und ein Stück Torte, aus-
nahmsweise, nahm sie doch. Die Schlüssel waren noch immer
weg, und nun erst erfuhren wir, dass die beiden in der Nacht gar
nicht in ihre Wohnung gekonnt hatten, weil er wiederum seine
Schlüssel im Büro in Bad Reichenhall gelassen hatte. Sie hatten in unserem Hotel übernachtet, lachten sie, erst gemeinsam,
dann getrennt über wen auch immer. Sie wären aber wegen des
Schlüsseldienstes schon früh los.

Nein, dachte ich. Ihr wart grantig, hattet einen Seelenkater
vom Abend und einen Morgenblues dazu und nicht die gering-
te Lust, uns oder irgendjemand anderen zu sehen, schon gar
nicht beim Frühstück. Ich konnte das verstehen, es machte mich
nur nicht selbstbewusster.

Und dann passierte es. Wir konnten später bei allem ehrlichen Bemühen nicht herausfinden, was wir falsch gemacht
haben könnten. Wir sprachen über Berlin und unsere gemeinsamen Essen dort, mein Mann wie üblich ganz unbefangen. Er
erklärte der Gattin das Hotel »Stadt Berlin« und den 37. Stock,
wo ihr Mann ja auch mit anderen Leuten speiste, am liebsten
nur dort. Er zitierte dessen Spruch: »Man muss immer wissen,
wo man sich zum Essen niederlässt«, und dass er gesagt habe:
»Ich glaub ja nicht, dass man uns hier abhört … bei den Preisen
… glaubst du?«

Das alles war Geplauder. Dann aber scherzte mein Mann,
dass der Doktor ja einmal mit unserer Tochter dort gegessen
habe, und die beschwerte sich später, dass sie eigentlich nicht
satt geworden sei. Das stimmte, und wir hatten meine Tochter
zu seiner Begleitung gebeten, weil wir viel lieber mit ihrem Kind
zuhause bleiben wollten.

Die Gattin verstummte, warf uns allen feindselige Blicke zu,
drängte zum Aufbruch, und schon beim Hinausgehen begann
zwischen beiden ein böser Streit.

Auf der Fahrt zum Hotel schwiegen wir erst, dann sagte er: »Ich will nachhause.«

Wir packten, wollten aber nicht grußlos verschwinden. Erst am Morgen kam der Anruf. Der Gastgeber nahm die Nachricht von unserer Abreise hin, machte zwar halbherzig den Vorschlag, wir könnten uns von nun an allein treffen, seine Frau sei nun einmal so eifersüchtig, sie hätte fest geglaubt, unsere Tochter und er ...

Er war nie besonders nett zu mir, wohl, weil er glaubte, ohne mich hätte er meinen Mann doch gekriegt. Aber ich verabschiedete mich dennoch mit Bedauern von ihm. Der letzte unvergessliche Satz, den er mir am Telefon sagte, lautete: »Tut mir leid, dass Sie abreisen. Aber Pipi-Mädchen bleibt halt Pipi-Mädchen.« Das galt der zierlichen Blondine, die in ihrer Jugend einmal mit Helmut Lohner auf der Bühne gestanden haben soll, die ihm zwei unzufriedene Kinder geboren hatte, die er nach Lust und Laune betrog, aber gut mit Geld versorgte und die ihm ihre tägliche Dosis Ehegift verabreichte.

Als wir die erste hässliche Uniform eines Grenzers sahen, ging es uns besser.

Wir hatten kaum etwas von Salzburg gesehen, aber die »Blaue Gans« gab es noch. Inzwischen ein sehr teures Lokal für Touristen, mitten in Salzburg, wo man nirgends parken konnte, aber wenn man sein Auto an den Stadtrand stellte, durfte man kostenlos mit dem Elektrobus durch Salzburg fahren. Wäre auch gut für Leipzig oder Dresden, sagten wir, aber erst einmal mit allen Reisesemmeln und nach saukomischen Befragungen durch die Zöllner in die heimischen Gefilde.

Den Doktor haben wir nicht mehr gesehen. Er hatte erst einen Schlaganfall, das machte ihn reiseunfähig, dann starb er.

Mein Mann sagt, er war trotz allem ein Freund. Ein Kauz auch, manchmal ein Widerling, aber er wird ihn nicht vergessen.

Wir haben es nach 1990 noch einmal versucht. Wir luden Laura ein und schilderten ihr die Traumstadt in den schönsten Farben. Wir würden dort nicht übernachten, aber in Burghausen, gleich vor Österreich, könnten wir bleiben und einen Ausflug nach Salzburg machen. Laura war fünfzehn Jahre alt, von den historischen Ereignissen total überfordert und von einer Jugendliebe ausgefüllt. Sie schlief auf dem Rücksitz oder träumte zum Fenster hinaus von zuhause. Wir machten erste Station in Regensburg und ich wollte sie mit Whirlpool und Badelandschaft verwöhnen, wir meldeten Telefonate nach Berlin an, damals sehr schwierig, es gab noch keine Verbindungen ohne Amt, aber ich übertraf alles andere Aufregende, als ich ohne Badelatschen in der wunderschönen Badelandschaft ausrutschte und mir das Handgelenk brach. Mit einem Gipsarm fuhren wir weiter, später sogar mit der Kutsche durch Salzburg, aber Laura und ich litten jede auf ihre Weise die Zeit ab – und ich glaube, mein Mann konnte mich nicht leiden, was er bis heute bei Nachfrage nie abmildert. Ich tat ihm kein bisschen leid. Und Laura war Salzburg so egal, dass sie nur einen Gedanken hatte: Nachhause.

Ihr tut das heute sehr leid. Ein Jahr später sagt sie das, und: Wir waren ja nicht mal im Mozart-Haus. – Nein, bis heute nicht.

Aber von meinem zweiten Versuch, Salzburg zu besuchen, bei jenem seltsamen Ehepaar, bliebe etwas nachzutragen. Es will sich dem Erzählen widersetzen.

Lass es ruhen, sagt eine innere Stimme. Es wird wehtun, oder es tut gut, ohne dass damit etwas anzufangen wäre. Aber er war an meiner Seite, mein Halt, mein Heimweg. Ich habe das Kind, das ich dort geworden bin, nur dort werden konnte, dieses wie aus tiefem Wasser geborgene Kind, unter dem Kirschbaum wieder gesehen, wieder gespürt, obwohl doch Jahrzehnte und ganz andere Welten alles verändert hatten.

Nachdem damals das Auto der Tochter gekauft war und wir sehr überflüssig wurden, wiederholte mein Mann seinen Vorschlag: Wir fahren nach Wildenau. Wir fuhren dorthin, wo meine erste Liebe ohne Gegenliebe geblieben war, ach, wir fuhren nach Wildenau, und ich wusste noch, wovon ich damals, beim Abschied, geträumt hatte. Ich wollte eines Tages wiederkommen und alles, alles können, alles, alles gelernt haben, was man sich nur vorstellen kann. Ich wollte jemand sein, berühmt möglichst, aber vor allem wichtig und selbstbewusst.

Ich kam ja nun auch, im Moskwitsch, mit einem Mann zur Seite, stark wie ein Felsen. Da ich einiges gelernt hatte, wusste ich, wie viel ich nicht wusste.

Aber das machte nichts. Ich war nun Mitte vierzig und alles würde an mir liegen, oder sehr viel, ausgenommen die Achterbahn, Reisen im Flugzeug und wenn man mich langweilt.

Fahrn wir über Ried oder über Mettmach? Fahr über Mettmach. Da habe ich gleich nach dem Krieg »Die drei Dorfheiligen« gesehen, von einem wandernden Ensemble gespielt, und darunter war ein Schauspieler mit einem versehrten Gesicht, Brandwunden aus dem Krieg, der sprach mich nachher an und erzählte mir, er wäre in Berlin im Metropol-Theater aufgetreten, und auf der Treppe hat er mich geküsst. Am nächsten Tag sah ich ihn mit einem Kollegen bei uns am Haus vorübergehen. Er muss nach mir gesucht haben, aber da ich gerade Holzschuhe trug, habe ich mich nicht gezeigt. Außerdem hätte meine Mutter meine Unschuld bedroht gesehen, also haben wir uns nicht mehr gesprochen, obwohl ich einen Tag lang glaubte, mir wäre Kostbares dadurch verloren gegangen. Ja, du hast recht, so etwas ist nachträglich immer komisch, aber wenn ich jetzt ein bisschen heule, dann denk dir nichts dabei, ich habe an eurem Familiengrab ja auch ein bisschen darüber geweint, dass ich deinen so besonderen Großvater nicht gekannt habe.

Wildenau hatte zu meiner Zeit zweiundachtzig Häuser, diese Zahl war unsere Hausnummer, meine Mutter und ihre Schwester aus Düren wohnten darin. Meine Schwester und ich blieben bei der Rosl auf dem Bauernhof. Nun hatte sich der Ort ausgebreitet. Wo mein Schulweg war, stehen die Häuser, einander ähnlich, schön, solide, nicht mehr wirklich bäuerlich. Es gibt einen großen Sportplatz, früher undenkbar, und die Rosl fragt ihren Enkel, ob er ein Eis mag. Da stehen wir beide uns gegenüber, und sie nennt mich »a meinige Freundin« das sagt sie zu meinem Mann, den sie so neugierig betrachtet, wie er sie.

»A so a Großer«, sagt sie, und ich halte sie im Arm, was früher nicht so üblich war. Erfahre, dass sie noch einmal geheiratet hat, der Karl ist nicht zurückgekommen vom Kursker Bogen oder da bei Charkow, obwohl sie ihn nur vermisst gemeldet haben. Ja, das weiß ich, an jenem Tag war hier noch mein Zuhause.

Sie hat in ihrer zweiten Ehe ihre Zwillinge bekommen, die Mädchen, die haben gerade geheiratet und bauen sich eigene Häuser. Auf den Fotos sehe ich ihr Leben der vergangenen Jahrzehnte, aber ihr zweiter Mann ist auch gestorben. Ein guter Mann, den haben sie im Dorf gemocht, obwohl er nicht von hier war.

Damals scheint mir wie gerade eben. Das Leben sieht so vieles aus dem Gedächtnis, man vergisst auch, wovon man glaubte, es niemals vergessen zu können.

Die Rosl war einer der wichtigsten Menschen in meinem Leben. Sie hat sich gar nicht so sehr verändert, nur die Zöpfe hat sie sich abschneiden lassen, das haben sie im Krankenhaus gemacht, als sie einmal sehr krank war, aber darüber will sie nicht reden. Sie sagt: »Du redt'st noch genauso, wie mir damals g'redt ham.« Was hat sich geändert? Da liegt die Kronen-Zeitung, früher hat sie keine gelesen. Ich sehe ihr zu, wie sie den Speck-Knödel-Teig bereitet, genau wie früher. Kleingeschnittenes Brot, heißes Schmalz drüber, Salz, Mehl, ein Ei, etwas Wasser. Flachdrücken, Speckstückchen in die Mitte, ins kochende Wasser. Zuhause würde das nicht gelingen, wir haben nicht solches Bauernbrot, nicht solchen Speck. Und es gehört ja auch nicht zum gesunden Essen, so wenig wie alles andere, was wir damals gegessen haben. Sauerkraut als einziges Gemüse, Blattsalat, der seltene, wurde vom heißen Schmalz glitschig. Es gab nur Schweinefleisch, mal ein Huhn, im Winter eine Ente. Kalb oder Rind wurden nicht gegessen. Unvergesslich die in Schmalz gebackenen Köstlichkeiten, immer am Freitag, dem fleischlosen Tag, aber gesund waren die auch nicht.

Weihnachten war alles anders. Da kam die Rosl nicht mit zur Kirche, sie richtete zuhause das traditionelle späte Mahl. In die Mitte des großen viereckigen Tisches kam die Schüssel mit heißer Schweinsbrühe, wir brockten Brot hinein und löffelten alle aus der Schüssel in den Mund.

Waren wir gesättigt, gab es heißen Tee mit Rum und dazu Leckerl, die selbstgebackenen Kekse.

Aber vorher, gegen dreiundzwanzig Uhr, gingen wir einge-
mummelt aus dem Haus, still, und es war seltsam anzusehen,
wie von den Höfen und aus den kleinen Häusern vermummte
Gestalten zu uns stießen, demselben Ziel entgegen.

Unterwegs sprachen wir nur leise, versuchten zu deuten, was
uns die Sterne für das kommende Jahr verhießen, und wahrscheinlich gestanden wir uns Wünsche, nicht die tiefsten, die
ehrlichen, aber irgendwelche vorzeigbaren schon. Bevor wir
in die Gerneinde Aspach hinuntergingen, blieben wir auf dem
Katzlberg stehen. Der Weg war geschafft, die Wunder konnten
beginnen. Die Kirche mit ihrem Zwiebelturm war in der Heiligen Nacht hell erleuchtet, trotz der sonst immer streng ein-
gehaltenen Verdunklung. Sie stand auf einem Hügel aus Stein
und Erde, über dem Ort, und oben im Turm riefen die Bläser
zur Weihnacht.

Die Menschen schoben und drängelten die Stufen empor, die
Sitzplätze waren zeitig von den Aspachern und Mettmachern
gefüllt worden, so hatten wir immer eng gedrängt zu stehen,
aber unsere Seelen brauchten das Fest, und wenn die Orgel
erklang und wenn das Singen begann, dann löste sich alles
Angestaute, auch die Angst vor dem, was kommen könnte und
wohl auch würde. Der Krieg war ja unterwegs, ob auf dem Vor-
marsch oder schon auf dem elenden Rückzug, davon wussten
wir zu wenig, obwohl wir es den deutschsprachigen Sendungen
des Londoner Rundfunks zu entnehmen suchten. Aber dort in
der Kirche wurden die kleinen Sünden vergessen, der Glaube
fühlte sich durch die Weihe gestärkt.

Wir hatten nichts wirklich Böses angestellt, und ich weiß
auch nicht, ob wir der Weihnachtsbotschaft aufmerksam
lauschten, oder ob wir uns nicht doch eher umsahen, wer wohl
alles gekommen war, die Weihnacht zu preisen und sie mit
Wünschen zu speisen. Wahrlich, das Kindlein war geboren, und
wir hatten daran teil. Das Kind auf dem Arm der Mutter sah
in Aspach ziemlich dicklich aus und war bis auf seine Scham-
gegend nackt, aber Marias Haar war bedeckt, und von ihrer
Gestalt waren nur die Falten im blauen Stoff zu sehen. Unsere Seelen waren noch so unabgenutzt und nur selten im Leben

widerfährt es einer, so ganz bei sich selber und zugleich hinge-
geben zu sein. Trotz der kalten Füße und der klammen Finger,
trotz des sichtbaren Atems der vielen Menschen in der ungeheizten Kirche. Wir waren da keine guten Deutschen, wir waren
gute Menschenkinder, und Friede auf Erden, allem, was lebt.

Unter Glockenklang gingen wir wieder in die Nacht und
machten uns auf den Heimweg. Unterwegs durfte kein Mädchen fallen, sonst wäre sie im kommenden Jahr »dran«. Wir
waren übermütig und nun nicht mehr gläubig, sondern erfüllt
von abergläubigem Schnack. Wir hakten uns in breiter Reihe
ein, um die Bemühungen der Burschen, uns zum Fallen zu bringen, zu vereiteln. Aber wie am ersten Juni beim Sprung übers
Johannisfeuer wollte eine jede auch beachtet sein, und das am
stärksten bedrängte war auch das begehrteste Mädchen.

Nicht wir, einige der Burschen sind gefallen, noch ehe wir
unter ihnen den am meisten Gefallenden wählen konnten.

Auch Raimund war zuhause geblieben, unser Franzose, der
Kriegsgefangene, und wie immer hatte er sich am Heiligen
Abend mit den Fotos seiner Frau Solange und seines Sohnes
Jean in seinem Zimmer eingeschlossen. Er schrie uns an, als wir
ihn zum späten festlichen Mahl holen wollten. Das hatte seine
geduldete Ordnung, Rosl, und ich werde jetzt nicht sagen, dass
ich sie einmal in seinem Bett wusste und wenn wir auch nicht
auf der Alm lebten, damals war manches a Sünd' und dass der
Schwiegervater sie zum Trösten spätnachts besuchte, und ich
das mitbekam, das alles lassen wir dort, wo ich es schon damals
hingetan habe, beim Verschweigen. Wie du jetzt vor mir stehst,
aufgeregt, ohne Zöpfe, in der blauen Halbschürze, dem »Pfi-
adl«, wie früher, da ist alles, wie es gewesen ist, und ganz anders.
Früher hast du keine Zeitung gelesen, früher hättest du ein Kind
nicht fragen können, ob es ein Eis mag. Dein Enkel mag, und
du holst es aus dem Kühlschrank. Ich hab einmal gesagt, wovon
ich träume: Mehr Bücher, als jemand lesen kann, und den ganzen Tag Eis essen. Beides war scheinbar unerfüllbare Zukunft
und in der damaligen Gegenwart nicht zu haben. Nur in Ried,
gegen Zuckermarken, aber wann kam man dort schon hin.

Die Geschenke, die wir uns Heiligabend nach dem Tee überreichten, waren selber gestrickt oder gestickt. An anderes als Fäustlinge, Socken oder Sonntagsschürze kann ich mich nicht erinnern. Aber am Baum hingen Wachskerzen und einige Kugeln, ein paar silberne Nüsse und Lametta.

Dann kam Raimund doch noch und spendete aus seinen Paketen von daheim die köstliche Schokolade, Kaffee und für den alten Bauern Zigarillos. Er drückte uns die Hand, das war seine stumme Entschuldigung, die er nicht nötig hatte. Wir verstanden ihn und uns untereinander, bis an einem zweiten Februar, zu Lichtmess, die Resl kam. Sie war bald seine Favoritin. Es war besser, sich da keine Kenntnis anmerken zu lassen. Klatsch hätte einen der Beteiligten das Leben kosten können, das wussten wir. Bevor sie im Haus war, ging es still zu, da knarrte mal leise eine Tür, aber niemand hielt die Lampe. Jeder hätte beschwören können, dass er nix weiß, und dass es nichts zu wissen gibt.

Nun aber ging es um Eifersucht, vielleicht sogar um große Gefühle, obwohl die Rosl ihren Mann an der Ostfront hatte, und der Bräutigam der Resl, mit dem fremden Namen Martin, der sollte bei der Wehrmacht sein, in Niederösterreich. Solche Namen wurden wieder üblich, von »Ostmark« war nicht mehr die Rede.

Von alledem kein Wort, aber ich höre mich reden, und die Rosl lächelt und lacht, sagt höchstens mal, dass sie nichts von alledem weiß, saure Suppe mit Erdäpfeln, die hätte ich am liebsten mögen, jo! Und Erdäpfelnudeln mit Marmelade, aber das ist doch nicht unser Thema, Rosl. Wie es dir damals in deiner jungen weiblichen Seele wirklich ergangen ist, das habe ich gewusst und kann mich heute noch erinnern, aber nach unserer Zeit kam für dich noch einmal ein Leben von Anfang an, das zeigen die vielen Fotos vom zweiten Mann und den neuen Töchtern. Dein kleiner Junge von damals, dein Goldafferl, war ein sehr schönes Kind, nun ist er ein Mann mit engen dunklen Augen, der mit anderen Musikern bald nach England fährt, jede landwirtschaftliche Maschine haben muss, und das hat insofern seine Richtigkeit, als es keine Knechte und Mägde mehr gibt. Deswegen die Melkmaschine, die Duschkabine neben dem

Kuhstall, Bad und Toilette im Haus, die Rosl kann sich nur dunkel erinnern, wie das damals war, mit dem Häusl draußen, ja und die Loisl, die »sehr brave« Schwiegertochter, die fährt jeden Abend mit dem Auto nach Aspach zur Kirche. Ist sehr fromm, der Karli nicht so. Ich hab die Rosl sehr lieb und bin ihr dankbar, aber wir sind keinen Augenblick allein und wüssten auch dann nicht, was über mich zu fragen und zu sagen ist. Das ihre ist überschaubar, das meine für sie fremde Wüste.

Damals, in unserer Mädchenreihe auf dem Heimweg, war die Christel neben mir. Ob sie noch lebt? die Tochter vom Ortsbauernführer Leimhofer, der seine Frau jedes Jahr dem Führer ein Kind schenken ließ. Seine Mutter sang mit den kleinen Kindern: »Wir haben einen Führer, / und keiner ist ihm gleich, / kein bessrer ist zu finden / im ganzen deutschen Reich.« Zweite Strophe: »Wir haben treue Männer, / die ihm zur Seite stehn, / wenn er und sie nicht wären, / wir müssten untergehn.«

Der Leimhofer, höre ich, war zwei Jahre in einem amerikanischen Lager. Damals haben wir hinter seinem Rücken immer über ihn gelacht, weil er ständig was rauskriegen wollte und niemand ihm etwas sagte. Mich hat er gefragt, warum die anderen Franzosen immer zu unserem kommen, und ob sie da vielleicht Radio hören. Das taten sie. Ich habe Schmiere gestanden, und Raimund hat uns erzählt, wie es an den Fronten aussieht, aber ich dachte damals, dass der Leimhofer es auch nicht wirklich wissen will.

Komm, Mann, es wird Zeit, zu gehen. Gerade erfahre ich noch, dass dem jungen Karli kurz vor dem Schlachten eine Sau eingegangen ist. Das ist ein Unglück, ein großer Schaden. Ja, und die Kathi vom Schwiegervater soll gesagt haben, dass das dem Karl gar nichts schadet. Das hat der Herrgott gut gerichtet. Die gutmütige Kathl, die Häuslerin von damals? Das will ich nicht hören, und die Frau Frauscher soll ihr ungewolltes Baby haben sterben lassen, das von dem anderen, wo ihr Mann bei der SS war, ist aber doch heimgekommen, er. Nein, herzlichster Abschied, wir müssen leider zurück, ja, wir leben im Osten, ach, das können sie sich nun gar nicht vorstellen.

Die Christel vom Leimhofer, die hat jetzt das Gasthaus Ertl.

Sie war nicht nur in jener Reihe neben mir, sie war zwei Jahre älter als ich naive und manchmal zu offenherzige Person. Mir gegenüber benahm sie sich manchmal wie eine Lehrerin, und eben das war ihr hoher Traum, ihr größter Wunsch, sie wollte Lehrerin werden, denn obwohl sie neun Geschwister hatte, liebte sie die Kinder. Ich will sie sehen, und also gehen wir zum Ertl, und die Christel ist eine alte vergrämte Frau mit traurigen Augen. Gisl, sagt sie sofort, weint und freut sich, und wir halten uns an den Händen. Meine lebendigste Erinnerung an sie ist, wie wir beide am eiskalten Winterabend ihren Schlitten den Wirtsberg hinauf ziehen, am Ende des Ortes, und wie wir uns unser Leben vorstellen, ein großes Leben. Sie wird dann Lehrerin sein, und ich werde – weiß noch nicht, was, bin ja jünger, aber wenn wir dann wie die anderen laut juchzend und rufend ziemlich gewagt hinunter sausen, ist alles möglich, und wir werden immer zusammenhalten.

Keine würde es aussprechen, aber wir sind noch immer Freundinnen. Ihre Küche im Gasthaus ist sehr sauber. Sie zieht aus dem Herd eine Kasserolle mit einem Schweinsbraten und würde ihn für uns anschneiden, aber wir wehren ab. Er ist für den Abend, für Gäste gedacht, und ich denke, es hat sich wenig geändert, die Einheimischen essen höchstens ein bisschen Gselchtes mit Brot, Warmes wird zu Mittag daheim gegessen, um elf Uhr am Vormittag, Sonnenzeit. Ein sehr hübsches Mädchen kommt herein, das Vronerl, sie lacht uns an, freut sich mit der Mama, demnächst fährt sie nach Stockholm zu einem Schüleraustausch. Ja, Lehrerin konnte die Christel nicht werden, wegen dem Vater und seiner Vergangenheit. Die Tischlerei ist ihm geblieben und »ihr müsst ihn begrüßen, er hat euch doch so mögen«. Zuerst ist die singende Großmutter gestorben, vor Kummer, dann die Mutter, sie ist einfach eingeschlafen und nicht wieder aufgewacht, nach zehn Kindern, und dann war der Krieg verloren, da wollte sie nicht mehr leben.

Als Älteste musste die Christel bei den Geschwistern bleiben, und später hat sie eben geheiratet.

Den? Denke ich, den, der gerade zur Tür hereinkommt? Ein grober Mann, an dem ich gar nichts sehe, was man sich erhoffen könnte. Er nickt uns nicht unfreundlich zu, fragt, ob alles gerichtet ist und dass er fort muss, gleich. Sie blickt ihm hinterher wie eine Hundertjährige, aber nun kommt die zweite Tochter, Christine, die Ältere der beiden Mädchen. Ihre linke Gesichtshälfte ist normal geformt, die rechte macht aus ihr ein armes Mädchen. Es sieht aus, als ob der Wangenknochen fehlt, vielleicht war sie auch eine Zangengeburt, aber sie ist schwer beschädigt, so, dass man sie besser nicht ansieht, aber das ist auch falsch, also lächeln wir und erzählen uns was. Sie hat bei der Mutter gelernt und möchte später die Gaststätte übernehmen, am liebsten mit der Schwester, aber die will weg, weit weg. Christel schaut auf ihre Hände und sagt leise: »Und einen Buben homma ghabt.« Er war neunzehn, hatte das Auto genommen, sich totgefahren. So einfach lässt sich das sagen.

Mein Mann kennt die Christl erst seit einer halben Stunde, aber jetzt steht er auf, zieht sie hoch, nimmt sie in die Arme und holt sich die Christine dazu. Ich schlucke an Tränen und gebe mir innerlich dafür grobe Namen, aber die Christel weint ein bisschen an seiner Schulter und die Christine streichelt sie.

Wir haben versprochen, dass wir noch einmal wiederkommen, aber wenn ich jetzt noch zur Kriegswitwe Gurtinger in ihren Gemischtwarenladen gehe, dann werde ich mich in den Bach werfen, der ganz wie früher zur Mühle hin gurgelt und in dem wir damals die Wäsche gespült haben. Neben den großen Holunderbüschen, die es auch noch gibt.

An unserem früheren Zuhause mit der Hausnummer 82 steht unser Moskwitsch.

»Zu viel wie früher?«, fragt er und lässt meine Hand nicht los.

Gegenüber dem vertrauten Haus steht ein schönes, das es damals nicht gab. Hunde hatte es damals im Ort auch kaum, vielleicht zwei, an mehr kann ich mich nicht erinnern. Aber vor diesem Haus spielt ein großer Hund, ein Fohlen weidet, eine Katze liegt auf einem Pfosten und zwei Lämmer zupfen am Gras.

Ich wende den Blick ab, will zum Auto drängeln, aber er lässt mich nicht. Ja, es muss sein Haus sein. Ich will nicht klingeln, ich will ihn nicht sehen, falls er zuhause ist. Es ist alles solange her, er wird sich kaum an mich erinnern. Das werden wir sehen, sagt er und bückt sich nach dem Namensschild. Dr. F. Diener, Tierarzt. Klingle, sagt er, sonst fahren wir nachhause und du nimmst es dir übel.

Ich klingle, ein Mann öffnet, an dem mir nichts bekannt vorkommt. Damals war er vierundzwanzig Jahre alt, Deutscher aus Rumänien, aus der Backa, das spricht man Batschka aus, er war mit den Eltern geflüchtet, und damals hatte er in Wien eben seinen Doktor erworben. Er war meine erste große Liebe, hat meine Träume bestimmt und meine Ansprüche an mein eigenes Leben ehrgeizig gemacht. Sicher hat er über mich gelächelt, über mich vierzehnjährige naive Person, aber ich war ein Mädchen, an dem alles Lockruf gewesen sein muss, auch wenn mir unsere beiden Küsse ausreichten, um mich in Berlin allem zu widersetzen, was schmutzig nach mir greifen wollte. Er erkennt mich auch nicht. Bisschen blöd, aber ich sage: »Erkennen Sie mich nicht?« Alle anderen nannten mich damals Gissella, oder Gisl, nur er sprach meinen Vornamen richtig aus und tut das jetzt wieder.

Es ist unwirklich, ihm nun gegenüber zu sitzen. Was soll ich ihm erzählen? Dass ich Bücher geschrieben habe? Ich sage: »Ich bin Ihretwegen für den Woferlbauern auf den Acker gegangen zum Kartoffelziehen. Sie haben gesagt, Sie kommen auch, aber Sie sind nicht gekommen. Warum nicht?«

Der Vorgang stimmt, aber er liegt einunddreißig Jahre zurück. »Ich war doch dort«, sagt er, »wir haben ein Mäusenest ausgehoben.« – »Nein«, sage ich, »ich habe das Mäusenest gefunden und es Ihnen erzählt, denn Sie sind nicht gekommen.«

Er guckt meinen Mann etwas verlegen an. Der sagt: »Ich freue mich, dass Sie so schön sind, wie es mir meine Frau immer erzählt hat.« So, das hat mir noch gefehlt. Dr. Diener sagt: »Ach, die Kinder waren damals immer alle um mich rum.« Welche Kinder? Außer mir waren da keine Kinder um ihn rum. Ich sage: »Ich war kein Kind. Ich habe Sie geliebt.« Was wird er nun sagen? Er sagt: »Ich wusste doch gar nicht, was aus mir werden würde.«

Deswegen? Sonst hätte er mich geliebt? Ich habe Tabak für

ihn geklaut und ihm Bücher besorgt, weil ihm so gnadenlos fad war. »Und was ist aus Ihnen geworden?«, frage ich und zeige auf die kleine Welt im Haus, das sehr schön eingerichtet ist, mehr Wien als Wildenau. »Ich bin Bezirkstierarzt«, sagt er, »meine Frau ist gerade bei unserem Sohn in Linz, und ich bin immer unterwegs.« Er schaut zum Telefon, und ich stehe auf und weiß, alles ist gesagt, nur dass ich nie wissen werde, ob es angebracht war, diesen Mann noch einmal zu sehen, den ich ganz geliebt habe, schmerzhaft, hoffnungslos und gerade deswegen davon träumend, was ich alles um seinetwillen lernen wollte, zu welcher Berühmtheit ich es bringen musste, um eines Tages, ja, darum ging es: Wiederkehren, und das amüsierte Lächeln in seinem Gesicht sollte verschwinden und einem Bedauern um Versäumtes weichen, er sollte mich irgendwann einmal lieben, wie ich es aushalten musste, damals, beinahe noch ein Kind, als ich mir nicht vorstellen konnte, dass er in meinem Leben nie wieder vorkommen würde. Es hat Jahrzehnte gedauert, bis mir ein Herz nachgewachsen war, das ich einem anderen auftun und geben konnte.

Mein Mann sagt im Auto: »Morgen fahren wir noch mal her und bringen ihm das Buch, in dem du über ihn geschrieben hast. »Im Leben nicht«, sage ich, aber er setzt sich durch, nur dass wir nicht an seinem Haus klingeln, sondern bei der Christel ein paar Bücher für ihn abgeben. Weil er doch unterwegs ist, sage ich, aber deswegen ist es nicht. Die Christel sagt, ist er doch immer. Und die Woferlin erzählt mir lachend, selig über den Klatsch, er sei gestern zu ihr gekommen und habe ihr erzählt, dass ich damals in ihn verliebt gewesen sein wolle und ihm das auch vor meinem Mann! gesagt habe. Ich sage, das hast du doch gewusst, oder? Alle, sagt sie, alle. Das hat doch ein jeder gesehen.

Nichts wie weg, sage ich, und diesmal kann ich mich durchsetzen. Und wenn die Möbel in Salzburg noch so knarren, ich liebe ihn und bin sehr froh, dass ich im Osten wohne und diesen Mann gekriegt habe. Ich habe Heimweh.

# IMMER ZUR WEIHNACHTSZEIT

Immer um dieselbe Zeit, jedes Jahr im Dezember, ist es kurz vor Weihnachten.

Ich soll sagen, was ich mir wünsche. »Ein Buch.« – »Du hast schon eins.« – »Das habe ich schon gelesen.« – »Alle dreitausend?« Ja. Schon zweimal. Das Badeöl und das Parfüm vom vorigen Mal sind auch noch zur Hälfte vorhanden. Sollen wir also gar nicht groß was hermachen, nichts schenken, nicht aufkochen, lieber essen gehen? Nein, gekocht muss werden. Ich denke an einen Rehrücken, wird schon gut gehen, gleich beim ersten Versuch, oder Karpfen, auch sehr beliebt, oder eine Ente. Duften und schmecken muss es schon. Aber was wünschst du dir? Hört auf, mich das zu fragen. Meine Wünsche haben eine böse Eigenschaft, sie gehen in Erfüllung. Ich habe mir zwar nie gewünscht, bei einer Olympiade als Scheibenwerferin zu siegen. Wenn man bedenkt: so viele Jahre Schwerarbeit, um einen großen Moment lang einsam und lächerlich auszusehen.

Sag, was du dir wünschst.

Wahr ist, dass sich mir alle großen Lebenswünsche erfüllt haben. Deswegen brauche ich natürlich doch eine neue Nagelhautschere und nach dreißig Jahren ein neues Kuschelkissen, dann hätte ich immerhin vier, und meine Familie weiß auch, dass ich jahrelang über eine nötige Ergänzung im Kleiderschrank rede, ohne etwas zu unternehmen. Davon wollen sie aber nichts als große Überraschung rausrücken, da soll ich zum Erwerben mit, aber ich habe gar keine Lust, keine Zeit und keine Idee. Nachher zieht sie es sowieso nicht an, sagen meine Lieben.

Meine Wünsche haben böse Zauberkraft.

Es ist lange her, da sah ich auf der Straße zwei Polizisten, die redeten in ein Walkie-talkie, so nannte man das wohl damals. Ich dachte, dass ich für mein Leben gern so ein Gerät hätte. Man könnte immer fragen, ob es zuhause was Neues gibt, man könnte sagen, wann man heimkommt ... es war ein großer, unerfüllbarer und für einen Moment ein heißer Wunsch. Und deswegen haben wir kaum zwanzig Jahre später alle Handys, und meins hängt in einem Täschchen auf einem Haken, und ich benutze es nur, wenn wir unterwegs sind und ich meinem Mann die Zahl auf dem Kilometerstein nenne, worauf er immer weiß, wo wir schon sind und wie lange wir noch brauchen. Aber das Handy ist ein böses Geschenk der Zivilisation, und ich würde die Folgen meines Wunsches gern rückgängig machen, denn es zerklingelt nicht nur ein Lied auf der Bühne oder dort ein Gedicht von mir, sondern befremdet auch, wenn die in ihr Gerät vertieften Leute in der U-Bahn, oder die laut auf der Straße, im Restaurant und auf jeder Parkbank Redenden andere belästigen. Mich, zum Beispiel.

Ich wünsche mir zu Weihnachten, dass wenigstens für eine Lebensmeile alles so bleibt, wie es ist. Von wem kann ich mir das wünschen? Und Ruhe wünsche ich mir, zwischen duftenden Zweigen, und lang verschobene Anrufe werde ich nachholen, Ehrenwort, und das neue Buch von der Elizabeth George und neunzehn andere Neuerscheinungen, naja, da gucken die an die Decke und sagen, die sagt immer das Gleiche, wie langweilig.

Mein Mann hat mir einmal ein Schultertuch geschenkt, das sieht nicht aus wie Matrjoschka, es ist leicht und hat die schönsten keuschen Farben, und manchmal habe ich es auf einer zu hohen Bühne sogar als Tischdecke benutzt, damit mir die Gäste nicht unentwegt auf die Knie gucken müssen. Das ging immer, so schön ist das Tuch. Aber ich hätte mir nun nie ein zweites gewünscht. Ich trage ja auch noch einen Trenchcoat aus dem »Exquisit«, der ist nun fünfundzwanzig Jahre alt, dem fehlt nichts, warum sollte er mir entbehrlich sein?

Aber das Tuch war nach einer Tournee weg. Wo ich es verloren hatte, haben konnte, fiel uns nicht ein und fanden wir nicht heraus. Mein Mann legte mir ein neues auf die Bettdecke. Es war auch schön, fast so schön wie das erste, aber es sagte SIE zu mir.

Drei Jahre später kamen wir in ein Hotel in Thüringen, in dem wir schon einmal übernachtet hatten. Als die Chefin mich sah, sagte sie gleichmütig: »Gut, dass Sie kommen, ich habe ja noch Ihr Tuch. Das haben Sie liegenlassen …« Das meine ich, wenn ich Freude sage. Gekauftes löst die nicht immer aus, aber manchmal eben doch. Es kann ein scharfes Küchenmesser sein, das man sich selber nicht besorgen möchte, oder das Badeöl, das mir für mich zu teuer ist, aber geschenkt gibt es viele Male das Wunder der Entspannung her.

Ich werde zu Weihnachten etwas kochen, das keiner am Tisch je wieder vergisst, so ausgesucht, so lecker, so sorgsam und umständlich zubereitet. Ich kann das jetzt wieder, sogar zur Zufriedenheit meines Mannes, der immer noch glaubt, trotz wortreicher gegenteiliger Bekundung, ich müsse dessen so überdrüssig sein, wie er es manchmal früher war, als er jeden Tag das Essen auf den Tisch brachte.

Scheißweihnachten, es ist alles so anstrengend und aufregend, aber Weihnachten ist das einzige Fest, das ich einklagen würde, wenn es jemand antasten will. Sie haben mir auf den Balkon vor mein Fenster ein leuchtendes Bäumchen gestellt, mit einer Zeituhr, da kann ich mich freuen und muss an nichts denken. Laura wird zu Weihnachten immer hemmungslos und kann gar nicht genug Zeug aufstellen, hinlegen und anknipsen.

Ich könnte auch Großgarnelen braten, mit Speck umwickeln, man kriegt das Zeug ja heute, und dann Beethoven, und dann die Bescherung, und wenn ich alles noch einpacken soll, was ich gesammelt habe, dann fange ich am besten sofort damit an. Papier und Bänder habe ich ja noch vom vorigen Jahr.

Ich wünsche mir bessere Nachrichten. Aber wenn ich solche Sätze vortrage, dann können mich die Meinen vorübergehend nicht leiden. Sie finden, das haben sie nicht verdient. Wie wahr, und hoffentlich schneit's.

Nächster Morgen, es hat geschneit. In Berlin ist der Verkehr zusammengebrochen, und wir haben vom Familienrat Ausgehverbot. Es scheint eine Katastrophe zu sein, aber mitten im

Bedauern schleicht sich eine Empfindung ein, die will ich nicht, sie ist wegen der vielen Menschen, die keine Alternative zu ihren nötigen Wegen haben, auch unfair.

Aber ich muss jetzt einfach mal gar nichts. Das heißt, ich kann in Ruhe Sommersachen einpacken, Geschenke sortieren, Briefchen schreiben, Leute anrufen und zehn Seiten lesen. Magisch, der Anfang von Weihnachten.

# WEITGEREIST
## DURCH
# BERLIN

Ich darf mich als eine weitgereiste Person ansehen. Nicht gerade wie Graf Kessler, nie auf dem Rücken eines Dromedars, im Ballon oder im jede Übelkeit so mühelos fördernden Flugzeug. Ich war nicht mit dem Radl da, oder dort, und mit dem Zug war ich auch nur in grad noch überschaubarem Maße unterwegs. Das stimmt schon nicht, nach Bukarest fuhr man in den sechziger Jahren noch 37 Stunden, dort war ich mehrmals.

Ich bin durch Berlin gezogen, eine Stadt, in der eine Gegend kaum mit der anderen zu tun hat.

Jene, durch deren ärmliche Behausungen wir mit wenig Gepäck zogen, kannte ich noch nicht als »Scheunenviertel«. Sie war aber das, was man heute einen sozialen Brennpunkt nennt. Nur dass die Leute einander friedlich waren. Fast alle Männer arbeiteten, aus schlechten Gründen war die große Arbeitslosigkeit eben von Arbeitspflicht abgelöst worden, das war in der Mitte der dreißiger Jahre. Fast alle Mädchen schufteten in der Fabrik oder in einem Kontor, fast alle Frauen versorgten die Familie, und wenn die ein Geschäft führte, standen sie noch dazu, auch hochschwanger, hinter dem Ladentisch. Über Herkünfte wurde noch nicht gesprochen, schon gar nicht mit unterschiedlicher Wertung. Wir ließen beim Bäcker Forgacz anschreiben oder beim Kohlenhändler Kalinowski, ein Teil unserer Sippe hieß Rosenkranz, Frau Dubschinski mit ihren vielen Töchtern war aus Schlesien hergezogen in zweiter Generation, Krajanecks hatten den Zigarrenladen, da roch es immer so gut, wir selber hießen Burock, klang auch nicht sehr germanisch und war es nicht, und Frau Gartenrose hatte ein Lädchen mit Kaninchenjacken und Mützen. Sie bezog daraus bis zur Pogromnacht ihren bescheidenen Unterhalt. Eine kleine, etwas krumme und wehrlose Frau, aber sie unterhielt sich gern und galt bei uns als gebildet, weil sie schon mal im Theater war und gern Bücher las. In jener Nacht soll sie sich in ihren Mantelständer verkrochen haben, und es gab sie noch am Morgen danach, aber eines Tages nicht mehr, und fremde Männer räumten das Lädchen leer. Die Familien rings um uns hatten es nicht leicht, und es war auch nicht so, dass sie darauf erpicht waren, einander nachbarschaftlichen Beistand zu leisten. Aber das unterblieb nicht etwa, weil die anderen gering geschätzt wurden. Die Männer hatten in der Eckkneipe redseligen Kontakt, und die Frauen trafen sich im Hausflur oder standen ewig und als täten ihnen nie die Beine weh auf der Treppe und erörterten das Leben, oft ehrlich, immer ein bisschen wehleidig, ein bisschen bösartig über Abwesende auch, aber wenn es ein blaues Auge gab, kam es angeblich immer aus eigener Ungeschicklichkeit.

Wie jeder Berliner, der sich im rechten Augenblick zuhause befindet, wurde ich in der Charité geboren, die liegt in der Mitte der Stadt. Von dort gelangte ich zuerst in die Anklamer Straße, dort wohnten meine Großeltern. Den Namen der Straße, in der ich mein erstes Lebensjahr im Waisenhaus verbrachte, hatte meine Mutter vergessen. In der Nähe der Gipsstraße soll es gestanden haben, aber ich fand das Haus nicht. Die Erwachsenen gaben uns Kindern keinen sicheren Moment, aber meine kindliche Seele erfuhr dennoch einen unvergessenen Trost. Wohin wir mit unserem armseligen Krempel auch kamen, es gab immer eine Tür, die am Abend geschlossen werden konnte, es gab immer ein vorläufiges Bett, in dem unter eine Decke zu schlüpfen und Schlaf zu finden war, Ruhe und Dunkel.

Dann zogen wir an den Georgenkirchplatz Nummer 9, aber deswegen waren wir nicht seltener bei den Großeltern. Ich lief jeden Tag mindestens einmal jene Strecke, die ich heute noch mit geschlossenen Augen wüsste. Vom Alex in die Münzstraße, zum Rosenthaler Platz, dann bis zur Invalidenstraße, und gegenüber der Elisabethkirche war ich zuhause, bei Oma und Opa. Es waren Straßen, auf denen am Nachmittag, wenn ich zurückkehrte, Männer standen und lebhaft, manchmal heftig, länger auf die anderen einsprachen, als es bei uns zuhause üblich war. Manche hatten einen langen Mantel an, andere eine krempenlose Kopfbedeckung, nicht jeder trug neben der Wange eine lange Locke, aber sie redeten mit den Händen, und ich ging ganz langsam und wäre sehr gern stehen geblieben und hätte ihnen zugehört, aber das gehörte sich nicht. Und es gab dort ja keinen Tisch, unter den ich schlüpfen und lauschen konnte.

Die Georgenkirche wurde zerbombt und nach dem Krieg abgetragen. Aber vorher turnten wir lebensgefährlich in ihren Trümmern herum, hoch in die Reste des Turms, immer auf der Suche nach Brennholz für die kalten Öfen zuhause.

Wir waren leichtsinnig, bis Horst ausrutschte und von ganz oben auf die zerschlagene Glocke fiel und starb. Wir, das waren die Kinder aus dem Haus, nun halbstark und im Gegensatz zu uns Heimgekehrten waren alle anderen bleich und ausgehungert.

Die Jungs waren, manchmal nur um ein Jahr, zu jung gewesen für den Volkssturm. Sie hatten alle überlebt, unsere Jungs, die nun mit uns apfelbäckigen Mädchen vom Dorf gern angebändelt hätten und sich untereinander über die Fortschritte dabei austauschten. Die Wahrheit zu sagen, waren sie nur hinter mir her, nicht hinter meiner Schwester, die in ihrem Leben nur einmal einen Verehrer hatte, mit dem sie dann auch sechzig Jahre, bis zu seinem Tod, zusammen blieb. Diese Schwester hatte ich meine ganze Kindheit lang zu ertragen. Wir mochten uns nicht, mussten aber zusammenhalten, weil meine Mutter keine andere Freundin erlaubte. Da Sonja zwei Klassen wiederholen musste und meine Mutter nicht erlaubte, dass ich die erste Klasse überspringen durfte, saßen wir zu allem Übel auch immer in derselben Klasse. Sonja petzte und legte mir gern ein Kopfkissen aufs Gesicht, setzte sich drauf und erzwang so die Herausgabe meiner Süßigkeit vom Abendbrot am Sonnabend, die ich mir, unbelehrbar, immer bis zuletzt aufhob, während sie die ihre zuerst verschlang.

Unsere Wohnung nah dem Alex bestand aus anderthalb kleinen Zimmern und einer noch viel kleineren Küche, in der gerade der Gaskocher, ein Tisch und zwei Stühle Platz hatten, und ein Küchenbüffet, in das unser benutztes Geschirr geschoben wurde, bis es schimmelte und auf dem Tisch fehlte. Dann wurde abgewaschen, während Mama entweder im Kino oder bei Oma war, oder beim Osterhasen, oder bei einem Mann.

Ich beobachtete damals auch, dass in jeder Straße die Leute ein bisschen anders sprachen. Nicht nur, weil sie als »Wasserpolacken« hergezogen waren und ihr heimatliches Idiom mitbrachten, das sie nie verloren. Die Berliner gaben in jeder Straße der Sprache eine etwas andere Tonfarbe, auch andere Wörter. Tante Wally, der ich meinen zweiten ungeliebten Vornamen verdanke, wohnte am Gesundbrunnen, die sprach anders als mein Onkel Schorsch, der in der Bergstraße in einem Keller hauste und Messer-Scheren-Schleifer war. Im ungemütlichen Haus am Alex gab es eine Familie, die bestand aus unzähligen Personen, die immer gleichzeitig redeten, mit fremden Wörtern und sehr unterschiedlicher Melodik in ihren Sätzen. Sie wohnten nicht alle im Haus, aber die Türen standen ihnen immer offen, und Kinder, junge Ehepaare und ältere Leute gingen aus und ein. Ich kriegte mit, dass diese Nachbarin den anderen jeden Tag die Karten legte, und ich erinnere mich, dass sie einmal laut und glücklich ausrief: »Wir kriegen die Papiere, wir kriegen sie.« Als ich meine Mutter nach diesen Nachbarn aus dem ersten Stock fragte, war ihr unbehaglich, das sah ich. Sie sind Juden, sagte sie, vielleicht kriegen sie Papiere, dann können sie raus.

In Opas Schneiderladen wurde sofort geschwiegen, wenn ein Kunde in den Laden kam. Der Krieg war »ausgebrochen«, aber eine Überraschung war das für mich nicht, es war ja der tägliche Gesprächsstoff.

Meine Familie bestand aus Leuten, die alle unglaublich berechenbar waren, aber selbst sie hatten soviel Fantasie, dass sie bei allen geschilderten Ereignissen allemal als tüchtige Person herausschauten. Es stand im Widerspruch dazu, dass sie ihr Leben nur unfroh und weitgehend erfolglos einzurichten wussten. Mich wunderten diese geschönten Darstellungen der Älteren, weil ich auf Ehrlichkeit aus war. Ich bedurfte ihrer so sehr, als wäre sie eine Haltesstange, eine wie in der Straßenbahn, eine, die mir etwas von der Angst nehmen könnte, die mich als kleines Mädchen am stärksten gepeinigt hat: Sie sehen mich nicht.

Und gleich bin ich weg. Ich werde auf einmal verschwunden sein, und sie bemerken es nicht.

Ich dachte aber nicht, dass ich nie wieder auftauchen werde, denn ich glaubte ja, wer gestorben ist, kommt im Frühling wieder.

Ich hatte keinen Grund, meine Familie zu bewundern. Aber es würde mich heute noch schmerzen, hätten sie auf die Verbrechen in der Pogrom-Nacht anders reagiert als mit Ängsten und Bitterkeit. Nur auf der Straße habe ich gehört, dass »die« doch irgendetwas gemacht haben müssen, ganz ohne Grund wird es nicht gewesen sein. Zuhause wechselten die Erwachsenen bedeutsame Blicke und ausschließlich bittere Worte.

Es war mein erstes wirkliches Zuhause, bei den Alten, in ihren bescheidenen Räumen, in denen es immer nach den böhmischen Speisen geduftet hat, nach Nudeln, Hefekuchen, Suppen und köstlichem Kaffee, mit Zichorie, und obwohl ich den nur gerochen habe, weil wir Kinder ihn ja nicht trinken durften, scheint mir kein anderer dem bis heute gleich.

Bei uns sprach jedes Familienmitglied einen anderen Dialekt von zuhause und mischte den mit Begriffen aus der neuen Heimat. Was mit Arbeit zu tun hatte, kam berlinisch; über Bräuche, Rezepte und Geheimnisse der Weiber dagegen wurde in einem anderen Idiom gesprochen, meist von den Frauen, und ich übernahm mühelos den rheinischen und den böhmischen Dialekt, später den schlesischen neben dem oberösterreichischen, auch den der Südtiroler, und ich ahmte gern meinen verehrten Oberlehrer nach, der ein sehr seltsames Hochdeutsch sprach. Er bestand darauf, dass es »Kööse« statt Käse heißt und »Denkmöler und Grabstötten«. Das war Spiel, mühelos wie das halbherzig verbotene Berlinern, und alles war nichts, war wie in eine Staubwolke gehüllt in die Ferne gerückt, als mir Anna Staidl, unsere kleine, schwarzhaarige, immer von juckenden Schuppen gequälte Lehrerin mitten im Sommer auf der staubigen Landstraße mitten im Gespräch über einen Aufsatz von mir das erste Gedicht sprach, das nicht im Lesebuch stand und keine lange Ballade über Prinz Eugen oder den Handschuh in der Löwengrube war: »Dies ist ein Herbsttag, wie ich keinen sah ...«

Ich hatte nicht gewusst, dass es Bücher mit Gedichten gibt, ich hatte nicht gewusst, was es war, das mit den Wörtern, die ich reimen musste, das mit dem heimlich und nur innerlich gesungenen Lied, das ich mir fast täglich nach immer derselben Melodie erfand, aufsässig gegen andere, gegen all das schwer zu Ertragende. Es ist bis heute, wo ich alles zeigen und sagen kann, noch manchmal meine Hilfe beim Weiterleben.

Anna Staidl hatte ihren geliebten Verlobten nicht an den Krieg verloren, sondern an einen bösen reichen Vater, dem die Anna nicht gut genug war für sein Kino, seine Brauerei, seinen Bauernhof, seine Gaststätte.

Als er die Anna nicht haben durfte und als auch die Verlobung nicht zum väterlichen Segen führte, hat sich der Josef umgebracht. Ich war mit ihr an seinem Grab, dort hat sie gebetet, und ich habe mit ihm gewütet, warum er sich nicht gegen den Vater aufgelehnt hat, und sie dachte das vielleicht auch. »Ich hätt' doch alles gemacht«, sagte sie, ein Schwur, den sie gehalten hat. Sie verliebte sich nie mehr, blieb unsere gütige Lehrerin mit den traurigen dunklen Augen und der Unfähigkeit, jemanden zu bestrafen. Aber der böse Schwiegervater ist in all seinem Reichtum an Nasenkrebs gestorben. Anlässlich seines Todes schickte mich meine Mutter nach Aspach zum Trauergottesdienst. Sonst kriegen wir vielleicht keine Kinokarten mehr. Nicht auszudenken. Aber gebetet habe ich für seine Seele nicht. Ich geb's zu, ich hab ihn in die Hölle gewünscht.

Viel später, als ich dank Walter Steineckert meinem Elternhaus entkam, geriet ich nach Köpenick, in ein Altneubauhaus und zu Nachbarn, die kaum berlinerten und denen der Krieg »alles« genommen hatte. Was ihnen geblieben war, stahlen die Russen. Erzählten sie. Und hinter vorgehaltener Hand oder beim Aufhängen der Wäsche auf dem Hof noch mehr. Vieles wird so gewesen sein, aber es war nicht wirklich ein Erzählen, sondern ein Abhaken auf einer Liste solcher Vorfälle, die sie als persönliches Erlebnis beanspruchten. Nicht die einzelnen Ereignisse waren immer glaubhaft, aber die traumatischen Folgen waren es. Ich hätte nicht gewagt, darauf hinzuweisen, dass ja wohl nicht jede das Gleiche erlebt haben kann. Sie riefen die

eigene und die gehörte Angst ab, und ich lernte, meine patholo-
gische Wahrheitssuche zu unterdrücken. Nicht alles, was nicht
genauso war, ist eine Lüge. Das habe ich damals begriffen und
bezweifelte meinen Maßstab, dem ich zunehmend selber nicht
gerecht wurde.

Nach der Scheidung zog ich mit meinem Kind dort um die
Ecke, und »Unter den Birken« war das Leben schon wieder
anders. Erhalten gebliebene Villen und gebildete Leute, denen
ihr Haus schon immer gehört hatte. Sie waren alle feiner als
ich und in besserer Lebenslage, aber es dauerte nicht lange,
da konnte ich mich über einen Mangel an Gesprächspartnern
übern Gartenzaun nicht beklagen. Nachts klopfte ich auf der
Schreibmaschine meine ersten Manuskripte, tat also etwas,
um mich und mein Kind zu ernähren, und das reichte den Leuten als Nachweis meiner Bürgerlichkeit, neben dem Austausch
von Meinungen über eine lebenswerte Gegenwart. Die wurde
ihnen durch einander widersprechende politische Entscheidungen und Vorschriften nicht eben leicht gemacht. Es ging noch
um Lebensmittelmarken, um die gesellschaftliche Wertung von
selbständigen Handwerkern und ihren helfenden Ehefrauen
oder um akademische Fachleute, alles war ziemlich schwierig
und nie sicher. Es kam keine Ruhe hinein, damals, kurz vor den
Ereignissen des Jahres 1953. Meine Nachbarn wohnten zwar
nicht unterm Dach auf elf Quadratmetern, sie hatten den Krieg
ohne Bombe auf ihr Haus überlebt und auch für Berlin unüblich vieles behalten, was ererbt oder früher liebevoll erstanden
worden war. Sie hatten ihre Häuser und Gärten sicher sehr lieb,
verließen ihr Eigentum aber während meines Aufenthaltes dort,
um in den Westen zu gelangen. Leider auch der Ohrenarzt, auch
die Fleischermeister, der Drogist und der Bäcker.

Ich aber lernte das nächste Berlinisch und das nächste Stück
Berlin durch einen Umzug in eine Behausung, die von Schimmel befallen war und nach Schimmel stank. Der Dichter Heinz
Kahlau hatte die Ladenwohnung in der Seelower Straße ganz
originell eingerichtet, und wir versuchten es auch sehr originell miteinander, aber wir hätten niemals geheiratet, wenn
uns das Wohnungsamt nicht vor die Alternative gestellt hätte:

Ihr bekommt eine große Altbauwohnung in der Schönhauser Allee, dort ist der Blumenhändler gerade abgehauen, aber ihr bekommt sie nur als Ehepaar mit Kindern, oder behaltet eben weiterhin euren Schimmel. Kahlau hatte in seiner Jugend, nach dem Krieg, eine Lungentuberkulose gehabt, er durfte in dieser nassen Wohnung nicht bleiben, konnte aber nicht sehr auftrumpfen, weil er sie ohne Genehmigung des Wohnungsamtes bezogen hatte. Als Zugezogener aus Potsdam-Babelsberg hätte er gar keine Wohnung in Berlin bekommen.

Die Frau vom Amt gab uns vier Tage zum Überlegen. Also gingen wir, ohne Blumen, ganz nüchtern und mit jener damals gerade üblichen Haltung gegen Weihnachten, große Gefühle und alles Althergebrachte aufs Standesamt. Wir glaubten an gar nichts, aber wir kriegten unsere Strafe. Das einzige Mal in meinem Leben geschah es, dass am Heiratsabend unsere gemeinsam verfertigten Brathähnchen zäh und gummiartig gerieten. Kahlau war ein guter Koch, ich hatte auch schon eine Million Mal Hähnchen zubereitet, aber bei diesen musste die Familie aufgeben. Es gab noch keine Broiler, die Sache war sicher erklärbar, aber sie erwies sich auch als Omen. Ich bin nur einesteils eilig und gern aus der Seelower ausgezogen, sie war andererseits ein guter Kiez mit kleinen Geschäften, angenehm und wichtig.

In der Schönhauser Allee war die Wohnung ohne Komfort, und es gab eine schadhafte Etagenheizung, die nur ein Zimmer wärmte, was sich auch nicht reparieren ließ, »da fehlen uns die Teile«. Der nach dem Westen verschwundene Blumenhändler hatte in der Küche einen großen Kühlschrank zurückgelassen, aber alle Bleche daraus entfernt. Ätsch! Die waren auch nicht zu ersetzen. Es gab kein warmes Wasser, aber die Wohnung war groß und zwei Treppen hoch, besser als ebenerdig. Zwei Treppen hoch war leider auch die U-Bahn, aber ich war dort zuhause, und in die Wohnung kam sehr vielfältiges Leben. Als ich auszog, sagte Rolf Römer, in der Mitte Berlins sei nun eine Institution verschwunden. Man hätte dort immer nach Erledigungen einen guten Kaffee und ein anregendes Gespräch bekommen. Sehr freundlich, aber er kam vom Waldrand, er kam aus dem Haus, das Walter Steineckert gerade für uns baute, als ich ihn verließ. Bei mir war immer frischer Kaffee und ein Aschenbecher zu haben. Und zu essen auch, das war besonders für junge heißhungrige Leute wichtig, die singen wollten, oder klagen, oder einfach über sich reden.

Als Jürgen Walter bei mir wohnte, haben viele später prominente Leute bei uns gesungen, ob ... nein, das wird zu lang. Nach zwölf Jahren hatten sich die Lärmschäden manifestiert, aber die Arbeit gelang dort zunehmend, und alles, alles hatte mit Sprache zu tun. Wenn das aber so ist, werden andere Dinge überflüssig. Auch ungute Kompromisse und Lebenslügen. Es ist eine Illusion, zu glauben, zwei Leute mit der gleichen Profession passen besonders gut zusammen. Ich habe das anders erlebt und im Laufe der Zeit auch beobachtet. Wenn es eine schlechte Voraussetzung für die Höhen und Tiefen der kreativen Arbeit gibt, dann ganz gewiss, wenn der eine gerade im Hochgefühl eines gelungenen Vierzeilers schwebt, während der andere im Moment sicher ist, dass er es zu keiner Kunst bringen wird. Sie können einander nicht wirklich helfen, und ich glaube, sie wollen es in den meisten Fällen nicht. Du wirst nicht an mir vorbei nach oben turnen, du nicht. Kein schöner Gedanke, aber es ist mehr als Brotneid, es ist die Angst, in der eigenen Wohnung überholt zu werden. Seltsamer Widerspruch, dass im Dichter dennoch schöne Liebesgedichte entstanden, für wen auch immer. Spätes Verständnis, damals schwer zu ertragen, ohne das Eigene für immer aufzugeben. Die Zeit wurde an jemanden verschenkt, der das nicht zu schätzen wusste. Nicht die Bemühung, nicht den nachwirkenden Wert des Versagens in einer Beziehung, in der es, nach Fontane, »an der rechten Liebe fehlte«.

Alles hat mit allem zu tun, immer. So wie es allmählich schien, hätte es bleiben können, warum nicht für immer? Wer sich so sichtbar gern zur Verfügung stellt, erwirbt sich selten Dankbarkeit. Es wurde Zeit, und die Wunder geschehen ach, immer dann, wenn man sie braucht. Wir haben uns nicht geliebt und wir waren uns nicht treu. Ich war die falsche Frau für ihn. Wenn ich an ihn denke, berlinert er. Er sagte nie »Ich«, immer »Ick«. Aber auch nie »Icke«, außer im Spaß.

Alle Dialekte verführen dazu, die Sprache zu verengen. Und auf Dauer sind alle Idiome bei ausschließlicher Benutzung arm und unerträglich. Das gilt nicht nur für die Sachsen mit ihrer Kehligkeit und ihren Lautverschiebungen, die den Sprechenden irgendwie dümmer erscheinen lassen. Ich weiß doch aber, dass die Sachsen kluge und tüchtige Leute sind, und es stört mich mehr, wenn ein Politiker mir seine Absichten in schwäbischem Dialekt vorträgt. Meine Mutter sprach rheinisch, oder rheinländisch, bei ihr klang das »räänisch«, und dieser Singsang am Ende der Sätze war mir unangenehm und wurde es noch einmal ganz besonders, als mir schöne Gefühle für mich in solchem Klingklang mitgeteilt wurden. Wie mag Goethe gesprochen haben? Besser, es nicht zu wissen, aber ich erinnere mich auch an die Wiener Flüchtlinge, die uns breit erzählten, welchen Besitz sie zurücklassen mussten, und wie ich anfing, ihre Möbel zu hassen, weil ihr Dialekt so breitärschig klang. Diese unerträglich gedehnten Laute, die immer zu anderen, nicht gemeinten tendierten, klangen in der Klage noch aufdringlicher, ziemlich ordinär und keineswegs hübscher als das Sächsische.

Die Sprache verändert sich ständig, das muss sie auch, sonst gerät sie wie bei den Sachsen und Schwaben in Rumänien, die wie aus alten Bauernkalendern sprachen, weil sie die Arbeitswelt nicht in ihren Wortschatz aufnahmen.

Über den heutigen Prozess der Verarmung unserer schönen deutschen Sprache sage ich nichts, es ist bekannt und sehr traurig.

Früher habe ich bemerkt, dass die Kinder und die Dichter die Sprache bereichern. Aber Reichtum will genutzt werden, und da fängt die Verantwortung bei den Eltern an, bei den Gutenacht-Geschichten, dem Gespräch und bei der Kunst der Wahl des richtigen Wortes im richtigen Augenblick. Ich bin sehr vorsichtig geworden, Dialekt als Kunstmittel zu benutzen. Es kommt nur Lachen dabei heraus, es wird immer Satire oder Ulk und benutzt, um leutselig zu wirken, ohne es zu sein.

Unsere Herkunft ist beim Sprechen meist zu erlauschen, es bleibt ein Klang aus ferner Zeit, aus gewesener, aus verlorener Heimat. Im Hochdeutsch von Hacks war in den Vokalen noch immer fernes Breslau, und Günther Rücker trug die Trauer um sein Liberec, sein Reichenberg, im gerollten »R« vor. Unverheilt, dass er mit zwölf Jahren von zuhause vertrieben worden war. Er, der mir einmal sagte, er wolle dreihundert Seiten Prosa in anständigem Deutsch hinterlassen, hat sich überboten, und ich wünschte mir, seine Bücher würden gelesen. Und seine Filme gesehen. Er hat die letzten Lebensjahre in Meiningen verbracht, weil die Tochter nur dort als Musikerin im Theater Arbeit fand. Ich weiß nicht, ob er Berlin so vermisst hatte wie vorher Liberec.

Im Januar 1974 zogen wir auf eine Baustelle, die Wilhelm und ich vorher fast jeden Abend besichtigten. Zunehmend ungeduldig, weil die Bauarbeiter oft abgezogen wurden. Ringsum waren entrümpelte Trümmer, die berühmte Leipziger Straße, zerstört, versunken. Vorher gab es hier auf den Hinterhöfen berühmte Werkstätten der Schneider, nach vorne raus berühmte Läden, man kann auf alten Fotos sehen, wie schön, wie belebt, wie angesehen die Straße einmal war. Zerbombter Glanz, auch das ehemalige Schauspielhaus, der Französische und der Deutsche Dom, alles war damals nur noch tote Gegend, noch weit entfernt vom heutigen Ruf, einer der schönsten Plätze Europas zu sein.

Hier sollte eine neue Leipziger Straße entstehen, und hier wollten wir in eine neue »Platte« einziehen, in die Mitte von Berlin. Eine Zeitlang schien es auch so, als würde die Straße neu gelingen. Wir hatten eine Apotheke, eine Sparkasse, ein Postamt, einen Zeitungsladen, ein Reisebüro, einen Juwelier. Das alles brauchte man zwar nicht täglich, aber es gab ja noch die Kaufhalle, aus der dann »Delikat« wurde, wo es manchmal Salamis gab, jedem Kunden nur eine, so dass ganze Brigaden und Familien mit großen Taschen anrückten. Die Verkäuferinnen und die Kunden kannten das Spiel, aber keiner durchbrach es. Später gab es Kräutersträußchen, wir kauften sie und lachten, weil eins davon 2,50 MDN kostete. Zählte also als Luxus. Wir hatten nie einen Bäcker, nie einen Fleischer, nie einen Fischladen, nie eine Drogerie und lange Zeit nur eine schlechte Kneipe. Ein wohnlicher Kiez ist es nicht geworden, niemals.

Da die Häuser seitlich aufgestellt wurden, ist es bei uns immer windiger als woanders. Und nun haben wir nach »Meyer« im selben Laden »Lidl«, mit zu wenig Arbeitskräften und immer schlecht sortiert, wir haben den Chinesen, den Italiener und sogar einen Vietnamesen, den bayrischen Klotz Gaststätte und ganz nahebei den Gendarmenmarkt, mit Restaurants und Nobeladressen.

Aber unsere Leipziger Straße ist glanzlos, verslumt, neben der perfekten Friedrichstraße. Wir fahren in die Naumburger zum Fleischer, in die Frankfurter Allee zum Fischladen, und wenn wir Glück haben, kriegen wir bei Lidl früh die Sorte Brötchen, auf die wir uns, als Ersatz für unsere Schrippen, geeinigt haben.

Wenn es nicht zu kalt oder zu heiß ist und wenn die Verkäuferin aus dem einen oder dem anderen Grund nicht ernsthaft erkrankt, können wir Wurst am Wagen aus Brandenburg kaufen. Die Läden stehen leer oder sind es bald wieder, nachdem sie jedes Mal aufwendig hergerichtet wurden, von »Schlotzky« schon zweimal. Alles neu, und nach ein paar Monaten wieder leer. Es heißt, der Senat verlange zu hohe Mieten. Die Fluktuation ist niederschmetternd. Wir Berliner brauchen einen Kiez und haben hier keinen. Aber wir sind nach unserer Hochzeit glücklich eingezogen, und in siebenunddreißig Jahren haben die drei Fahrstühle nur ein einziges Mal gemeinsam gestreikt. Hier hatten wir Nachbarn, von denen uns nur Ingrid geblieben ist, die anderen sind entnervt oder wegen der gestiegenen Mieten weggezogen, sie sind geschieden oder gestorben, und es ist ein blödes Gerücht, dass hier früher Privilegierte von der Stasi oder vom Zoll wohnen durften. Unsere Nachbarn waren alles Mögliche, und nur rechts von uns wohnte in einer Zwei-Zimmer-Wohnung ein junger Zöllner ohne Dienstgrad, aber mit Familie, und mit dem habe ich mich angelegt, weil der kleine Sohn eine Kalaschnikow aus Plast hatte und Laura mehrmals mitteilte, dass er ihr den Kopf wegpusten würde. Da haben wir uns vor den Fahrstühlen zur einzigen Mieterversammlung getroffen. Ein Mieter wollte alles gut enden lassen und schlug vor, dass wir eine Art freundschaftlicher Etagen-Mietergemeinschaft bilden sollten, aber darauf verschwanden alle sehr schnell in ihren Wohnungen. Kurz gepriesen sei die neue Zeit, wir haben abdichtende Fenster, so dass wir nicht einmal die häufige Musik vom Gendarmenmarkt hören müssen, die sich durch Schall und Brechung selbst von Weltstars ulkig anhört. Die Kirchen und der Dom bimmeln, und wir nehmen das als heimatlich. Doch, wir sind hier zuhause und bleiben es bis zuletzt.

Von unserem Balkon aus konnten wir früher den Check Point Charlie sehen. Im 25. Stock sahen wir auf der einen Seite Westberlin vor uns, auf der anderen den Alex und weiter weg den Prenzlauer Berg – und immer noch sehe ich den Palast der Republik.

Es ist so geblieben. Ich habe auf der Straße gelesen: »Be Berlin …« Ja, dachte ich, das passt. Was für ein Slogan. Wenn ich schon »Coffee to go« hinnehme, will ich nicht auch noch, dass man mich auffordert, ich soll Berlin »be«. Hier ist Osten, das bleibt auch so.

Ein paar Straßen weiter kommt man zur Admiralsbrücke, zum Bayrischen Platz, oder zum heruntergekommenen Ku'damm – das ist der Westen, der bleibt eine andere Welt. Wir fahren immer noch »nach drüben«.

Aber es ist nicht dem Westen zu danken, wenn die Leute neun Stunden warten, um die Bilder von Frida Kahlo zu sehen. Wir mussten fünfunddreißig Jahre früher umkehren, als in Dresden Caspar David Friedrichs Bilder ausgestellt wurden. Über Kunst und Kultur wissen unsere Leute bis heute einfach mehr. Auch über die Sprache, auch wir Berliner, trotz Weihnachßmann und Siebßehn, trotz Ä'bogen statt Ellbogen. Bei uns in der Schule wurde nicht gelehrt, dass »e« und »r« wie »a« zu sprechen sind. Ein Komponist aus Neukölln hat mir erzählt, dass er es komisch findet, wenn wir Mutter sagen. Bei ihnen heißt es: »Vata und Mutta sind die Eltan.«

Da fällt mir ein, dass die Neuendorfer und die Vitter auf Hiddensee einander immer ablehnend waren und es bis ans Ende aller Zeiten bleiben wollen. Wenn eine von Vitte nach Neuendorf heiratet, geht sie in die Fremde.

Und so eben auch wir. Eines Tages werden sich die Hiddenseer einander als Nachbarn lieben, und wir tun es ihnen alle nach. Das wird der Tag sein, an dem ich meinen ersten Burger esse, der Tag sein, an dem wir alle unter den gleichen Lebensbedingungen zur Arbeit gehen, zur Arbeit, man denke, an dem wir ohne Angst vor den Einfällen der Regierung in die Zeitung gucken und dieses unverständliche Wort »Freiheit« als Anspruch auf Rechte begreifen. An jenem kommenden Tag wird mein Computer aufhören, mir jedes Mal aus dem Wort »Frei« das Wort »Freitag« zu machen. An jenem Tag sollen dann auch die Bayern die Pfälzer, und die Westfalen die Sachsen begehrenswert finden und wenn sie das wollen, dann sollen sie in Frieden als neue Berliner miteinander oder nebeneinander leben.

# SÜSSES
## OBST
# RUHM

Es muss in der zweiten Hälfte der siebziger Jahre gewesen sein, da erreichte mich wieder ein sehr ehrendes Angebot. Ich sollte nach Budapest reisen, und dort, in einem kleinen Theater, würden ungarische Schauspieler meine übersetzten Gedichte sprechen, und ich sollte sie dann deutsch wiederholen für eine gemeinschaftliche Produktion zwischen Radio Budapest und Radio DDR. Mein wohlmeinender Förderer Dr. Preuß, der Chef für Literatur im Funk, sollte unser Begleiter und Vermittler sein. Also eine Unternehmung, aufs Innigste zu wünschen und angelegt, als wäre ich zuhause berühmt und sollte es nun auch in Budapest werden.

Es war kurz vor Weihnachten, und in Ungarn herrschte die Kälte, stärker als in Berlin. Das scheint jetzt eine überflüssige Bemerkung übers Wetter zu sein, aber die Wichtigkeit wird sich noch ergeben.

Die jungen Schauspieler waren bezaubernd zu mir. Wir lächelten uns sprachlos, aber herzlich an, die Männer küssten mir die Hand wie jeder anderen anwesenden Frau auch, und ich versuchte herauszukriegen, um welches Gedicht es jeweils ging. Mir schien, dass die Abfolge nicht stimmen konnte, denn was ich anschließend las, erforderte einen anderen als den eben wahrgenommenen Gestus in den Versen, auch hatten ein paar Leute gelacht, als ich, meiner Meinung nach, traurigen Abschied bedichtet hatte.

Aber das würde man im Radio vielleicht nicht so hören, und es war ja meine Schuld, dass ich vorher nicht Ungarisch gelernt hatte. Auch waren die deklamierenden Schauspieler nicht die Urheber der Nachdichtungen.

Wir sollten am nächsten Morgen eine wichtige Reise antreten, nach Fünfkirchen, dort gab es eine deutsche Kolonie mit lauter kunstsinnigen Bürgern, die unbedingt meine Gedichte hören wollten. Bedenke ich es heute, so ist es mir peinlich, dass ich für möglich hielt, andere Leute könnten völlig anders reagieren als ich. Es würde mir inzwischen undenkbar sein, ein Publikum mit einer Kette von Gedichten zu erfreuen, annehmend, die können sich nach zehn Minuten noch auf mich konzentrieren und ihrem Bedürfnis, lieber einzuschlafen, mit dem Mut des Mamelucken widerstehen. Vielleicht ist es aber vor allem eigene Schwäche, die mich dergleichen abendfüllende Darbietungen als wenig tauglich ansehen lässt. Neinnein, wurde mein schüchtern geäußertes Bedenken zerstreut, dort sieht man das ganz anders und sie hätten sich das ausdrücklich gewünscht, mich und meine Gedichte.

Wirklich? In diesem Land mit der auf der übrigen Welt wenig verbreiteten Sprache, dort, wo die meisten Leute deswegen und mindestens eine zweite Sprache lernen und beherrschen? In Ungarn, mit seinen wunderbaren Dichtern, mit Attila Jószef, Mihály Vörösmarty, mit dem verehrten Sándor Petöfi … weltberühmte Dichter, aber ich war offenkundig in Fünfkirchen berühmt, also nichts wie hin.

Am eisigen Morgen hielt vor unserem Hotel ein russischer Kleinbus, und wir erfuhren, dass die Reise etwa fünf Stunden dauern würde. Die schienen wir aber schon für Budapest zu brauchen, denn es war kaum möglich, vom Fleck zu kommen. Das hatte zwei Gründe: Auf unzulänglich breiten Straßen herrschte ein überwältigender Nah- und Fernverkehr, aber das war eine Bedrängnis, die alle Verkehrsteilnehmer zu teilen hatten. Unser erschwerender Umstand war, dass der Kleinbus dauernd seinen Geist aufgab, ob im Kreisverkehr oder an der Ampel, wenn sie endlich auf Grün schaltete. Der Fahrer fluchte und musste beschlossen haben, auch die wenigen Brocken in unserer Sprache, die wir zur Begrüßung gehört hatten, ganz schnell zu vergessen. Er hob nur immer die Schultern und rummste an seinen Hebeln und Schaltern herum. Dr. Preuß wollte unsere Zeit nicht sinnlos vertun, auch sollte er bei der Veranstaltung am Abend den Moderator abgeben, da wollten wir die Zeit nutzen und das Programm festlegen.

Das wäre ein guter Zeitvertreib gewesen, aber inzwischen bemerkten wir – noch immer in Budapests Straßennetz unterwegs –, dass es im Bus noch genau so kalt war wie beim Einsteigen. Das würde sich schon auf langer Strecke ändern, dachte ich, aber mein Mann, ewiger Skeptiker, äußerte Zweifel. Oder Gewissheiten, wie man will. Es wird sich gar nichts ändern, in diesem Vehikel gibt es keine funktionierende Heizung. Der Fahrer hob die Schultern, verstand nichts.

Wir redeten trotzdem darüber und konnten herausfinden, dass es nicht sein übliches Dienstfahrzeug war, sondern ein Ersatz für seines, das woanders gebraucht wurde.

Inzwischen hatten wir, und es war eine Stunde später, den Stadtrand von Budapest erreicht. Ich dachte nicht an Piroschka, nicht an die nie gesehene Puszta, die ja vielleicht auch gar nicht auf unserer Strecke lag. Es stellte sich heraus, dass niemand von uns den zu erreichenden Ort kannte, nicht einmal die Richtung, und da wir ohnehin unterwegs erfrieren würden, und zudem anschließend noch heute Abend nach Budapest zurückkehren sollten, weil das schöne Beförderungsmittel am nächsten Morgen wieder gebraucht würde, zerflossen vor meinem geistigen Auge die lieblichen Bilder begeisterter Zuhörer. Zuhause waren meine ersten zwei Büchlein von mir erschienen, und mir wurde zunehmend klar, dass hier die Gelegenheit genutzt wurde, aber Aufwand und zu erwartende gegenseitige Zufriedenheit in keinem Verhältnis zueinander standen.

Die Männer meinten, wir könnten die Menschen in Fünfkirchen nicht enttäuschen. Dort würden immer Kuchen gebacken und auch Tänze aufgeführt, bestimmt haben sich alle seit Monden vorbereitet, und es wäre unmanierlich, taktlos und unentschuldbar, wenn wir wegen einem bisschen Kälte aufstecken. Ich sah meinen Mann scharf an. Wenn der anfängt zu frieren, dann erwärmt er sich vor dem nächsten Sommer nicht. Ich stand auf, klopfte dem Fahrer auf die Schulter und verlangte, dass wir auf der Stelle zurückfahren. Unser Chauffeur brauchte diesmal keinen Dolmetscher, er verstand sofort und nickte heftig.

Kaum wieder in Budapest angekommen, wurden uns die Enttäuschungen über unser Nichterscheinen in Fünfkirchen fanatisch prophezeit und zuteil. »Alle« hatten sich so auf uns gefreut. Ich hatte ein schlechtes Gewissen und glaubte, nun hätte ich eine moralische Niederlage auf meinem Lebenskonto, aber die Schuldgefühle verblassten auf der Heimreise, die wir im Zug hinter uns bringen mussten, weil es wegen des Wetters keinen Rückflug gab. Das erfuhren wir aber erst, als wir in aller Eile viel zu spät in einen Bus gestopft wurden und mit anderen Reisenden nur hoffen konnten, der Zug werde auf uns warten. Tat er auch, war aber überfüllt, und uns blieb zunächst nur ein Platz im ungeheizten Abteil. Wie er es geschafft hat, weiß ich nicht, aber mein Mann verschwand, kam nach einer Weile wieder und hatte drei Plätze als »Dazulieger« in Abteilen des Schlafwagens. Ich teilte eins für Frauen mit einer liebevollen Seniorin, die zum Weihnachtsfest die deutschen Nachkommen besuchte und nun vor Angst zitterte, der Zoll könne ihre Salamis entdecken und sie ihr wegnehmen, dann würde sie mit leeren Händen unterm Weihnachtsbaum sitzen. Die Stimmung eines salamilosen Heiligabends habe ich bis zur Grenze stark mitempfunden, aber während mein Gepäck erfolglos bis zur Entfaltung meiner Unterwäsche genauestens geprüft wurde, kam sie mit all ihren selbstgebackenen Köstlichkeiten und ihren Salamis ohne Kontrolle davon. Das hat mich insofern gewundert, als unser Abteil wie eine Räucherei duftete, und so denke ich, die Zöllner hatten vor dem Fest besondere Order. Die liebe mütterliche Frau wollte mich unbedingt mit einer ihrer Würste beschenken, aber ich esse so etwas nicht, und selbst wenn ich gierig darauf gewesen wäre, hätte ich die harrenden Verwandten nicht beraubt.

Das Leben ging dahin, Ungarn lud mich nie mehr ein, und ich folgte meiner Vermutung, dass ein Abend mit dem ausschließlichen Vortrag von einem Gedicht nach dem anderen – schon gar ein Nachmittag, an dem Kaffee und Kuchen die dominierende Rolle bei den eher lyrikfremden Zuhörern spielt – meinem Publikum jedenfalls weniger zuträglich ist als eine Mischung, die mich selber und die anderen in sehr unterschiedliche Stimmung führt, zum Lachen und zur kleinen Traurigkeit der eigenen Seele.

Mehr als zwanzig Jahre nach jenem Besuch in Budapest kommen wir auf das frühe Erlebnis von Kälte und berechtigter Entmutigung zurück. Wie das unter Eheleuten so ist, ein Wort führt zum anderen, und ich staune wieder einmal über sein Langzeitgedächtnis. Im Gegensatz zu mir weiß er den Ort noch, an den wir reisen wollten, den verheißungsvollen Grund dafür ebenso, er kennt noch den Namen des Bahnhofs für unsere Heimreise, die Busstation vorher, von der aus wir angstvoll jede Ampel anbettelten, sie solle auf Grün schalten. Das alles habe ich völlig vergessen. Aber er sagt auf einmal nachdenklich: »Wir hätten doch nur halten müssen, ich wäre nach vorne gegangen, hätte die Motorhaube hochgeklappt und drinnen den Schalter von Sommer auf Winter umgedreht. Dann wäre es drin warm geworden. Ich habe einfach nicht dran gedacht.«

Es wird gerade Herbst, die Nächte werden nach diesem zu heißen Sommer empfindlich kalt. Es wäre viel zu sagen, über glücklich oder unglücklich Versäumtes. Aber mich durchströmt das Gefühl, dass wir nichts verpasst haben. Alles sollte so sein, wie es war, und wahrscheinlich hat auch jenes Erlebnis zu späterer Angemessenheit im Umgang mit der eigenen Bedeutung beigetragen.

Die muss ja erst mal wachsen, und dazu braucht sie von Zeit zu Zeit eins auf die Mütze.

# UNGEPFLEGTE STÄTTE

Vor Jahrzehnten haben wir uns an einem mir vertrauten Ort eine letzte Ruhestätte ausgesucht. Das erwies sich später als klug, sogar als vorausschauend, denn die Pacht für zunächst ein Vierteljahrhundert kostete samt Stein und Buchstaben nur einen Bruchteil des Preises, der uns nun bei der anstehenden Verlängerung erwartet.

Wir wollten dort allein sein, aber inzwischen haben sich alle Familienmitglieder angemeldet, so sind wir von zwei Särgen zu sieben Urnen, zu Asche statt Erde übergegangen. Manchmal, wenn wir Lust haben, spazieren wir dort ein bisschen herum, staunen, wie schnell Nadelgehölz und Unkraut wachsen, planen Umgestaltung und unterlassen sie dann, aber ich liebe diesen Friedhof, unweit vom Münzenzähler und von der Elisabethkirche, auch von meiner ersten Schule in der Swinemünder Straße.

Hier liegen mein Vater und meine Großeltern, erfahre ich von Onkel Kurt. Er hat sie einander beigelegt, der jüngste Sohn von Opa, Kutti, jener Quälgeist meiner Kindheit, unvergessener Angstmacher, dem ich mit siebzehn den Umgang aufkündigte, trotz Verwandtschaft.

Auf diesem Friedhof bin ich nicht oft, aber oft genug. Er ist alt und kein Schmuckstück, noch ist nichts so neumodisch, so gefegt, so blitzsauber. Lasst es so, es heimelt an, wird etwas gepflegter, aber es muss nicht alles so gartenzwergig umgestaltet werden, wie ich es inzwischen anderswo gesehen habe, denn Leute meines Alters gehen nun halt öfter andere begleiten. Unser Pool leert sich schneller, als wir das möchten. Schlimmer, viel schlimmer, dass es nicht der Reihe nach geschieht. André aus Greifswald hatte nicht getrunken und war nicht zu schnell gefahren. Das Firmenauto hatte einen technischen Fehler. Er hinterlässt zwei Kinder und eine Frau, und er war der einzige Sohn.

Beim letzten Versuch, mit seiner Mutter zu telefonieren, erfahre ich vom Schlaganfall und ihrem langen Aufenthalt im Krankenhaus. Sie hat zu sehr gegen die unheilbare Trauer gekämpft, sie wollte unbedingt für die anderen brauchbar bleiben, wollte sogar noch verkraften, dass die Schwiegertochter mit den Kindern und einem anderen Mann weit weggezogen ist.

Nun hat der Schlaganfall sie außer Kraft gesetzt.

Elli hatte eben ihre Buchhändler-Prüfungen abgelegt und sollte den Laden der Eltern übernehmen. Sie lud mich zu einer Lesung ein, ich beobachtete sie, wie sie die neue Chefin gab, und als sie mir unbedingt einen Krimi schenken wollte, verwies ich ihr das mit Blick auf die Zeiten. Wir amüsierten uns, es war ein schöner Abend, bald wieder, zum Frauentag, oder am Muttertag, lass uns sehen. Das war im November. Auf dem Weg zum geschmückten Weihnachtsbaum bei den Eltern kam ihr der todessüchtige Geisterfahrer entgegen.

Manchmal sage ich, dass ich keine Trauerfeier mehr ertragen will. Auf unseren Friedhof gehen wir nie zu den Zeiten, in denen viele Menschen mit Gießkannen, Müllsäcken oder frischen Blümchen dort sind. Wenn der erste Schnee fällt, oder an einem frühen Mittwochabend … selten, manchmal.

Lieber Sigmund Freud, Sie manchmal so drastisch irrender Psychoanalytiker, dem wir nicht streitig machen, was er über »Fehlleistungen im Alltag« herausgefunden hat, ich könnte bei Ihnen die Erklärung dafür finden, warum ich die Stätten der Burocks niemals gefunden habe. Mir ist lange nicht einmal der Gedanke gekommen, einfach im Büro der Verwaltung nachzufragen, und dann habe ich mir eingeredet, es solle so eine Art zufälliger berührender Entdeckung werden. Falls ich jene Gräber finde – die vielleicht schon eingeebnet sind –, wie stehe ich vor ihnen und was sage ich? Vor Gräbern sagt man doch etwas, der anderen Seele und der eigenen, man sagt es leise oder auch nur stumm für sich. Das Unbegreifliche an dem Mann, der vielleicht mein Vater war, ist die Liebe meiner Mutter zu ihm. Ihn hat sie geliebt, und wenngleich sie ihn im Krieg oftmals betrogen hat, immer schlecht über ihn sprach, und da brauchte sie ja nur die Wahrheit zu sagen, sie hat ihn geliebt. Als sie allmählich in die Demenz glitt, stellte sie im Pflegeheim das Foto, auf dem sie beide jung waren, auf ihren Nachttisch, und sprach liebevoll mit ihm, vertraut und intim. Mir zuliebe wollte mein Mann nun doch noch von ihr wissen, wer mein Vater war.

Meine Mutter, die meinem Mann sonst alles erzählte, blieb aber auch ihm gegenüber bei Franz Burock. Ich kenne meine Mutter, und während die beiden redeten und ich mich ganz still verhielt, wissend, dass sie mich in ihrem Zustand dann vergisst, wusste ich auf einmal, was die Wahrheit ist: Sie wusste es nicht. Es gab zwei Männer, und zugleich nichts, worauf sie sich verlassen konnte. In ihrer katholischen Seele hatte sie diese Wahrheit als Sünde und Schande gespeichert.

Burock habe ich nicht gefunden, und ich war auch noch nicht am Rand jener Wiese, auf die sie wollte. »Da ist man dann nicht so alleine.« Sie liegt in Hamburg.

Es ist mein Friedhof, meiner. Ihr, fragwürdige Beschützer meiner Kindheit, sollt euch hier nicht einmischen.

# HEIRATEN
# WIR EBEN

Als Braut habe ich es zu keiner Glanzleistung gebracht. Meine erste Eheschließung fand in unserer armseligen Stube statt, und ich nutzte die Gelegenheit, die gesamte Verwandtschaft fürs Leben zu kränken, indem ich außer meinen Großeltern niemanden einlud. Es war in dieser riesigen Verwandtschaft üblich, noch den geringsten Anlass zu nutzen, um sinnlos bis in die Nacht hinein durch enge Stuben zu tanzen, übermütig zu beginnen und sich zu später Stunde hemmungslos zu verkrachen. Die Erfahrung reichte nie aus, niemand hat beim nächsten Mal vorher abgesagt.

Zur zweiten Eheschließung drängte mich mein geschiedener Walter Steineckert. Ich sollte ihn noch einmal heiraten, weil er nach Java wollte, um dort Zuckerfabriken zu bauen. Er würde nicht wiederkommen, aber aus der Ferne für unser Kind sorgen.

Vier seiner Kollegen vom Bau kamen, um mir ins Gewissen zu reden. Sie tranken viel Bier, packten mich an meiner Ehre. Ich wehrte mich eine Nacht lang, dann gab ich nach. Mit Küchenschürze, einem Mantel drüber und tränenüberströmt trat ich mit Walter vor den Standesbeamten in Köpenick, der wegen meiner Schluchzerei den Faden verlor und uns schließlich aufforderte, als Eheleute zur Einheit Deutschlands beizutragen.

Ich fuhr sofort mit der Straßenbahn nachhause zu meiner Tochter, er im Auto zur Arbeit, unsere Trauzeugen verdrückten sich. Am Abend kam er mit einem Strauß roter Rosen und erzählte mir, er werde sich nie wieder scheiden lassen, und das mit Java wäre nur ein Trick gewesen.

Ich schlief im Kinderzimmer und drehte von innen den Schlüssel um, so blieb es. Bis wir ein zweites Mal geschieden wurden, ich war wiederum schuldig, wegen Nichtvollzugs der Ehe.

Heinz Kahlau und ich wollten nicht heiraten, weil wir beide zwei Scheidungen hinter uns hatten, und es linderte wenig, dass es bei mir zweimal derselbe Mann war und die zweite Ehe außerdem nie vollzogen wurde.

Wir waren zwei aufdringlich freie Geister, die sich besonders emanzipiert vorkamen, obwohl ihm da eine politische Sache aus den fünfziger Jahren nachhing, von einem Kongress Junger Künstler, er hatte seine Ohrfeigen und sein Verbot hinter sich, und eigentlich schien es geraten, dass er besonders wenig angreifbar war. Ordentliche Familienverhältnisse, das war in unserer nur scheinbar revolutionären, in Wahrheit sehr spießigen DDR immer angeraten. Wir hätten die Amtshandlung trotzdem nicht unternommen, sie hatte ja auch etwas von einer Niederlage an sich. Aber eben die Wohnung. Gegen unsere innere Überzeugung gingen wir also zum Standesamt, nur, um den Vollzug zu melden und die Wohnung zu kriegen.

Bei unserer Scheidung gab es die Einteilung in schuldig oder nicht schuldig nicht mehr. Es ging nur um die Frage, ob die Ehe zerrüttet genug ist und deshalb getrennt werden müsse. Sie hatte nicht lange gedauert, und wir überboten uns mit der Aufzählung antagonistischer Widersprüche, bis es reichte. Die Richterin meinte nur, gerade wir hätten doch zusammen so viel für den Sozialismus tun können. Das nun wirklich nicht.

Ich war zweiundvierzig Jahre alt, als ich mit Jubel in der Seele jeden Augenblick genoss und mir sicher war, den schönsten Tag erleben zu dürfen. Das war er auch, bis zum Abend. Wir waren allein gewesen, den ganzen Tag, das hatten wir so gewollt und den Vorgang auch nicht verbreitet, es war zu früh, und wir hatten beide anderen Menschen wehgetan. Nun saßen wir uns als Eheleute im Restaurant gegenüber, welch ein ersehnter, erkämpfter Status, die Engelchen sangen – und wir hatten uns überschätzt. Wir waren nicht sorglos glücklich, hingen in den verlassenen Seilen, und der Kopf war überfüllt mit unreifen Plänen und gedanklichen Versuchen. Der Liebe waren wir sicher, nicht aber der Bestellung aus der Speisekarte. Ich prellte mit einem Angebot vor und traf den empfindlichen Nerv eines Mannes, der eigentlich etwas ganz anderes essen wollte, wegen Magenschmerzen aber eigentlich auch gar nichts und gebratene Forelle ganz gewiss nicht. Aus seiner Miene schloss ich, dass er die Hochzeit schon bereute, und schlug ihm sofort den Widerruf vor. Es kam zum Krach, in einer nie wiederholten Schärfe, so dass wir sogar schweigend und mit der U-Bahn nachhause fuhren, weil gerade kein Taxi herumstand. Bis zum Morgengrauen arbeiteten wir alles ab, was dem anderen am Versuch des Rückwegs zu unterstellen war, überboten uns mit Auslegungen, und wären wir nicht vor Erschöpfung schweigend ins Bett gekrochen und eingeschlafen, dann wären wir jetzt nicht in Bälde vierzig Jahre ohne solchen Krach verheiratet. Wir hätten das Beste im Leben verpasst.

Und gebratene Forellen haben wir auch später nie gegessen, er hat sie uns immer blau, mit brauner Butter, serviert.

PS: Man soll ausreichend, aber nicht zu abergläubisch sein. Ich kann mir nicht erklären, warum Laura Forellengerichte generell ablehnt. Schon immer, von klein auf. Begründen kann sie es nicht, aber sie bleibt dabei.

# DIE TÖCHTER,
## DER SOHN

Ich hätte niemals ohne ein Kind leben wollen. Ich glaube aber, dass es sich in der Jugend vor allem um meine Gefühle handelte. Ich wollte für ein hilfloses Wesen sorgen. Ich wollte etwas haben, das unbeirrbar zu lieben war. Aber ich war sehr jung, sehr unreif, und Sehnsüchte und Träume purzelten neben wechselnden Lebensplänen durcheinander. Ich verhielt mich meist altklug, und da ich meiner Herkunft entwachsen wollte, stand gutes Benehmen bei mir ganz hoch oben in der Liste der Forderungen an alle und an mich selber. In meiner Gegenwart durfte nicht einmal das Wort »Scheiße« gesagt werden, ohne dass ich beleidigt das Zimmer verließ. Auf diese Verstiegenheit stieg mein Herr Steineckert ehrfürchtig ein und nahm meine Schrulle so ernst, dass er sogar jemanden aus der Wohnung wies, weil der mich mit »Ausdrücken« provozierte.

Ich war siebzehn und wollte die Vornehmheit mit Löffeln fressen. Alles, was unvermeidbar irdisch war, erschien mir peinlich. Hätte mir doch jemand geholfen und mir gesagt: Es ist nichts dagegen zu sagen, dass man sich manierlich benimmt. Der Anstand kommt im alltäglichen Leben oftmals ganz unvermutet in Gefahr, besonders da, wo man es nicht erwartet. Und: Es ist schon in Ordnung, wenn man nicht zulässt, dass die nötige Distanz im Zusammenleben verschwindet und aus Nähe unerträgliche Distanzlosigkeit wird. Aber spiel dich doch nicht so auf.

Wenn ich an mich zurückdenke, kann ich nicht über Ziele reden, denn dieses Wort hätte mir Wege vorgeschrieben, von denen ich nicht wusste, wie die zu gehen waren. Ich habe mich Pazifistin genannt, nur weil ich keinen Krieg wollte. So dachten damals fast alle Menschen, die den Krieg erlebt hatten.

Sicher war ich zunächst Philosemitin und gab jedem in allem Recht, wenn er aus jüdischer Familie kam.

Meine Freunde haben mir später einiges in meinem Kopf zurechtgerückt, manchmal so kräftig, dass ich sie Antisemiten nannte, was mir der eine oder andere Mensch jüdischer Herkunft lakonisch oder lachend sogar zugab. Meine Dankbarkeit gilt dem Freund Peter Edel, oder Victor Klemperer, gilt meinen Freunden ebenso wie meinem Mann. Sie alle mussten ihre Identität als Deutsche, als Juden und als Intellektuelle immer in derselben Persönlichkeit unterbringen. Die Jahrzehnte nach dem Krieg haben ihre vielfältigen Konflikte in dieser Hinsicht aufflammen lassen oder neu eingebracht. Oder soll ich sagen: Wir alle wurden durch die immer weiter wurzelnden Folgen des Krieges in Konflikte gebracht, immer mehr und immer wieder? Das waren harte Schulbänke, auf denen ich oft aus freiem Willen saß, aber da war ich schon erwachsen und wusste, dass es leichter nicht zu haben war. Und wieder: »Erwirb es, um es zu besitzen.« Das Besitzen ist nur ein scheinbarer Haltepunkt, von dem aus sich die Nötigkeit des Erwerbens unbeirrbar neu erweist, immer, das ganze Leben lang.

Nach einem Kind habe ich mich gesehnt. Und wer zwingt mich eigentlich, auch das infrage zu stellen, und wenn es zunächst nur Sehnsucht und Gefühl war?

Ich bekam ein kleines Mädchen, das die Wirren meiner Lebensjahre zwischen meinem zwanzigsten und meinem vierzigsten Lebensjahr mit mir aushalten musste.

Sie lernte als Halbwüchsige interessante Männer kennen, die sich brennend für sie als meine Tochter interessierten, aber wieder verschwanden, ohne noch einmal nach ihr zu fragen. Die frühe Erkenntnis, dass es nicht um sie gegangen war, blieb ihr nicht erspart.

So wenig wie die Konflikte mit ihrem Vater. Die Fehler waren zu alt, nichts an ihnen war mehr zu ändern.

Meine Tochter Kirsten war acht Jahre alt, als ich Christine bekam, ein vierjähriges Mädchen, das noch nicht richtig sprechen konnte und mal ins Heim, mal zu Verwandten gegeben worden war. Ein zartes blondes Mädchen mit sehr großen blauen Augen. Der Papa schrieb schöne Gedichte über ihre schmerzende Abwesenheit, bis ich ihm eine Fahrkarte in die Hand drückte und ihm auftrug, nach ihr zu suchen. Er wusste nur, wo die Mutter des Mädchens gerade als Schauspielerin im Engagement war. Durch ihren Beruf war sie viel unterwegs, das ist wichtig, weil das Kind deshalb aus München zu uns kam, zu mir. Als ich entdeckte, dass sie kein Kinderlied und keine Märchen kannte, dass sie über saugrobe Ausdrücke von ihren bayrischen Vettern verfügte, aber nicht den Unterschied zwischen gestern und heute wusste, verbrachte ich einige Vormittage mit ihr im Bett, und wir sangen, erzählten und lachten. Ich las ihr Briefe von ihrer Mutter vor, die von der nicht geschrieben worden waren, und im Kinderzimmer stand ein geschöntes Werbefoto von der Schauspielerin.

Ich fuhr auch mit Christine im Zug zu ihrer Mutter, nach Greifswald. Dort war sie bei Adolf Dresen im Engagement, und dort traf ich sie in Erwartung eines zweiten Kindes an. Für sein Wesen kann ja niemand, aber sie war ohne mütterliche Gefühle, freute sich auch auf das neue Kind nicht, zumal sie im Personalausweis des Erzeugers entdeckt hatte, dass dessen Frau auch gerade ein Kind von ihm bekommen hatte. Sie erzählte, sie habe ihren verlogenen Liebhaber die Treppe runtergeschubst.

Wir kamen gut miteinander aus, aber ihre Tochter und ich, wir haben uns geliebt, und wir haben neun Jahre zusammen gelebt. Davon sieben Jahre ohne ihren Vater. Es war gut so, es war sehr gut. Sie war meine Tochter, mein seltsamstes Kind. Sie hasste Kleider, zog auf der Treppe ihre Jeans aus der Schultasche, sie aß keine Bockwurst und auch sonst nie mit Appetit, denn sie hatte seit ihrer Geburt eine schwierige, nie zu behebende Essstörung. Man sagte mir, dass sie die mütterliche Brust und die Flasche abgelehnt hatte und eigentlich verhungern wollte. Um sie so zu behandeln, wie sie es gebraucht hätte, fehlten mir Kenntnisse und Erfahrung.

In einem Gespräch, viel später, unter uns als erwachsene Frauen, habe ich einiges von ihr erfahren, das waren ihre Geheimnisse, die ich nun begriff, und ich wusste inzwischen mehr darüber, wie man damit umgehen kann. Aber sie hätte alle Liebe von mir, nur auf sich bezogen, gebraucht, und so war mein Leben damals nicht. Sie glaubt, dass ihr Vater sie als Dreizehnjährige zu sich holte, weil sie mir zu schwierig wurde und ich mit ihr nicht mehr zurande kam. Das ist falsch. Aber Jahre später begriff ich, dass sie diese Gedanken schützt, sie braucht sie als Begründung für ihre abgebrochenen Ausbildungen, für alle Schwierigkeiten. Ich war in ihrer Wohnung und hielt ihr drittes Kind, eine kleine Nele, im Arm. Ihre Mama sagte: »Ist ein schöner Platz, nicht?«

Im Grunde hatte alles seine Richtigkeit gehabt. Zunächst war mit meinen beiden Töchtern alles Leben interessant, wenn auch nicht ganz einfach, aber es war ein wechselhaftes, lustiges, ganz normales Leben. Alleinerziehend, allein verantwortlich, das war in der DDR nicht unüblich. Da ich es so wollte, zwang es mich, den eigenen Weg zu suchen und zu finden. Mit der Sucherei konnte ich mich dabei nicht ewig aufhalten. Das ist ein anderes und weitgehend schönes Thema. In meinem damaligen turbulenten Leben gab es viele Töchter, die nicht meine Kinder waren, sich bei mir aber zuhause fühlten. Junge Mädchen, die lieber mir ihre ersten Gedichte zeigten, ihre ersten Lieben beichteten, ihre Verirrungen und Verwirrungen zugaben, die von mir hören wollten, wozu sie eigentlich begabt seien oder warum sie so furchtbar blöd waren, auf sich, auf ihn, auf ein Angebot, auf eine Ausbildung, auf einen Seitensprung oder auf Gott weiß was reinzufallen. Sie kamen strahlend mit einer Eroberung oder einer unerwartet herrlichen Zensur, einer Idee, einem Plan, einem überwältigenden Gefühl. Oder sie kamen fast vernichtet, weil sie bei irgendwas erwischt wurden, sich mit ihren Eltern überworfen hatten, nicht wussten, wie sie schwanger geworden sein könnten und was nun … sie kamen manchmal einfach nur, um Kaffee zu trinken und meine Zigaretten zu rauchen. Manchmal blieben sie lange weg, öfter aber war es schwer, sie überhaupt zum Gehen zu bewegen. Die Altbauwohnung war groß, es gab miteinander zu tun, und wir teilten die Lust am Lied und am Buch, am Theater und an der Politik, über die es viele ungare Meinungen gab. Da konnte alles gesagt werden, behauptet, diskutiert, ganz offen. Obwohl ich heute sicher bin, dass all dies zu Kunde nach draußen geführt hat.

Es muss so gewesen sein, aber ich habe nach 1990 nicht versucht, dem auf die Spur zu kommen. Ich war damals ganz unbefangen und habe nicht darüber nachgedacht, ob mein Vertrauen berechtigt war. War es vielleicht nicht immer, aber das interessiert mich nicht. Da es mein Leben war, und weil ich damals alles gern zugelassen habe, entscheide ich so: Ich will es nicht wissen.

Eines Tages bekam ich einen Sohn. Er hieß Mirko und war drei Jahre alt. Seine Mama war eine der schönsten Frauen, die ich je gesehen habe. Groß, schlank, mit ungefärbtem tizianrotem Haar, grünen Augen und einem immer seltsamen Lächeln, unergründlich. Oder es erschien mir nur so. Sie war im Westen aufgewachsen, aber alle ihre Vorfahren und Angehörigen entstammten einer Familie von Pastoren aus dem Mecklenburgischen. Ihren Sohn Mirko hatte sie von einem dunkelhäutigen Mann bekommen, der danach verschwunden war. Sie kam mit dem Leben nicht zurecht und versuchte es hierzulande, wo ihre Schwester als Ärztin arbeitete und viele Leute zunächst entzückt waren, so eine schöne junge Person beim Länderwechsel unterstützen zu dürfen. Es wäre vielleicht hilfreicher gewesen, wenn sie den Männern weniger begehrenswert erschienen wäre. Sie war zum Verzweifeln leicht zu haben und litt darunter und sprach darüber, dass sie pathologisch nymphoman wäre. Das sagte sie aber auch wieder mit diesem seltsamen Lächeln, man konnte es als Spinnerei abtun. Die doch nicht, so schön wie die ist, die kann doch jeden haben. Konnte sie auch, aber wohl keinen behalten. Sie sagte nicht, dass sie Kleptomanin war. Das war sie, aber das sah ich erst, als ich in ihre Wohnung kam, um die Sachen für Mirko abzuholen.

Sie war eine begabte junge Dichterin, früh in Lesungen eingeladen, eine Blume unter den anderen Gewächsen. Und sie brauchte natürlich einen Mentor, einen reifen Dichter, der ihr raten und sie fördern sollte. So kam sie in unser Haus, so kam Mirko oft in meine Obhut, so ergab sich neben mir eine leidenschaftliche Affäre, von der ich nichts wusste, und ich hätte auch nicht geglaubt, dass er ihr als Mann attraktiv erscheinen könnte. Als käme es darauf an. Er war ein Dichter. Aber die Tragik bestand darin, dass sie in ihm alle Kraft und alle Hilfe sah, während er nur leidenschaftlich in sie verliebt war und ihr zwar aus den bedrückenden finanziellen Klemmen half, aber er half ihr nicht dort, wo sie die Hilfe am meisten gebraucht hätte. Er war nicht der starke Mann, den sie in ihm sah, er war ein Dichter und von Ängsten kaum weniger geplagt als sie. Aber so gab er sich ihr gegenüber nicht, so sah sie ihn nicht. Sie glaubte, keinen ärztlichen Beistand mehr zu brauchen. Sie hatte ja ihn, der vielleicht gern alles für sie getan hätte. Wir sahen ihn in der Familie immer seltener, aber da uns niemand etwas erklärte, verstanden wir eben nichts. Nun, der Mann wurde immer nörgliger, wahrscheinlich war er gerade mit sich selber unzufrieden, bei Künstlern nicht unüblich, aber die Ereignisse waren schwer zu durchschauen, weil die junge Frau sich auch mit mir innig anfreundete und immer danach drängte, mich für sich zu haben, um mit mir reden zu können. Nicht über ihre Gedichte, das machte sie mit ihm, aber über ihre Bedrängnisse in ihrer Arbeit als Dekorateurin für Schaufenster des Konsums. Mir schien, dass in ihren zeichnerischen Entwürfen noch mehr Talent steckte als in ihren Versen, die alle von tiefer Sehnsucht nach dem Tod durchtränkt waren. Sie beschrieb den Tod als Ziel ihrer Sehnsucht, und sie beschrieb ihren Tod als ihre wahre ersehnte Lebendigkeit.

Und dann war sie tot. Einen Tag vorher war sie noch bei mir gewesen, und wir hatten zum ersten Mal über eine Merkwürdigkeit gesprochen: Sie brachte mir immer Geschenke mit, die ich zu nichts gebrauchen konnte. Einen überflüssigen Regenschirm, oder kleine Steine, von denen sie lachend, aber auch ein bisschen verlegen noch ein Zettelchen abkratzte, ehe sie mir das Geschenk übergab. Es waren immer kleine Dinge, von denen man sich nicht vorstellen konnte, sie habe sie gekauft. Aber warum sollte sie aus ihrer noch spärlich möblierten Wohnung etwas mitbringen? Andererseits vermisste ich ständig alltägliche gebräuchliche Sachen, mal eine kleine Nagelschere, mal einen alten Schal, ein Küchenmesser. Das alles habe ich dann, heulend, in ihrer Wohnung vorgefunden.

Sie nahm überall Dinge mit, das war ein Drang, dem sie nicht widerstehen konnte. Es war aber aufgefallen, und so hatte man im Konsum ihre Tasche kontrolliert, Zeugs gefunden und wollte am nächsten Tag mit ihr eine Aussprache führen. Ich glaube dem, was sie mir später sagten. Sie wollten ihr helfen, sie wollten sich um sie kümmern. Aber es gab noch ein paar andere, medizinische Dinge, die sie in strafbarer Weise zum Nachteil anderer nicht geregelt hatte, und es war sicher, dass sie die auch niemals regeln würde. Das würde nicht gut gehen, sie verstieß damit gegen ein Gesetz. Es ging dabei nicht um Geld, das hätte sie von ihrer Schwester, von uns oder auch vom Konsum haben können, und sicher von dem einen oder anderen Mann auch.

Sie hat einen Brief hinterlassen, in dem sie mich bat, Mirko zu nehmen, weil sie mir vertraue.

So bekam ich einen Sohn. Mirko war das heilste Kind, das ich je gesehen habe. Ein Lockenkopf, viele schwarze Locken, von einzelnen roten Haaren durchzogen.

So klein er noch war, so ausgeprägt war seine Persönlichkeit. Als wir am Schwielowsee in Urlaub waren, lief Mirko einmal auf der Terrasse herum, klatschte sich selber einen Rhythmus und tanzte dazu. Jemand sagte: »So ein Kind braucht viel Nestwärme.« Hacks hatte den Jungen die ganze Zeit über amüsiert beobachtet und sagte: »Der? Der würde das Nest auseinandernehmen, um zu sehen, wo die Wärme herkommt.«

Einmal saßen wir zuhause im Sessel nebeneinander. Mirko passte noch ganz auf den Sitz, samt Schuhen. Ich goss ihm einen Tee ein und löffelte Zucker hinein. Nach dem zweiten Löffel hob er die Hand und sagte, in Ton und Miene ein König: »Dunutt!« Dieses Wort für »genug!!« haben wir in der Familie beibehalten.

Er war gemacht, mit dem Leben umzugehen.

Aber mein kleines blondes Mädchen kam damit nicht zurecht. Sie sprach nicht mit ihm und beantwortete keine Frage von ihm. Sie war krank vor Eifersucht, fühlte sich gefährdet, zurückgesetzt. Ihm machte das nichts aus, er war lieb zu ihr, es focht ihn nicht an, dass sie ihn hasste, soweit ein kleines Mädchen das kann.

Dass ich mich von Mirko trennen musste, ist mir durch das ganze Leben nachgegangen. Es kamen Leute zu mir, die ganz scharf darauf waren, ihn zu kriegen. »So was wollte sie doch schon immer haben«, sagte der Mann aus dem französischen Hochadel in Gegenwart seiner Ehefrau, der vielbeschäftigten Schauspielerin, als ich Mirko, ins Badelaken gewickelt, ins Zimmer trug. Aber ich dachte, dass sie den Jungen ganz bestimmt nicht kriegen würden, er war kein »so was«.

Sonja wurde seine zweite Mutter, und so schmerzhaft es war, sie war die Richtige. Ich kannte ihren Mann aus meinem Verlag; ein ruhiger vernünftiger Mann, aber die Persönlichkeit in dieser Ehe war eben Sonja. Sie war als Jüdin vor den Nazis emigriert, hatte lange als Ärztin in Harlem gelebt, und da sie keine eigenen Kinder haben konnte, hatte sie sich in Buch schon einen Jungen aus dem Heim geholt und ihn liebevoll erzogen. Er war nun sechzehn Jahre alt, und obwohl sie als Psychiaterin in der Klinik viel Arbeit zu leisten hatte, war da doch ein Platz frei für ein Kind.

Ich habe sie an einem Sonntag, nachmittags, mit Mirko besucht. Er steckte Sonja innerhalb von Minuten in die Tasche, und ich sah, wie sie ihr Herz an ihn verlor.

Sie hätte alles getan, um seine Mutter zu werden.

Die einzige, die Mirko nicht einen Augenblick lang vermisste, war meine blonde Tochter. Am nächsten ersten Mai rannte mir Unter den Linden auf einmal Mirko in die Arme, er schrie, wie er mich immer genannt hatte: Lale! Anna und Peter Hacks hatten diesen Namen übernommen, sonst nannte mich niemand mehr so. Ich hob Mirko hoch, wir freuten uns, aber ich sah, dass Sonja es nicht ertrug. Sie lud mich ein, die Familie zu besuchen. Ich war auch bei ihnen, aber ich ging nie wieder hin, weil sie nun eine Familie waren, die nicht mehr gestört werden sollte. Sonja schickte mir zum Dank dafür ein paar Fotos von ihm. Die habe ich noch.

Einmal, bei einem Soli-Basar auf dem Alexanderplatz, fragte mich ein älterer Mann: »Kennen Sie einen Mirko?« Ehe ich nachdenken konnte, sagte ich: »Ja. Mein Sohn.« Er sagte: »Das ist jetzt mein Hausarzt.«

Es kamen andere Leute dazwischen, er war dann weg, der Mann, der mir hätte sagen können, woher er von mir wusste.

Und wieder nehme ich mir vor, ins Telefonbuch zu gucken, den Doktor Mirko vielleicht anzurufen und ihm vorzuschlagen, ihm von seiner Mutter zu erzählen. Von seinen Müttern, alles, was ich über uns drei weiß. Ich könnte ihm zeigen, dass ich die Fotos von ihm noch immer habe. Eine kleine empfindliche Stelle ist auf meiner Seele geblieben. Dunutt!!! Genug!

Nein, nicht genug. Ich war über vierzig, als wir heirateten. Mein Mann brachte zwei Töchter in die Ehe mit. Wir sind eine Familie, aber keiner von uns ist mit mehr als einer Person im Clan verwandt. Wilhelm hatte drei Töchter, von denen er nur zwei gezeugt hat. Die erste, da war er siebzehn und liebte seine Lehrerin, die war achtundzwanzig und erwiderte seine Gefühle. Ein Stoff für ein Drama, aber es wurde keins. Ich habe diese Frau Schuldirektorin, eine kluge und sensible Person, sehr gemocht. Sie war damals versetzt worden, und die Beziehung hatte nicht gehalten. Er war ihre einzige Liebe geblieben, sie lebte ganz ihrem Beruf als außergewöhnliche Lehrerin, bis zur Rente, und vor allem für ihre Tochter. Die beiden haben sich nie getrennt. Die Tochter wurde auch Lehrerin und ist eine kluge Person, mit der ich gern viel öfter reden würde, als die getrennten Wohnorte uns ermöglichen. Aber wir richten es uns, und damals, als sie sich auch ihr Wunschkind holte, ohne auf dem Papa zu bestehen, konnten wir uns, ein bisschen, mit einbringen. Ich hielt das Baby im Arm und durfte es auf die Waage legen, ach, nun ist dieses Baby ja auch schon eine Frau.

Aber da gab es ja noch seine Tochter aus der ersten Ehe, eine auffallend hübsche Person, damals im wunderbaren Alter von fünfzehn Jahren, auf dem Höhepunkt von dicker Schminke und umfassendem Nein, bei gar keinem Selbstbewusstsein. Sie hatte Angst vor vielem und eigentlich fast allem, aufgestört durch das Zerbrechen der Familie, in der sie aber erst ab ihrem zehnten Lebensjahr gelebt hatte.

Sie wusste nichts mit sich und dem kommenden Leben anzufangen, aber andere fanden sie frech, widerborstig und so, wie pubertäre junge Weiber eben sind, mit ihren Ansprüchen an alle und am wenigsten an sich selber. Ich fand sie eher ratsuchend und dringend mütterlicher Wärme bedürftig. Von der hatte sie nicht genug gekriegt. Das ist nun auch fast vierzig Jahre her und alles ist gut ausgegangen. Wir haben so gelebt, dass sie eine meiner Töchter ist, die empfindliche Person mit der Anfälligkeit für Erkältungen, die manchmal wunderliche, mit ihren Ticks und Selbstzweifeln, die aber einen ausgeglichenen, ausgleichenden Mann hat. Sie liebt Katzen, und warum auch nicht. Wir beide haben unsere besondere Beziehung, und wenn es vielleicht auch nicht sehr viele Menschen gibt, die mit ihrer manchmal etwas anstrengenden Art immer zurechtkommen, ich kenne den Ursprung ihrer nie geheilten Ängste. Bei mir ist sie im Herzen angekommen, da bleibt sie und gibt mir aus ihrer leicht zu erschreckenden Seele immer Liebe zurück.

Alle sind versorgt, alle haben es in die neuen Zeiten geschafft, arbeiten, richten sich ihr Leben, haben auch jedermanns Bedenken, aber es gibt derzeit keine Katastrophen.

Jetzt kümmere ich mich mal nur um mich selber, leiste mir Gänge durch hübsche Läden, gehe vielleicht zum ersten Mal in meinem Leben zur Kosmetikerin, mache eine Kur gegen oder für irgendwas. »Tritt doch mal ein bisschen kürzer«, das ist ein Satz, den wollte ich schon immer einmal ernst nehmen.

# DIE
# FLIEGE

Das Alter macht unduldsam, so heißt es. Immer Schmerzen, meistens allein, nichts mehr zu erwarten. Das ist oft nicht zu leugnen, aber worin ich ungeduldig werde, das konnte ich auch vor dreißig Jahren nicht besser ertragen: Jene alten Leute, die alles gesehen haben, alles besser wissen und jeder Neuigkeit ihre böse Voraussage widmen. Glaubt man ihnen, sind sie die Aufopferung in Person gewesen, während ihnen niemals Dank zuteil wurde. Sie sind nicht vorsichtig mit ihrem Urteil, nicht bedenklich aus Erfahrung, wissen nicht frühe Anzeichen bedauernd zu deuten, sondern haben einen Topf, in den sie alles hauen, und dann grapschen sie rein und rühren es durcheinander. Männer können so sein und Frauen auch. Alte verdrossene Gemüter, die sich dem Lachen und der Güte verschließen, die über die Jugend urteilen, wie es schon Aristophanes getan hat, der mit der jungen Generation das Ende jeden Fortschritts kommen sah.

Ich möchte so nicht sein, ich möchte so nicht werden. Ich weiß nicht, ob solches Verhalten in jemandem angelegt ist, ob es sich aus seinem Gelebten zwangsläufig ergibt, oder ob derjenige nur selber nicht bemerkte, wie er zu einer unerträglichen Person wurde. Deshalb sehe ich mir auf die Finger, lausche mir nach, forsche manchmal in meinem Gesicht und in meinen Urteilen. Kann ich leben mit mir, so wie ich jetzt geworden bin, wie ich aussehe, wie ich anderen erscheine? Unterstelle ich Auslachen, wo jemand mit mir lachen will? Reagiere empfindlich auf Ironie, die durchaus angebracht ist, mir aber gerade nicht passt? Werde bloß keine alte böse Schrulle, sage ich mir und gebe zu, dass es Augenblicke gibt, in denen ich nichts so gern sein möchte.

Es war eine kleine, eine sehr kleine Fliege. Sie saß nicht einmal im Innern unseres Zimmers, sondern draußen, auf der Fensterscheibe, aber ich machte eine verscheuchende Bewegung. Sie flog auf, und die nimmermüde Schwalbe auf unserem Balkon schnappte sie sich. Ich glaube das gesehen zu haben, und mittlerweile habe ich es mir eingeredet. Unsere Schwalben sind sehr vernünftige Wesen, wenn auch wohl nicht warmherzig. In manchen Jahren verloren sie ein eben geschlüpftes Kücken, manchmal auch haben sie vorher ein oder zwei Eier rausgeworfen. Weil es sonst in der Stube zu eng geworden wäre.

Die Schwalbe hat sich die Fliege blitzschnell geholt. Deren Tod war meine Schuld. Sie hatte weder auf unserem Käse noch auf unseren Erdbeeren gesessen, uns also nichts beschmutzt oder geklaut. Sie war nicht einmal in unserer Wohnung.

Es war nicht so, dass ich mich um eine große Beziehung geprellt sah oder eine Untat bereute. Wir hatten keine gemeinsamen Interessen, die Fliege und ich. Aber die habe ich mit den neuen Rechten ja auch nicht. Nur lassen die sich mit einer rüden Handbewegung nicht verscheuchen. Warum sind wir denen gegenüber so wehrlos? Warum verhält sich die Politik, ausgestattet mit Gesetzen, so lahm, dass sie zu Ermutigern von neuen Rattenfängern wird? Solche, die nach Verbundenheit und Heimatliebe klingen, und Hassen und Töten meinen.

Warum gelingt es uns so wenig, Begriffe zu besetzen, die heilig bleiben sollten? Das haben wir uns doch geschworen, als wir frierend und hungernd dafür bezahlen mussten, dass wir bei den Nazis zugeguckt oder mitgemacht haben. Ich war ein Kind. Ja, auch als Kind! Wo ich benutzt werden konnte, in Aufsätzen, bei Liedern und beim Denken war ich mit sieben schon benutzbar. Was ist mit mir? Die täglichen Nachrichten verkünden Unglaubwürdigkeiten.

Die Fliege und ich, das ist kein erwähnenswerter Vorgang. Am Abend wäre sie sowieso gestorben. Aber etwas an meiner Handbewegung gefällt mir nicht. Ich habe Gesichter verscheucht, redende, schmallippige Wohlversorgte, die über das Prekariat reden wie über Feldmäuse, überflüssige Nager; eine Masse, die den ausgeglichenen Staatshaushalt verhindert. Sie verschuldet die Neuverschuldung, statt sich zu waschen, Haare schneiden zu lassen und sich Arbeit bis 67 zu suchen.

Es schmerzt, worin sie Recht haben. Das durchgesessene Sofa mit dem Papa vor der Glotze, hinterm vollen Aschenbecher, dieser mit der Bierpulle und den strengen Vorschriften für die Kinder, obwohl er und die fette Mama sich selber an keine halten und sie bei den Kindern nicht durchsetzen können. Die wissen, dass die Alten den Arsch nicht hochkriegen, und alle zusammen haben Null Bock auf nix.

So haben wir nicht immer gelebt. Die Kinder werden darunter leiden und leiden lassen, dass ihnen keine Liebe vorgelebt und kein Glaube an sie ins Herz gesenkt wurde.

Der Staat erkauft sich Kraftlosigkeit im Leben von Menschen, die es nicht drängt, Sinn in ihr Leben zu bringen. Er begünstigt asoziales Verhalten und liefert die Ausreden dafür.

Die »wichtigen« Menschen im Staat leben uns keine Angemessenheit vor.

Das ist nicht neu. Auch das Politbüro-Mitglied Hermann Axen hat das Flugzeug für den Rückflug eine Woche lang in den USA geparkt, das hat pro Tag sechzigtausend Dollar gekostet. Ich erinnere mich an unsere damalige Empörung, als sich das herumgesprochen hat. Es kommt ja immer raus, in unserer heutigen Mediengesellschaft sowieso.

Lebenswichtig: Ich hab mir den Feierabend, das Kotelett, das Glas Wein, deine Umarmung und eine Weile innerer Ruhe redlich verdient. Morgen gehe ich wieder ran, aber heute habe ich getan, was ich konnte.

Die kleinen Schwalben ziehen noch den letzten Nesthocker am Schnabel zum Start. Nachahmenswert! Im Schnabel des Vogels sollte nach einem alten Volkslied ein Zettel sein, von der Mama ein Gruß. Oder von der Stelle, wo einmal der Palast des Volkes stand. Da haben wir uns lange nicht verscheuchen lassen, auch nicht von unangemessenen Gesten. Es ist ja auch nicht so, dass wir alle einem zu großen Vogel, einem Adler vielleicht, in den Schnabel geflogen wären. Es ist nur ein bisschen so. Und das ist schon zuviel.

# ALS SIE
# FORTGING

Laura hat geheiratet, und vielleicht erlebe ich noch eine Urenkelin, für die ich durchaus noch alle Gesten in den Fingern hätte, alle Laute, die man dann flüstert, und alles, was man nach Exupéry mit dem Herzen sieht.

Ich würde mich nicht mehr einmischen, nicht die Fürsorge übernehmen, dazu bin ich zu oft in solcher Lage gewesen. Gönnt mir wenigstens manchmal kurzen Aufenthalt im berühmten Lehnstuhl, macht, was ihr wollt, aber lasst mich raus. Es könnte natürlich auch ein männliches Wesen sein, auch ein schöner Gedanke. Laura hat geheiratet und uns einen Sohn gebracht. Das war nach einigen gänzlich anderen jugendlichen Begeisterungen von ihr nicht vorauszusehen. Dazu musste er schon jemand sein, der nicht den sonstigen Anbietern um sie her glich. An denen fehlte es ja nicht, aber keiner hatte uns bisher die Arme geöffnet. Der da nun ins Bild und in die Familie trat, verunsicherte meine Furcht, die großen Gefühle kämen bei den Nachwachsenden kaum noch vor. Sie sind entweder bedenkenlos oder sehr vernünftig auf die eigene Zukunft bedacht, aber viele von ihnen scheinen mir auch darin von keiner Leidenschaft gebeutelt. Die steht zu Unrecht im Verdacht, alle Vernunft und alle sonstigen Talente außer Kraft zu setzen. Zur Leidenschaft, zur Liebe braucht es neben der unvermeidbaren großen Aufregung auch innere Gewissheit, dies sei nicht wie alles vorher Gewesene, dies stellt die Unschuld wieder her und lässt der Seele und dem Hirn alles, was sich vorher nicht so gut entwickeln konnte. Beredsamkeit braucht es in der Liebe, aber zu der gehört Vertrauen darauf, dass der geliebte Mensch Ohren hat zu hören und Sinne, die mitschwingen können. Das drückt sich oft nicht besonders dichterisch aus, muss es auch nicht, Blank-verse strömen dem, der sich ganz öffnet, gewiss nicht aus der Seele. Gerade dann nicht, wenn er seiner anderen Apfelhälfte begegnet, dem Anfang von etwas, das reichen könnte fürs ganze Leben, vielleicht. Immer macht mal, und ich staune, wie fleißig und einfallsreich Liebe ist, wie leicht es scheint, sich auszuhelfen, und dass ein junger Mann Herzensbildung in Einfälle umsetzt, als wäre das gar nichts Besonderes. Die Worte scheinen fast alltäglich, Erklärungen der eigenen Gefühle, wie man sie halt kennt, auf SMS von der Arbeit, am Telefon, wenn die junge Ehefrau bei uns ist, als Kunde von keinem Fisch, wenn er es sich leistet, mal angeln zu gehen. Ich schreibe ein Buch, sage ich, und er versorgt in meiner Abwesenheit meinen Computer mit einer zusätzlichen Sicherungsplatte und solchen Absicherungen, die ich nicht einmal verstehe. Klingt übereifrig? Nun, bei meinem Buch »Das Schöne an den Männern« habe ich die ersten achtzig Seiten durch einen Fingerdruck weggeklickt, auf Nimmerwiedersehen. Da hat auch der teure Fachmann aufgegeben. Das weiß unser neuer Sohn, es war vor seiner Zeit, aber das will er »nicht noch mal erleben«. Ich bin mir nicht sicher, ob er je ein Buch von mir lesen wird, aber ich sehe, wie selbstverständlich er in unser Leben eingreift, wie er uns liebt, weil er Laura liebt, und mich beeindruckt ein Maß an Takt und Gelassenheit bei den Ratschlägen, die er sich doch weder als Fußballer noch als Boxer, als Bademeister noch in der Werkhalle bei seiner Schichtarbeit ausgedacht haben kann. Er baut der Laura das nächste Bücherregal, und ehe wir auf Tour gehen, nimmt er sich ihr Auto vor. Ich weiß nicht mehr, wie ich mir Lauras Mann vorgestellt habe, aber ihm überlasse ich sie, auch ganz ruhig bei dem Gedanken, dass da einer sein wird, auf den ich mich verlassen kann, wenn wir beide nicht mehr begleiten können.

Auf solche Beruhigung war ich eigentlich nicht gefasst, sie will mich manchmal überwältigen, aber dann geh ich mit Laura zu Angel-Joe und hole einen Gutschein für ihn zu Weihnachten oder zum Geburtstag, damit er entweder im Forellen-Puff oder in einem unbestellten See seine Art von Entspannung finden kann. Wenn ich mir vorstelle, dass sich die guten Seiten von beiden in einer Urenkelin treffen könnten …

Sie scheinen mir rare Exemplare unter den nachwachsenden Menschenkindern, aber ich begegne solchen. Manchmal, in die Veranstaltungen, wird so jemand von Älteren mitgebracht, ein Mädchen, ein junger Mann, und ich denke, dieses Wesen kann reden, schauen, lächeln, da ist eine berührende Unbefangenheit. Ein Buch zu verschenken wird da ein Geschenk für mich. Die schöne Helena als Praktikantin aus dem Schloss in Biesdorf, die wird ihren Weg gehen, die Anemone aus Neustrelitz, der Semester überspringende, schreibende Georg aus Bremen, der für den leukämiekranken dreijährigen Milan die Taxifahrer mit Plakaten ausstattete und uns benachrichtigte, so dass Dirk Michaelis als Botschafter der Carreras-Stiftung helfen konnte. Für Milan hat sich ein Spender gefunden, er wird leben, und für einen Moment überwältigen mich die Bilder und die Erinnerungen, und es will mir scheinen, alles würde gut, weil die verdammt guten Menschen aus verdammt guten Familien, oder aus Trotz gegen eine ungeeignete, nachwachsen. Und ich will mir jetzt nicht sagen lassen, dass ich für scheinbare Wunder zwei wunderwillige Extra-Augen habe. Die brauche ich auch. Für ein Urenkelchen. Und für jeden Versuch, die Steine zum Tanzen zu bringen.

# MEIN STURM
## AUF DIE HÖHEN
# DER KULTUR

Die DDR brauchte immer neue Talente. Sie konnte gar nicht genügend neue Begabungen entdecken, als Nachfolger all der anderen, die ihr trotz materieller Förderungen und Möglichkeiten zur Ausbildung immer wieder verlorengingen. Das geschah unablässig und aus vielen Gründen, darüber gibt es ausreichend richtige und verlogene Erklärungen. Manche gingen, weil sie sich woanders rascheren Ruhm versprachen, manche waren gekränkt worden, in ihrem vielleicht gerade offiziell nicht angesagten Streben aufgehalten, oder sie waren abgeworben worden, mit Versprechungen, die entweder zur Weltkarriere führten oder sich als Illusion offenbarten.

Mich hatte die Lächerlichkeit, die mir mein unempfundenes Jagdgedicht eingebracht hatte, keineswegs entmutigt. Es gab unser »Magazin«, und ich schrieb einen Artikel, den nannte ich »Ihr Pelz, Madam«, was sich nach meinem heutigen Urteil mit seinem literarischen Wert direkt an das Jagdgedicht anschloss. Hinzu kam, dass ich nicht die Bohne von Pelzen verstand. Ich war noch nie auf einer Pelzfarm gewesen, hatte einen solchen Besuch auch nicht vor, und ich hätte einen Zobel nicht von einem Hermlin unterscheiden können. Aber ich muss einen Ton angeschlagen haben, als wäre ich Kennerin für Pelze und Feuilletons. Es war damals auch noch nicht so, dass echte Pelze ein moralisches Problem darstellten. Das »Magazin« druckte meinen Artikel ungekürzt, und ich bekam dafür 275 MDN, eine ungeheuerliche Summe, und wie ermutigend. Ich bekam, sehr ungewöhnlich, die Summe sogar von meinem Mann auf die Hand und sollte sie für mich ausgeben. Sie ging zunächst ja an ihn, ein eigenes Konto durfte ich ohne seine Zustimmung nicht besitzen, und die hätte er mir nicht gegeben.

Es gab damals in Berlin in der Mauerstraße in einem Haus der Presse auch einen Feuilleton-Pressedienst. Dort sprach ich bei Herrn Heitzenröther vor und offerierte ihm meine Feuilletons, in der Überzeugung, dies sei fürs Leben meine Ausdrucksform. Der Redakteur war der Überzeugung, mich gern wiedersehen zu wollen, und eine Zeitlang nahm er kritiklos alles, was ich in meiner gelangweilten Hausfrauenseele einer Madeleine in Paris auflud, um etwas über meine eigene Seele schreiben zu können. Eines Tages war er mutig genug, mich auf solchen Blödsinn hinzuweisen, denn ich kannte ja weder Paris noch Madeleine, und ihre ausgedachten Schwierigkeiten wirkten wohl sehr abgelegen. Sein Einspruch muss mir eingeleuchtet haben, denn ich versuchte mich an einem anderen Thema, aber dann, nun allein lebend und sehr auf Einkommen angewiesen, schickte ich zwei satirische Monologe an den »Eulenspiegel«. Einer hieß »Kampfdemonstration«, und ich schrieb darin auf, was die Leute bei solcher Gelegenheit wirklich reden. Sie luden mich in die Redaktion ein und trugen mir eine Mittelseite an. Ob ich das machen wolle? Natürlich, gerade Mittelseiten wollte ich schon immer machen. Louis Rauwolf und ich fuhren nach Zwickau, wo gerade in einer Pressevorführung der Trabant vorgestellt wurde. Ich hatte eine Fahrerlaubnis, wenn auch keine Fahrpraxis, weil Walter Steineckert mich nie ans Lenkrad gelassen hätte, aber ich hatte die Prüfung bestanden, war also nicht ganz blöd. Das hinderte mich nicht, mich blöd zu stellen, und so hatten die Fachleute keine Scheu, vor mir, die nur herumstand, alles aufzuführen, was dieses Ding daran hinderte, ein Auto zu sein.

Das habe ich dann alles aufgeschrieben, und Rauwolf, unvergesslich kollegial zu mir Anfängerin, machte sehr ulkige Zeichnungen. Es war eine eindrucksvolle Mittelseite, mit der wir die Arbeiterklasse beleidigt hatten, und diese forderte in Gestalt eines Generaldirektors unsere sofortige Bestrafung und künftiges Veröffentlichungsverbot. Kurz vorher war aber der Chefredakteur des »Eulenspiegels« gefeuert worden, weil auch bei ihm die Arbeiterklasse beleidigt worden war und er sich geweigert hatte, die Autoren zu bestrafen.

Beim Gehen sagte er, seine zwei Jahre seien rum, und wer im »Eulenspiegel« länger bleiben darf, der habe was falsch gemacht. Peter Nelken war der Neue, dem misstrauisch entgegengeblickt wurde, allein deswegen, weil er überhaupt von oben eingesetzt worden war.

Nelken aber erwies sich als ruhiger und selbstbewusster Mann, der nicht die Absicht hatte, sich schikanieren zu lassen. Gleich wieder rausschmeißen konnte man ihn schlecht, trotz einiger Beschimpfungen in Leserbriefen, die natürlich veröffentlicht wurden, im Gegensatz zu den Zustimmungen, das war klug. Nelken schlug mir eine Mittelseite über die Damen-Oberbekleidung in der DDR vor. Wenn ich mich recht erinnere, war das Ende der fünfziger Jahre, und um die Bekleidung für Frauen sah es miserabel aus. Es gab natürlich immer etwas zu kaufen, aber ich müsste jetzt eine Reihe von schlechten Ausdrücken benutzen, um zu sagen, wie wir als Frauen damit zurechtkamen.

Diesmal sollte Klamann der Zeichner sein, der olle liebe Kuddel Klamann, Altkommunist, Erotomane, der mit seinen vielen, immer leicht verfänglichen Zeichnungen ein großes Publikum hatte. Dieser Heringskopp war unkompliziert, und ich hatte unterwegs keinerlei Avancen zu befürchten, denn mit meinen knapp dreißig Jahren war ich für ihn steinalt.

Wir begannen in den thüringischen und sächsischen Webereien, wechselten im anderen Ort zur Färberei, kamen in Entwurfsabteilungen, Schneidereien, nahmen in Leipzig bei der Messe an einer Verkaufsvorführung teil, und da wussten wir alles. Die Einkäuferinnen waren ausschließlich ältere Frauen, die genau das trugen, was wir in den Läden immer hängen ließen, und die genau das nicht orderten, was wir gern gekauft hätten. Irgendwo mussten aber doch die schönen Stoffe, die wir auch gesehen hatten, und die interessanten Entwürfe, die man uns vor Augen geführt hatte, mit Freude und Ehrgeiz, und die daraus geschaffenen Modelle geblieben sein, wenn andererseits auf dem viel zu kurzen Laufsteg eine Scheußlichkeit nach der anderen gezeigt wurde. Wir erfuhren, wie alles zusammenhing, aber schreiben und zeichnen konnten wir das nicht, denn es war einfach und nicht zu ändern: Die Guten ins westliche Töpfchen, die schlechten ins Köpfchen. Export war eine andere Welt als der Binnenmarkt. Dennoch gelang es uns, mit unserer Mittelseite eine Flut von Zustimmungen zu erreichen, viel mehr als beim Trabant – verständlich, denn den wollte ja eigentlich trotz der beschriebenen Mängel doch jeder haben! Aber wir hatten auch wieder die Arbeiterklasse beleidigt und die Redaktion wurde aufgefordert, uns in einem Parteiverfahren die Folgen unseres schädlichen Handelns klar zu machen. Kuddel Klamann war seit vierzig Jahren in der Partei, und niemand hätte sich getraut, ihm das, außer lachend und ablehnend, anzutragen. Ich dagegen war weder in der Partei noch in der Gewerkschaft, auch nie in der FDJ gewesen, ich war nirgendwo organisiert, also konnte außerhalb der Redaktion auch niemand mit mir abrechnen. Es hätte eine Aufkündigung werden können, aber es wurde weitere ersprießliche Zusammenarbeit, besonders für die Passivisten-Spassivisten-Seiten, auch mal als Kino-Eule, und dann sogar anderthalb Jahre lang als festangestellte ungelernte Kulturredakteurin. Das hat mir großen Spaß gemacht und mir meine Grenzen gezeigt. Mir wäre nie eine witzige Bildunterschrift eingefallen, worin andere Meister waren. Anderes konnte ich besser, etwa Geschichten umschreiben, das fiel immer auf meinen Schreibtisch, während Kollegen meine Bildseiten gestalteten.

Aber dann bekam ich einen wunderbaren Antrag und gewann die Einsicht, dass ich an meinem Schreibtisch in der Redaktion gelernt hatte, was zu lernen war.

Ich sollte ein Buch über Skandinavien schreiben, für den Verlag Volk und Welt. Meinen Auftraggeber interessierte nicht, dass ich noch nie in Skandinavien gewesen war. Das spielte keine Rolle, denn zwei Menschen waren in Skandinavien gewesen, der außergewöhnliche Fotograf Lothar Reher, der im Verlag auch Chefgestalter war, und ein wenig bekannter Journalist, der das Kunststück fertiggebracht hatte, jegliche Schwierigkeiten bei der Abarbeitung eines Planes aus der Welt zu schaffen, und das in der DDR. Er erlangte alle Genehmigungen mit dem Trick, auf viel wichtigere bereits erteilte Genehmigungen zu verweisen. Er überredete sogar die Autobauer in Zwickau, ihm einen Trabant als Testfahrzeug zur Verfügung zu stellen. Eine Reise ins kapitalistische Ausland, mit der Absicht, darüber zu schreiben, das war ein eigentlich irrsinniger Plan, aber im Verlag Volk und Welt gab es für eine solche Idee einen fruchtbaren Boden. Der Verlagsleiter Walter Czollek war einer jener intellektuellen Juden, zu deren Füßen sitzend man jahrelang nur zuhören möchte. Ein kluger, witziger, weltoffener Mann, der mehrere Konzentrationslager überlebt hatte, der daran gesundheitlich schwer zu tragen hatte, und er ist auch nicht sehr alt geworden. Er war einer der Menschen, die mich in aller Güte mit der Nase darauf stießen, dass es gegen zu wenig Wissen nur das Mittel des Lernens gibt. Ich war dafür offen, schon als Kind, aber niemand ist immer tüchtig. Man muss manchmal auch ermutigt werden, sich nicht zu sehr entmutigen zu lassen. Wiesen mich andere auf meine Grenzen hin, haben sie mir oft auch neue Wege gezeigt. Zu denen gehörte Walter Czollek. Ihm hätte ich sowieso nichts abgeschlagen, aber er allein hätte die abgelegene Idee auch nicht durchsetzen können, wäre da nicht die verklärte und verklärende Erinnerung an Fritz Raddatz gewesen, der nun zwar im Westen war, aber vorher als Cheflektor im Verlag eine Atmosphäre geschaffen haben muss, die sich als unerschöpfliches Reservoir von Anekdoten und hinterlassenen Ansichten und Auffassungen noch eine ganze Weile hielt. Über Fritz Raddatz schrieb sehr viel später Harry Rowohlt in seinen »nicht in den Papierkorb geschmissenen Briefen«, er sei ein Ostarschloch, das sich im Westen nie sozialisiert habe. Das ist seine Meinung, oder war für den Moment seine schlechte Laune, aber im Verlag Volk und Welt war er geliebt, Vorbild und Legende. Vielleicht hätte er dort bleiben sollen. Etwas von seiner Art, eine Lust zu Überschreitungen von Grenzen und zu unkonventionellem Handeln, war, wie ein Duft oder ein Mantra, von ihm nach der Ausreise zurückgeblieben.

Die Reise nach Norden hatte stattgefunden, und es gab einen Schatz an schönen Fotos, darunter sowohl stimmungsvolle Bilder als auch aufklärende Informationen. Aber der Journalist konnte nicht schreiben und hatte sich unterwegs auch nichts notiert. Die Fakten stimmten nicht, sagte man mir, und literarisch waren es fünfhundert Seiten Schmierpapier! Aber wieso ich? Ich war nicht dort gewesen, ich hatte noch kein Buch geschrieben, das führte ich ihnen vor Augen, während in mir eine wilde Lust wuchs, es gerade deswegen zu machen. Ich denke, sie hatten mehrere Gründe, es ausgerechnet mir eigentlich ungeeigneter Person vorzuschlagen. Erstens hatten sie für diese Unternehmung kein Geld mehr, das war für die Reise draufgegangen, zweitens waren sie verpflichtet, dem abgelehnten Autor bei Erscheinen eines Werkes auf der Grundlage seiner, wenn auch unzulänglichen, Bemühungen die anfallenden Prozente zu zahlen, seinen Namen außerdem auf das Buch an erster Stelle zu drucken, und mir konnten sie mit Verweis auf meine Ungeübtheit ein nicht zu druckendes Manuskript leicht ablehnen. Mit dem Vorschlag, mir ein Prozent vom vorgesehenen Autor und eins vom Fotografen zu überlassen, taten sie nach ihren Worten das Mögliche. Der Fotograf kam zweimal zu mir, erzählte aus dem Stegreif, was er gesehen und empfunden hatte, und schmückte mein Zimmer mit seinen Fotos, die ich während der ganzen Zeit so stehen ließ.

Ich hatte knapp drei Wochen Zeit und erlebte das Schreiben dieses Buches als ein Wunder an Einfällen und Einfühlung. Was ich an Fakten wissen musste, war auch damals schon leicht nachzulesen, und das Buch, »Nebenan zu Gast« hatte mehrere Auflagen, worauf der Verlag mir einen noch besseren Vorschlag machte.

Bei einer abendlichen Diskussion erregten wir uns über die damals gerade laufende Lyrikdiskussion, in der es von oben den Vorwurf gab, Liebesgedichte seien private Idylle und hätten in der nationalen Literatur nichts zu suchen. Das war sehr dumm, und es gab in der Aufregung nicht einmal einen Keim von Nützlichkeit, nicht einmal in der »ndl«, und der Interessierte möge selber nachlesen, welcher kluge Mensch sich da kritisch auch gegen die Idylle aussprach, späte Reue wird es auch da gegeben haben. Lothar Reher und Cheflektor Roland Links meinten, ich solle doch eine Anthologie Liebesgedichte machen, sie hätten gerade eine Kapazität frei, wenn auch sozusagen kein Geld, jedenfalls nicht dafür, und ich merkte, dass sie nicht so recht an eine Druckgenehmigung glaubten. Sie sagten, es würde ja wohl zu keiner großen Auflage kommen, vielleicht zu gar keiner, vielleicht aber doch.

Reher zeigte bedeutenden Grafikern und Malern das eine oder andere Gedicht, ließ aber auf meine Bitte hin keins zurück, um die Gefahr der Illustrierung zu vermeiden. Sechzehn bildende Künstler trugen zu dem Buch bei, indem sie das Thema frei gestalteten. Wir waren nicht genügend stolz darauf, weil wir uns der Bedeutung dieser Beiträge, dieser kleinen Kunstwerke, von Paris, Metzkes, von Hans Grundig, Hegenbarth und Hans Theo Richter, von Klemke und anderen gar nicht bewusst waren. Wir machten die Arbeit, und in dieser Anthologie, provozierend »Liebesgedichte« genannt, kamen einige Dichter der DDR zum ersten Mal zu poetischem Wort. Es waren schöne Gedichte und schöne Bilder. Die erste Auflage erschien, die zweite wurde verboten. Das Buch wurde später unter der Hand teuer gehandelt, aber es ist nie wieder gedruckt worden. Es gab wohl mehrere Gründe. Ich sollte ein paar Gedichte streichen – deutlicher gesagt, ein paar Dichter weglassen –, aber dazu war ich nicht bereit. Und ein Bild sollte darin nicht gezeigt werden dürfen, aber das war genauso ungerecht, und die Tilgung fand nicht statt. Ich habe noch ein Exemplar jenes Buches, und eine Erinnerung an eine ernsthafte Arbeit, die mich dem, was ich wollte, näher gebracht hat. Dafür haben sich die paar Tränen gelohnt.

# IHRE
## GANZ GROSSE
# LIEBE

Sie war eine sehr schöne Frau, ungewöhnlich schön, beinahe wie die Nofretete. Das wurde ihr von niemandem abgesprochen. Von mir schon gar nicht, ich mag es, wenn Frauen sich erkennen und dem Geschenk der Natur noch Geschmack hinzufügen. Sie war Sängerin und Schauspielerin, bildete zudem junge Künstler aus. Dafür hatte sie den hohen Rang einer Professorin erhalten. Mache ich ihr auch nicht streitig, aber umstritten war es schon.

Das war mir insofern nicht wichtig, als ich nur sehr wenige Menschen kenne, die so hart arbeiten wie sie. Das ist ihr Lebensinhalt, ihr eigentlicher. Von ihrer Herzenswärme habe ich noch niemanden schwärmen hören, ich konnte auch keine besondere Anlage dazu bei ihr bemerken. Sie liebte ihre Mutter, und die galt als eine Chefin mit besonders harter Hand, Verursacherin von Ausreisen. Beide Frauen hatten die außerordentliche Fähigkeit, andere Menschen an ihrer empfindlichsten Stelle zu treffen, und das möglichst in Gegenwart vieler anderer. Die dann wegen der Wortwahl und wegen der angeführten Härte kaum ihrer Meinung sein konnten, sich aber auch nicht einmischten, weil ihnen das nie verziehen worden wäre, und das bedeutete sicheren Schaden für die eigene Arbeit.

Die Frau hatte Einfluss, nicht wenig. Sie besaß einen ausgeprägten Instinkt für das, was ihren Unternehmungen neuen Erfolg bringen konnte, auch brachte, sie setzte sich durch, immer, und obwohl ich nie fand, dass sie eine besonders begabte Darstellerin oder gar Sängerin war, habe ich doch ihre Einfälle, ihre Ideen und ihre Ausdauer bewundert. Sie bekam immer, was sie haben wollte, und wenn es anderen weggenommen werden musste. Dafür hinter ihrem Rücken beschimpft zu werden, störte sie nicht. Sie hatte keine Skrupel. Und dachte dann wahrscheinlich, dass sie eben besser war als die anderen, die diesen begehrten Probenraum auch haben wollten, oder diesen Termin für eine Premiere, wonach sich dann das ganze große Haus, in das ihr Etablissement eingebettet war, zu richten hatte.

Ich hörte sie zu einem sehr bekannten und erfahrenen Bühnenbildner vor uns allen sagen, sie habe sich in ihrem ganzen Leben noch nie mit einem so miserablen Bühnenbild herumschlagen müssen. Er sah aus, als ob er einen Schlaganfall kriegt, tat es ihr aber nicht gleich, sondern nahm seinen Mantel und ging. Vermutlich hat er trotz seiner Gekränktheit noch überlegt, wie viel ihn Austeilen, und im Vergleich dazu Einstecken, kosten würde.

Was ihr fehlte, war ein Gran Naivität, ein bisschen Staunen, von Anteilnahme zu schweigen. Wenn du sie interessiertest, dann bemühte sie sich um dich, sie machte sich sogar Mühe darum, aber wenn dieses Interesse erlosch, ob in der Liebe oder in der Arbeit, dann entfernte sie dich gnadenlos aus ihrem Leben.

Sie saß bei mir, elegant wie immer, dagegen kann man nicht antreten, keine von uns, ich jedenfalls nicht. Sie hat ein schnelles und verblüffendes weit greifendes Denkvermögen, erkennt Zusammenhänge, merkt sich das meiste, von manchem ist zu befürchten: für immer, wahrscheinlich für immer. Sie kann blendend formulieren. Sie ist auch sehr vernünftig. Raucht nicht, trinkt nicht, wirft nichts Schädliches ein und hält immer ihre Figur. Da ist sie auch hart gegen sich selber, reduziert ihren Schlaf, wenn es sein muss, verdoppelt ihre Anstrengungen, wenn etwas dabei herausschaut.

Jetzt sitzt sie mir also gegenüber und ist nicht vernünftig, nicht hart gegen sich, und sie müsste eigentlich daran zweifeln, dass sie am Ende eine Gewinnerin ist.

Wir reden manchmal abends am Telefon, lange, manchmal ruft sie von sehr weit her an, dann ist sie einsam, sie hat mir auch im Hotelzimmer mit ihrer sehr steilen bockigen Schrift schon schöne Briefe geschrieben. Wenn sie aus der Nähe anruft, dann hat sie gerade nichts Besseres vor.

Ich habe sie für vieles bewundert, auch ihre kleine Wohnung

mitten in der Stadt, in der sie schläft, wenn es zu spät wird, um nachhause zu fahren. Die zeigt, wie geschmackvoll sie mit Farben umgehen kann. Jedes Bild findet seinen geeigneten Platz und bekommt sein Licht, ob vom Berühmten gemalt oder nur Skizze. Vielfältig und unterschiedlich kostbar, gezeichnet, fotografiert oder gemalt, häufig ihr Porträt. Zu sehen ist, wie die Künstler sie zu deuten suchen. Diese beiden kleinen Räume in der Platte sind urgemütlich, weich, es ist ein Zuhause, in das man auch kommen kann, wenn es einem schlecht geht. Es streckt einem zwei Hände entgegen. Aber ob jemand sie ergreift, das weiß ich nicht, und ihr neues Zuhause in der Enklave nahe Berlin kenne ich nicht, dort werde ich sie nie besuchen, auch nicht im Ferienhaus, das ihr Mann an einer eigentlich dafür verbotenen Stelle durchgesetzt hat, das ist so seine Art.

Aber jetzt liebt sie. Es hat sie erwischt. So tief lässt sie sich sonst nicht ein, sie war immer die Umworbene, die Frau, die kommt und geht.

Und nun dieser Glaube: Endlich habe ich gefunden, was ich lange suchte, immer gesucht habe. Sie lächelt. »Ich habe ihm gesagt, dass er ein großer starker Baum ist. Man kann sich anlehnen und findet Schatten, aber man kann sich auch in ihm aufhängen.« Er ist vollkommen, das heißt für sie, dass sie sich gleichen, sich entsprechen, er ist es, endlich. Mehr ist in diesem Leben nicht zu kriegen.

Sie hat diesmal nur unterlassen, ein paar kleine Lampen, abgeschirmte oder beleuchtende, anzuknipsen. Sie lässt es drauf ankommen, will dieses Herzpumpern im Halbdunkel und einmal nicht so viel gnadenloses Bühnenlicht.

Was hat sie bisher immer gedacht? Der andere Mensch hat mich nicht verstanden, konnte mich gar nicht verstehen, und mein Anteil an Schuld war, dass ich zu spät verstanden habe, dass er mich nicht verstehen konnte.

Gesagt hat sie das nicht, nicht so, aber so ähnlich. Ihre Männer waren immer große starke schattende Bäume, und sie ist sehr geliebt worden. Auch einmal ohne eigenes Verschulden nachlassend, weil sie nach der Geburt der Tochter auf einmal und für immer zu schlank war, da erlosch ein Interesse, das dem kurvigen, vollbusigen Weib gegolten hatte. So hat er es mir erzählt.

Nun liebt sie, und hat dafür einen, der sie behalten wollte, verlassen. Der hat auch die Contenance verloren, das mag sie nicht so gern, das würde ihr nicht passieren. Sie ist immer diszipliniert, das war sie bisher immer, mit ihrer fast unbewegten Miene, auch wenn sie mit ihrer tiefen Stimme bemerkenswerte Gedanken unwiderlegbar formulierte.

Jeder hatte seine Chance gehabt, seine Zeit, und in ihrer Bilanz kamen sie im Großen und Ganzen fair weg, natürlich mit all den kleinen Einschränkungen, die aufgelöste Beziehungen so anbieten. Zu wenig Solidarität, er hat mir zuviel überlassen, es sich bequem gemacht, mir oft nicht richtig zugehört. Nicht mehr, nichts Anstößiges oder Ehrenrühriges.

Das andere, die kleine Liste, kennen wir Weiber ja alle. Worum wir uns am Anfang reißen, daran gewöhnt er sich, nimmt es in Anspruch und bemerkt nicht, wann die Zeit der Glückseligkeit bei der Überanstrengung abgelaufen ist.

Ich kenne andere, aber unsere Generation hatte es mit den geprägten, zu jungen Soldaten zu tun, das hat in ihnen Spuren hinterlassen. Wir waren eben nicht der einzigartige Kamerad, und sie haben uns auch nicht so behandelt.

Wir sehen uns an. Das kann sie, einen langen Blick halten. Dieser zwischen uns ist ein Dialog. Sie will von mir Lieder, solche, wie sie noch keins gesungen hat. Keine bittenden, bettelnden, keine Texte der Enttäuschungen, des Zweifels, des Abschieds. Immer mit einem bisschen Hoffnung untersetzt, aber eben doch: Nichts ist gegangen, nichts wird gehen.

Ich sitze in der Klemme, und das weiß sie. Diesen Mann kenne ich, und auch das weiß sie. Er war eine böse und bittere Erfahrung und er hat mich insofern erwachsener gemacht, als ich den Mut aufgebracht habe, mich zu trennen und die Gründe dafür auszusprechen. Er hat mir geantwortet, für ihn gäbe es nur Liebe oder Hass. Wenn er mich nicht lieben darf, dann würde er mich hassen. Er würde mich zerstören.

Das war ein sehr großes Maul, aber ich hatte schon anderes überlebt, und obwohl mich das wunderte, hatte ich auf einmal keine Angst mehr vor ihm. Ich hatte sein öffentliches Gesicht für sein wahres Ich gehalten, das haben eine Zeitlang viele andere auch getan, besonders junge Leute, vor denen er über den Umgang mit der Jugend sprach, so, dass denen das Herz aufging. Niemanden habe ich je so schonungslos über die Politiker reden hören, auch über deren Taktik und Strategie, er schien der kritischste im mittelhohen Büro, traute sich sogar, Dinge auszusprechen, die dem Volk vom Maul abgeschaut waren. Das nahm er sich heraus und begeisterte damit die jungen Leute, die in ihm ihren Mann sahen. Endlich einer, der zu ihnen kam und über ihre Probleme Tacheles redete. Er war ihr Vorbild, ein Mann, mit dem man endlich offen reden konnte. Das hatte auch mich sehr berührt. Er wirkte so stark, so zuständig, so bereit, vieles zu verändern. Unter vier Augen sah er fast alles so, wie es unsere klarer gewordenen Blicke auch sahen. Er überholte mit seinen vernichtenden Meinungen jede abgewogene Kritik, ließ kein Haar an denen, die schon mehr Macht hatten, als er angeblich haben wollte. Wenn er redete, konnte man denken, er würde das gerade aktuelle Winterpalais morgen ganz allein stürmen.

Sie sagte: »Er hat sich sehr verändert. Mir zuliebe trinkt er nicht mehr.« Er hatte nicht getrunken, sondern gesoffen. Und gerade dann hatte er sich allein ans Steuer gesetzt und war durch die Stadt gefahren. In seinem privaten Auto, und wenn ihn jemand wegen seiner Fahrweise anhielt, zückte er seine Ausweise, brüllte herum und durfte immer weiterfahren.

Was wollte und konnte ich ihr sagen? Es gibt ja den seltenen Fall, dass einer sich vom Kopf auf die Füße stellt, und es war denkbar, dass sie es ihm wert gewesen war.

»Er hat mir alles erzählt«, sagte sie, als ich wenigstens den unleugbaren Fakt zwischen uns klarstellen wollte, in der gerade aufkeimenden Hoffnung, danach könnten wir vielleicht mit einer ganz anderen Arbeit, als den Gesängen der großen Liebe beginnen.

Wusste sie wirklich, dass ich seinen Söhnen einen Millimeter Haar abgeschnitten hatte, weil er es selber am nächsten Tag radikaler mit der Schere unternehmen wollte? Die Haare der

Jungen waren ihm zu lang, und nachdem ich mein Werk getan hatte, konnte er keinen Unterschied zu vorher sehen, ließ aber doch die Finger von ihren traurigen widerspenstigen Köpfen. Er war, als wäre er zwei verschiedene Väter, und das hatten sie auszuhalten. Er liebte seine Söhne, sicher. Aber sie hatten seinen Befehlen zu gehorchen, immer, und ohne auch nur den Versuch einer Erklärung. Nachdem ich seiner Frau begegnet war, mochte ich sie und die Söhne lieber als ihn, und einmal traf ein Familienmitglied nach dem anderen bei mir ein. Eigentlich wollte jeder mit mir reden, aber dann wurde der große Topf Schmorgurken geleert, und es reichte noch auf dem Flur zu einer geflüsterten Verabredung mit den Jungen. Nach seiner Meinung liebten die ihre Oma über alles, und jeden Freitag gingen sie zu ihr, um Kohlen aus dem Keller zu holen und ihre selbstgemachte Sülze und ihren selbstgebackenen Kuchen zu essen. Nun, diesmal waren sie bei mir, um den Hitchcock-Film »Die Vögel« zu sehen, denn zuhause gab es nur DDR-Sender. Ich hätte ihm das anschließende Gespräch über den Film gewünscht, er hätte Freude haben sollen an seinen klugen Söhnen, aber zuhause entfernte er ja die Sicherung, damit auch keiner heimlich gucken konnte. Seine Frau erzählte mir, einmal hätten sie beide wegen der Wiederholungen aus Adlershof tatsächlich das ARD-Programm eingeschaltet, aber er habe die ganze Zeit nur agitiert und sich aufgeregt. Da sei sie ins Bett gegangen.

Ein anderes Mal war ich mit meiner Tochter bei den Söhnen, sie hatten sich die Westside-Story-Platte von Amiga gewünscht, durften sich die aber nicht kaufen. Nun, wir nahmen sie mit und hörten sie gerade, als der Mann nachhause kam, einen wilden Blick um sich warf, den Tonarm vom Plattenspieler riss und eine andere Scheibe auflegte, nämlich »Russische Volkslieder.« – »Das könnt ihr hörn«, sagte er und bezog mich in seine Kritik gleich mit ein.

Draußen und vor Publikum war er lange eine Art Volkstribun. Er redete, wie die Leute gern einen Politiker reden hören wollten. Sprach von Veränderungen, nötigen und baldigen. Aber bei uns im Schriftstellerverband sagte er auch, die zehntausend Volkswagen mussten wir denen drüben ja als Wahlhilfe für

Schmidt abkaufen. Und als Rudi Strahl sich erregt beschwerte, wie viele gute Schüler nicht zur Oberschule kämen, wenn die Familie nicht genehm wäre, antwortete er, sie hätten sorgfältig recherchiert: die Schüler seien alle schlecht und faul gewesen.

Über die Enklave Wandlitz redete er voller Verachtung. Der damals erste Sekretär Paul Verner habe ja keine Ahnung, weil er jeden Abend abhaut, und die Politik findet in Berlin ohne ihn statt. Sei auch besser so, denn der sei sowieso ...

Er ist selber bei Erreichen seines ehrgeizigen Zieles umgehend in die Enklave gezogen.

Wir hatten keine leidenschaftliche Beziehung, und ich beendete sie, nachdem ich ihn erkannt hatte. Aber ich konnte ihr doch nicht sagen, dass er nachts um drei Uhr bei mir Sturm geklingelt hat, nicht nur einmal, mich beiseite schob, in meine Küche ging, dort die Tassen und die Gläser zählte, im Aschenbecher prüfte, ob es wirklich nur meine mit Spuren von Lippenstift versehenen Kippen waren, und dass er dann stumm und schwankend die Wohnung wieder verließ.

Er traute niemandem. Meine Tochter bat mich, mit ihm über Thomas Brasch zu reden, den sie aus dem Verlag Volk und Welt kannte. Dort machte sie eine Lehre, und er hatte dort gearbeitet, ehe er wegen des »Prager Frühlings« verhaftet worden war. Nach seiner kurz darauf erfolgenden Freilassung musste er Schichtdienst in einer Fabrik machen. Sein Rücken war vorher, in der kurzen Zeit als zwölfjähriger Kadett in Naumburg, empfindlich verletzt worden. Ich versuchte, ein Gespräch zu vermitteln. Wenig später sprach der Mann zwar für immer mit mir kein Wort mehr, aber da gerade eben noch. Ich bat ihn, mit Brasch zu sprechen und ihm zu helfen.

Thomas Brasch ging sogar freiwillig vorher noch zu einem Friseur. Er erzählte mir dann, der Mann habe ihn in seinem Dienstsaal erst einmal warten lassen, dann sei er gekommen, habe ihm einen Platz weit entfernt zugewiesen und ihn unterwiesen. Über die DDR, die Weltrevolution und die anstehenden großen Aufgaben sowie über die Verantwortung des Sohnes für seine verdienstvollen antifaschistischen Eltern. Gefragt habe er ihn nichts, und dann habe er wieder gehen können.

Ein paar Tage später erschien der Mann abends unangemeldet bei mir, sah sich in der Wohnung wie gewohnt misstrauisch um, setzte sich dann und betrachtete mich lange argwöhnisch. Es hatte keinen Sinn, ihn zu fragen, was das solle. Er hätte daraus sofort geschlossen, dass ein schlechtes Gewissen auszuforschen sei.

Er sagte: »Da hat dein Schützling ja Glück gehabt.« Welcher Schützling und welches Glück?

Es war nicht mein Verdienst, aber jemand hatte eine Kurzreise des Politikers genutzt, Brasch aus dem Schichtbetrieb geholt und ihn im Archiv des Brecht-Theaters untergebracht. Davon wusste ich nichts und hoffte nur, es würde dabei bleiben.

Es blieb erst einmal nicht dabei, aber es war wohl zuviel Staub aufgewirbelt worden, das mochte der Mann nicht, gar nicht.

Ich hätte ihr noch erzählen können, wie ich einmal versucht hatte, den Mann vor einer Blamage zu bewahren. Bei der Bezirksdelegiertenkonferenz, der ersten und letzten, an der ich etwa zehn Minuten teilgenommen hatte, ehe ich mich wegen Zahnschmerzen ... aber das ist eine andere Geschichte, oder ich erzähle sie doch schnell. Ich war von meinem Verband dorthin delegiert worden, klar, mit hundert Prozent gewählt, weil kein anderer die Sache übernehmen wollte. Zu alt, zu krank, zu abwesend, und morgen steht sowieso alles in allen Zeitungen.

Ich kam in den großen Saal und entdeckte einen Gemüsestand, mit Blumenkohl im Angebot. Ich war so blöd, sofort zwei Köpfe zu kaufen, hatte aber keine Tasche mit, in die ich das Gemüse stecken konnte. So lief ich mit diesen Kohlköpfen dem Mann in den Weg. Der guckte mich missbilligend an, hatte dann aber Wichtigeres. Er sagte, heute werde er sich den Volker Braun vorknöpfen. Der habe ein Gedicht gegen die DDR geschrieben, das werde er jetzt mal den Genossen vorführen.

Ich wollte das Gedicht sehen. Es war George Grosz gewidmet und beschrieb dessen Sicht auf die zwanziger Jahre. »Lass das um Himmels willen stecken.« Ich brachte noch ein paar nötige Informationen über George Grosz unter, dann ging ich meiner Wege, unwillig und innerlich wütend. Ich setzte mich auf meinen Platz, als sehr laut Kampflieder gespielt wurden, und auf der Bühne wurde noch einiges gerichtet. Vor mir lag ein Block und ein Stift, Gastgeschenk, also begann ich, beides zu nutzen. Ich schrieb meine Eindrücke und Gefühle ohne jede Verschleierung auf. Aber ich konnte nicht bleiben, ich konnte nicht. Es wäre nur sehr unangenehm aufgefallen, wenn ich nach Beginn der Veranstaltung gegangen wäre. So stand ich auf, erklärte mich mit jählings ausgebrochenen Zahnschmerzen und ging. Erst zuhause fiel mir auf, dass ich den Block an meinem Platz gelassen hatte. Deswegen ging ich am nächsten Morgen noch einmal hin, in der Hoffnung, er läge noch auf meinem Platz. Ein Mann, von dem ich nicht weiß, was er dort zu verrichten hatte, kam zu mir und sagte in zugleich verschwörerischem wie auch tadelndem Ton, man sollte manches nicht einfach so rumliegen lassen … Frechheit siegt, dachte ich und antwortete: »Du hast doch nicht etwa in meiner neuen Novelle gelesen, das ist mein geistiges Eigentum und ich würde das nicht auf sich beruhen lassen.« Er brachte mir den Block und murmelte, er habe ihn gestern an sich genommen – ob das so gewesen ist, weiß ich nicht. Ich erfuhr nur von einem aufgeregten Kollegen, dass der einflussreiche Mann sich den Volker Braun zur Brust genommen habe wegen eines Gedichtes, das er zwar nicht vorgelesen, aber so ausgedeutet hatte, dass es ein Angriff auf die DDR war, wenn man an die einzelnen Zeilen dachte, mit denen der Genosse seine Kritik belegte.

Volker Braun fragte mich bei der nächsten Vorstandssitzung, was da los gewesen sei. Ich war nicht dort, sagte ich, obwohl ihr mich hingeschickt habt, und soviel ich weiß, ging es um dein Gedicht.

Er guckte mich an, als verstünde er nun gar nichts mehr, und es war ja auch nicht zu verstehen. Ich hätte ihm vorschlagen können, ihn doch selber zu fragen, aber das wäre zynisch gewesen, denn das hätte niemand von uns getan. Es hatte sich herausgestellt, dass es vernünftig war, ihn zu fürchten.

Nur sie, sie liebte ihn. Das sagte sie, aber ich habe keinen Augenblick geglaubt, es würde gut gehen. Es waren zwei Leute, die mit Macht umzugehen wussten, sich jetzt durch rosa Brillen sahen und alles als Tugend zu erkennen glaubten, was später zum großen Vorwurf gedeihen würde.

Er wollte ihr die Welt zu Füßen legen, zumindest die, über die er in gewissem Umfang gebieten konnte. Die andere stand ihr durch ihre Arbeit ohnehin schon lange offen. In diesem Fall ließ ihr Verstand sie im Stich. Sie glaubte ihm, zumal er sich gegen die nahezu katholisch strengen Moralgesetze der Partei, für sie und gegen seine Familie entschied.

Da sie ihn liebte, verachtete sie die großen missbilligenden Blicke der Umwelt.

Ich dachte, dass er gerissen und herrisch genug ist, um ihr zu imponieren. Das mochte sie, nur ja kein Gewinsel. Er würde sie aber bald mit umfassender Eifersucht terrorisieren, denn er glaubte nicht wirklich an die eigene Bedeutung. Damit hatte er schon angefangen, aber sie lachte darüber, nahm auch das als Blumenstrauß und Kompliment. Und sie meinte, sie würde damit schon fertig.

Es ging mich nichts an. Mir schickte er noch eine Karte mit Drohungen, aber die fing mein Mann ab, und ich bekam sie erst zwanzig Jahre später zu sehen, da war er schon tot und vorher offiziell in Ungnade gefallen und auch schon lange von ihr getrennt.

Mich ging das vorher nur insofern etwas an, als sie schwelgende Liebeslieder von mir wollte und auch gleich einen Komponisten vorschlug, dessen Musik atonaler Art ich schon vorher nicht ausstehen konnte.

Sie saß mir gegenüber, hatte die schönen Beine elegant übereinandergeschlagen und war noch ganz ohne Ahnung, welchen Verletzungen und Bedrohungen sie ausgesetzt sein würde. »Seit ich liebe ...«, sagte sie an jenem Tag. Bevor er zuerst wieder ganz dem Alkohol erlag, was sie hasste, und ehe er zu den Tabletten wechselte, die allmählich seinen Verstand umdüsterten.

Er war ein Lügner und ein Großmaul und hatte Anteil an der Verdrossenheit der Bürger. Und die Frau vor mir hatte er nicht verdient.

An Gedanken über Liebe fehlte es mir nicht. Und Lieder darüber wurden mir manchmal beinahe geschenkt, sie waren da und wollten leben, schön leben, durch Musik und durch einen Mund, den ich singen hören wollte. Ich schreibe prinzipiell nicht für Sänger, denen ich meine Lieder nicht glaube. Aber ich bin gegen Liebe machtlos. Weil sie glaubte, weil sie noch nicht wusste, dass er ihr sogar nach dem Leben trachten würde.

Ich wartete, bis mir etwas einfiel, was ein Liebeslied sein konnte und gab es ihr.

Warum ich sie nicht abgewiesen habe? Wer bin ich? Liebe macht alles möglich, vielleicht würden die beiden ja das Liebespaar unserer Epoche. Sie wurden ein abschreckendes Beispiel. Und das Lied wurde nie gesungen.

# ZWANZIG
##    TOLLE
# JAHRE

Es gibt doch kluge Leute auf der Welt, manche sehr weit weg oder schon sehr tot. Groucho Marx zum Beispiel, der hat gesagt: »Fernsehen bildet. Sobald der Fernseher läuft, geh ich in ein anderes Zimmer und lese.«

Das würde sich in diesen Tagen sehr empfehlen. Es scheint, die Macher der Medien haben den Verstand verloren. Sie jubeln über die Zeit vor zwanzig Jahren und packen wie aus einem großen Korb abwechselnd das ganze Furchtbare und das ganze Schöne.

Das ganze Furchtbare war, wie wir jeden Tag mit der Stasi zu tun hatten, nicht nur wir alle, sondern jeder von uns. Auch die Kindergärtnerin, auch die Konsumverkäuferin. Und das Schöne war, wie wir über Nacht die für uns sehr sorgsam vorbereitete Freiheit erlangten. Die Fahnen waren gewebt, es fehlte nicht an der Konzeption für unser Geld, nun, da schwammen auf der Oberfläche der Suppe noch umstrittene Teilchen, aber es war doch Ordnung in der ganzen Sache, die nun nicht mehr unsere Sache war.

In der Nacht, fast schlaflos, obwohl der Vollmond sich wieder langsam dünner macht, wollte ich all dieses Geschrei über die Zeit vor zwanzig Jahren aus meinen Ohren verdammen, aber es half nichts, nicht einmal der spannende Krimi von John Lescroart, nichts half. Und mich hat das Leben gelehrt, dass abhauen dann nichts hilft, man muss näher rangehen und nachsehen, was einen das Ganze angeht.

In meinen Kalender des Jahres 1990 hat Wilhelm wie jedes Jahr ein Zitat geschrieben und mir damit einen Gedanken auf den Weg durch das Jahr geben wollen.

Was steht da, nahezu prophetisch? »Ein stiller Geist ist Jahre lang geschäftig; / Die Zeit erst macht die ganze Gärung kräftig.« Das lässt Goethe den Mephisto im Studierzimmer sagen.

Das letzte Wort im Kalender, die Rückseite für den Monat Dezember, bekam ebenso immer am Anfang des Jahres seinen Platz: »Willst du in meinem Himmel mit mir leben / sooft du kommst / er soll dir offen sein.« Friedrich Schiller, »Die Schule der Philosophen.«

Das erste Wort gab Arbeit auf, enthielt wohl auch eine kleine Mahnung wegen allzu viel Wegführung vom Eigentlichen und fraglicher Zeitverwendung. Er meinte damit überflüssige Beratungen ohne Ergebnis und solche ehrenamtliche Arbeit, die sich ziemlich rücksichtslos in unser Leben drängte.

Im Kalender steht auch, mit grünem Marker dick mit seiner Schrift eingetragen, und quer durch alle vorherigen Termine: »Urlaub!! Auf deinen Wunsch!!« Als ich ihm das heute beim Frühstück mit unserer stärksten Lupe zu zeigen versuchte, konnte er es zwar nicht lesen, aber er weiß wohl, dass ich es nicht erfinden würde.

Wir können uns beide nicht erinnern, wo wir gewesen sein sollen. Ich bin sicher, dass alle verschobenen Termine nachgeholt wurden, aber dass dies nötig gewesen sein soll, passt auch nicht zu uns. Wir sagen niemandem ab, wir verschieben nichts, es sei denn aus zwingenden Gründen, und das kam in achtunddreißig Jahren keine zehn Mal vor, gerade mal bei meinem Glaukom im linken Auge, aber da habe ich noch in die Thüringer Zeitung einen Gruß und eine neue Verabredung für Arnstadt eingebracht. Die Veranstaltung fand auch statt und niemand hatte seine Karte zurückgegeben. Weil ich dort im Theater 1988 drei Stunden lang auf der Bühne Rede und Antwort gestanden hatte? Das Haus war überfüllt, die Luft brannte und in den Logen standen die Kunststudenten aus Erfurt, die wussten sicher mehr, oder anderes, aber ich kam aus Berlin, und die Besucher wollten wissen, wie wir dort alles sehen.

Ich wusste vieles auch nicht besser, aber was ich wusste, oder zu wissen glaubte, das habe ich zur Verfügung gestellt. Meine Sicht auf die Kämpfe in den Künstlerverbänden, auf Bestrebungen, über die ich später in meinem Buch »Die blödesten Augenblicke meines Lebens« geschrieben habe. Warum war ich so ruhig, warum habe ich dieses dreistündige Examen als legitim empfunden, fand mich nicht bedrängt, sondern mit den anderen zusammen in Gedankengänge vertieft, die auch für mich angenehm und nützlich waren? Weil die Leute fair blieben, auch wenn sie widersprachen. Ein großes und überfülltes Theater, nachdenkliche Leute, oder andere, die sich immer wieder meldeten, der Redner des Abends findet sich ja allemal. Zu Teilen erscheint es mir heute, als wären wir alle miteinander unangenehm naiv gewesen. Aber obwohl es kaum zu glauben ist, die Atmosphäre war ohne Gehässigkeit, ohne Aggressionen und ohne Besserwisserei. Wir redeten, als wären wir mit einer wichtigen Arbeit befasst, und nicht, als stünden wir an einem historischen Ende und vor einem unüberschaubaren Anfang. Darum bin ich auch später, auf die Einladung hin, zur letzten Demo in Arnstadt gefahren und habe auf dem Marktplatz gesprochen. Zum Glück weiß ich nicht mehr, was ich gesagt habe.

Ich könnte jeden Abend auf dem Bildschirm gute Schauspieler als Stasioffiziere oder bedrängte Opfer erleben, aber ich erspare mir das. Ich lasse mich auch nicht überreden, wenn man mir sagt, ach, darum geht es eigentlich gar nicht, es sind die Liebesgeschichten, es ist das eindrucksvolle Spiel, es sind die Schicksale. Und ein anderer sagt: »Du, die Stasi ist mir egal. Aber die Tapeten und die Tischdecken und das Geschirr und das Waschpulver, alles original.«

Gestern habe ich erlebt, wie die Bundeskanzlerin wieder ihre Redefaust machte, mit dem Zeigefinger auf gedachte Gegner ihrer Argumente einhackte und auf Leute schimpfte, die endlich mal arbeiten gehen sollen, statt sich vom Staat aushalten zu lassen. Die Agenda sei nicht dazu gedacht, sich eigener Lebensleistung zu verweigern.

Sie hat ja insofern unfreiwillig Recht, weil schlechte Schüler ohne Ausbildung kaum eine Motivation haben, sich anzustrengen. Ihnen fehlt das Erlebnis, nach guter Arbeit mit sich zufrieden zu sein und sich nicht vorstellen zu können, dass man seine Zeit einfach totschlägt. Weiß eigentlich jeder, aber ich habe nicht die Aufgabe, das kund zu tun. Es ist zwanzig Jahre her, genau zwanzig Jahre, da war ich in Thüringen und Sachsen-Anhalt, in Mecklenburg und Sachsen, ich war noch einmal in den großen Betrieben bei den Frauen, ich war in Schulen, bei Halbwüchsigen und Abiturienten. Ich habe wieder Reden bei Jugendweihen gehalten, weil es das unerträgliche Gelübde nicht mehr gab. Ich versuchte damals, in den Frauenbrigaden und in den Beratungsstellen für Frauen und Familien davon zu reden, dass sich vieles, vielleicht alles, verändern würde. Aber sie haben mir das nicht geglaubt und waren stolz »auf das Erreichte«. Und was war das? Sie hatten jemanden gefunden, der ihnen für ein Jahr die Miete bezahlt. Sie hatten noch ihre Arbeit, und wenn wirklich eine von dreien entlassen wird, das werde ja nicht gerade ich sein. Nahezu verliebt in lila Spielzeug für das Büro hielten viele von ihnen damit die Frauenfarbe Lila für bedient. Und bei ihnen hatte der Lehrer für Wehrkunde zum ersten Mal mit der christlichen Musiklehrerin gesprochen. Ja, ich war dabei, und es war anlässlich meiner Lesung. Sie hatten beide hochrote Köpfe, und ich ließ sie bewusst aufeinanderprallen, weil ich da zwei anständige Menschen sah, die endlich mal loswerden wollten, was sie am anderen nicht ertragen konnten. Und was war es? Das Dogma, beim einen wie bei der anderen. Sie haben beide Tränen in den Augen gehabt, und ich habe nicht vermittelt, weil ich hoffte, dass sie noch öfter miteinander reden würden.

Das hat nicht stattgefunden. Sie haben beide ihre Arbeit verloren, er ist weggezogen, und sie ging in den Vorruhestand.

Was wollen die von uns, nun, zwanzig Jahre später? Sie haben die Massenarbeitslosigkeit durch überstürzten Abbau der Industrie aus der DDR verursacht. Dann haben sie einen großen Teil der Strebsamen auf den Hals gekriegt, ach wie schön, lauter gut ausgebildete Leute. Die dann doch auf der Straße standen und den Anschluss an die weitere Entwicklung auf dem eigenen Gebiet verloren. Die Politiker haben es auf dem Gewissen, wenn man von der Arbeit ebenso karg lebt wie von der Unterstützung. Mancher setzt sich heutzutage sogar vor die Kamera und rechnet uns Pappnasen vor, wie man mit den verschiedenen Arten der Unterstützung genauso gut zurechtkommt, als wenn man sich jeden Tag aus dem Haus quält.

Wie oft haben wir in den letzten zwanzig Jahren für die Kultur im Ort den Kehraus gemacht. Nach uns wurde das Haus geschlossen, die Galerie in Suhl ebenso wie der schöne Ballsaal in Strausberg. Ich hatte die Ehre, den Palast der Republik zu verabschieden, die letzte Veranstaltung im TiP zu geben, für die ich meinen ersten Ehedialog »Er hat gesagt« geschrieben habe, noch am Nachmittag, weil ich wollte, dass wir auch miteinander lachen.

Vor zwanzig Jahren! Es war der Anfang der schweren Erkrankung meiner Tochter, es war der sechzehnte Geburtstag von Laura, eine Zeit, die ihr nicht mehr erlaubte, eine suchende Heranwachsende zu sein. Und ich war mit Schernikau einen Tag nach ihrem Geburtstag in der Mainzer Straße in Berlin, weil wir uns einbildeten, wir könnten die Räumung des besetzten Hauses durch die Polizei verhindern. Ich kannte Schernikau nur von seiner großartigen Rede vor den Schriftstellern, die bei seiner Prophezeiung deppert aussahen oder mit dem Kopf nickten. Er, ein vollkommen schöner Mann, sprach aus, welche Folgen uns treffen würden. Er hat alles aufgezählt, was dann bittere Wahrheit wurde, aber vielleicht hätte man ihn vom Hof gejagt, wäre nicht die Verblüffung darüber, dass er gerade jetzt Bürger der DDR geworden war, so groß gewesen.

Das gestand man ihm schon zu, durchaus. Aber dieser letzte außerordentliche Kongress zeigte, wie tief die Kluft der Autoren untereinander geworden war.

Niemand wollte für einen neuen Vorstand kandidieren, der von einigen noch für möglich gehalten wurde. Kein neuer Vorstand, kein Verband, wir liefen einfach auseinander. Und ließen alles fallen. Sechzehn Jahre lang war ich Mitglied der Sozialkommission. In der nur arbeiten durfte, wer sie nie für sich in Anspruch nahm. Aber es waren nicht die schlechtesten Schriftsteller und Dichter, die manchmal unsere Hilfe brauchten, und ein Teil der Arbeit bestand darin, sie bei einem unverschuldeten Notstand zu entdecken. Denn sie waren es nicht, die sich andauernd meldeten und ständig Hilfsbedürftigkeit nachwiesen. Ich weiß die Namen derjenigen noch, die dann doch im Westen blieben und dort ihre politische Leidensgeschichte verkauften, immer wieder, an jeden, der anfragte. Eine der chronisch Bedürftigen, der wir ihren Wunsch nach Geld nie abschlugen, tauchte an jenem Apriltag, der letzten Versammlung des Verbandes auf, ich glaube, es war im Konrad-Wolf-Saal. Ich traf sie im Foyer, kannte ihre unglückseligen Ehen und Lovestorys, ihre Not mit den Kindern, die durch Alkohol und Drogen der Eltern gesundheitlich beeinträchtigt waren, aber ich war in Gedanken und sagte nur: »Ach, du bist ja auch hier …« und ging zurück in den Saal. Sie war seit Jahren im Westen gewesen, wo sie unsichtbar geworden war. Aber nun erklomm sie die Bühne und teilte von dort aus mit, dass sie erst aus dem Land getrieben worden sei, und dann sei sie von mir auch noch angezählt worden, weil ich die Dreistigkeit besessen habe, zu erwähnen, dass sie ja auch hier sei. Hier, wo sie hingehöre, wo sie ihre Literatur eingebracht habe …

Ich besaß damals noch die überflüssige Fähigkeit, mich bei Ungerechtigkeit zumindest innerlich zu erregen. Ich nahm die bösen Blicke einiger und das wissende Lächeln anderer Anwesender entgegen. Christa Kožik umarmte mich im Vorbeigehen, und eben erklomm ja eine neue Sensation das Podium. Ein Autor verlangte, dass sofort eine Kommission zur Aufklärung von Stasi-Tätigkeiten im Verband und durch Mitglieder desselben gebildet werden müsse, und er sei bereit, Vorsitzender zu werden und sofort mit der Arbeit zu beginnen. Er sagte nicht, dass er seit Mitte der fünfziger Jahre unter einem Decknamen IM war, und eigentlich bis zu jener Stunde. Ohne diesen verwunderlichen Auftritt wäre mir das egal gewesen, und ich verfüge bis heute weder über eine Leidensgeschichte noch eine zu verheimlichende Mitgliedschaft, aber wenn ich es offen aussprechen soll, dann fand ich die ganze Veranstaltung erbärmlich. Ein ganz normaler Mensch aus dem Volke würde sagen: »Sie hauten alles in den Sack und machten sich vom Acker.«

Es blieb aber noch viel zu tun. Es waren die Rocker, die mich 1984 überredeten, die Chefin zu machen und endlich für eine gerechtere Behandlung der Unterhaltungskünstler zu sorgen. Es ging um so vieles. Wenn eine Artistenfamilie ihre eigenen Kinder nicht ausbilden darf, damit immer eine Geisel in der DDR zurückbleibt, dann geht eine Tradition kaputt. Es war ein Kampf, es war aufreibend, aber wir haben es geschafft, das Gesetz für die Artisten abzuschaffen. Endlich durften die Artisten ihre Kinder wieder ausbilden. Aber sie durften nach wie vor nicht als Ensemble reisen.

Das wäre die nächste Aufgabe für uns gewesen, für ihre Interessenvertretung. Aber mancher wollte den ungewissen Ausgang der nächsten Runde nicht abwarten. So haben wir uns verabschiedet.

Ich wusste, warum eine junge Sängerin nicht wiederkam, und sie hatte Recht, ihre privaten Gründe waren zwingend. Aber es stimmt nicht, dass sie in der DDR verboten war.

Dazu sagt mein Mann, damals Chefredakteur für Musik bei Radio DDR: »Die hatte doch gar nichts, was man hätte verbieten können.« Sie kreierte einen erfolgreichen Schlager und noch ein irgendwie weltanschauliches Lied, dass man ja nicht weiß, wie weit es bis zum Ende der Welt ist, so ähnlich klang es, und dafür hatten wir ihr beim Chansonwettbewerb in Frankfurt an der Oder einen Preis gegeben. Weil sie so jung und so hübsch war und weitermachen sollte. Die Einschränkungen ihrer Arbeit lagen im kollegialen Bereich, die hätte sie auch hier regeln können. Oder vielleicht auch nicht, weil der Bedränger weitaus mehr Macht hatte als sie, aber da sind wir wieder in jener Grauzone, deren Gruselgeschichten wir dem Anlass der »Zwanzig Jahre« und den Medien überlassen wollen.

Ich durfte einmal nach Westberlin »ausreisen«, um drei junge Künstler, darunter Gerhard Schöne, bei ihrem aufregenden »ersten Mal« zu begleiten. Der Anlass, besser der vorgebliche, bestand darin, dass am Abend im »Metropol« am Nollendorfplatz ein Konzert des österreichischen Liedermachers Hirsch besucht werden sollte. Wir trafen uns alle am Bahnhof Friedrichstraße, und ich wollte Schönes Westgeld einstecken. Er hatte keins, sagte er. Das begann ja gut, aber dann räumte er ein, er habe es so gut versteckt, dass es niemand finden würde. Zeig mir dein Versteck! Es war seine Haarbürste mit verschiebbarem Deckel. Ich steckte das Geld in meine Manteltasche und riet ihm genau das für spätere Gelegenheiten. Wenn sie es da finden, kannst du immer sagen, dass es dir Tante Herta oder deine liebe Frau im letzten Moment zugesteckt hat. Verstecken ist doof.

Am Bahnhof Zoo verabschiedete ich mich von ihm und wusste, dass er sofort zu 2001 rennen würde, einem Buchladen, von dem er sicher schon lange geträumt hatte. Er wunderte sich, dass ich nicht neben ihm herlief. Ich machte mich davon, hatte am selben Nachmittag noch eine Buchpremiere in der Karl-Marx-Buchhandlung, wo ein einziger Mensch erschien, der aber ein Nachschlagwerk kaufen wollte. Pünktlich um 15 Uhr traf ich mich mit Gerhard Schöne im Café Krumme nahe dem Bahnhof, und wie ich es ihm angekündigt hatte, besaß er keinen Heller mehr, einen Batzen schon gar nicht, hatte seine Bemmen gegessen und seiner lieben Frau einen Zigeunerrock gekauft. Für sich aber Bücher und Schallplatten, alles einzigartig. Für deren sicheren Transport musste noch gesorgt werden. Also ging ich mit ihm in das Theater und traf dort halb Berlin. Barbara Kellerbauer erklärte sich sofort bereit, das Gut in die DDR einzuführen, sie fahre immer etwas später zur Grenze und frage dann: »Lasst ihr uns noch rein?« Dann lassen die uns gerne durch. So geschah es, und alles war gut, aber heutzutage kommt es mir wie Mummenschanz vor, und als hätten wir Lebenszeit zu verschenken gehabt. Was ging mich das an? Jede Igelmutter verlässt ihre Jungen, sobald die selber einen Käfer zerbeißen können. Aber ich komme mir vor, als wäre ich damals einer gar nicht so seltenen Krankheit erlegen: Mittelpunktswahn und Verantwortungsneurose.

Ein sehr bekannter Musiker und Komponist gestand mir, dass er einfach nicht mehr wolle. Er müsse raus, mit seiner Frau. Was macht man da? Er hatte einen Bruder in Kanada, das war schon prima.

Zu dem wollte er, so dachten wir uns das aus, weil er todkrank war und seine Frau in die Obhut seines Bruders geben wollte, sein letzter Wunsch. Ich kannte einen Arzt, der uns das vielleicht bestätigen würde. Aber ich konnte die Geschichte auch so herzzerreißend vortragen, dass dies nicht nötig wurde. Der Bruder und die todbringende Herzkrankheit, das beeindruckte nicht gleich, aber doch nachhaltig, wenn ich beteuerte, dass ich nicht damit leben könne, wenn mir nicht einmal ein solcher letzter Wunsch aus dem Kreis meiner Mitglieder genehmigt würde. Es dauerte, zu lange für ihn, aber es gab Kollegen, die ihm in der Wartezeit die Hand hielten, uneigennützig und freundschaftlich. Die Genehmigung zur Ausreise wurde erteilt, die beiden brachten mir Rosen, aber dann kam im letzten Moment eine Dorne zum Vorschein. Die Papiere waren fast vollständig, es war nachgewiesen, dass der Bruder ihn in Amsterdam erwarten würde, aber dann fehlte am Freitagnachmittag auf einmal die berühmte gelbe Zählkarte, ohne die keine Aus- und keine Einreise legitim war. In totaler Hysterie tauchten die beiden bei mir auf, sie wussten, dass ihr Polizeirevier geschlossen hatte, sie also weder ihren Flug ... nun, was jetzt? Ich war äußerlich ruhig, aber doch am Rande einer Nervenkrise. Wen sollte ich jetzt behelligen? Wer hätte überhaupt die nötigen Befugnisse? Ich telefonierte, und einer verwies mich an den anderen. Der kleine vorher überschaubare Kreis der Eingeweihten erweiterte sich unangenehm, aber am Freitagnachmittag, gegen sechzehn Uhr, sagte mir die inzwischen sehr angespannte Abteilungsleiterin für Kultur im ZK doch frostig: »Jetzt muss deinetwegen der leitende Genosse vom Revier extra die Dienststelle aufschließen, bloß weil du dich für Ausreiser so ins Zeug legst.«

Am nächsten Morgen fuhr mein Mann mit zum Flugplatz, denn die beiden waren inzwischen überzeugt, dass sich in ihren Papieren ein alles verhinderndes Geheimzeichen finden würde. Wilhelm sprach mit dem Uniformierten, bat ihn um Prüfung. Der blieb ganz gelassen. Die haben doch einen Ausreisestempel, sagte er, die hätten die gelbe Karte gar nicht gebraucht.

Sie waren weg, alles war gut gegangen. Nur erschien der Todkranke leider ein halbes Jahr später beim Polizeiorchester in Westberlin als Musiker groß im Fernsehen. Das war eine wahre Wunderheilung und wie ich einem Telefonat, zum Glück nur aus dem Kulturministerium, entnahm, war unser Deal aufgeflogen. Die besten und besorgten Freunde aus der Wartezeit wurden beschieden, dass es besser wäre, nicht zum Kaffee nach Westberlin zu kommen. Wo wir doch jetzt im Polizeiorchester sind ...

Ich war am 4. November nicht auf dem Alexanderplatz. Mein Mann sah, wie Laura und ich die Schuhe schnürten und gerade losgehen wollten, da fragte er mich: »Weißt du, wer dort neben dir steht und was der will? Das gleiche wie du, oder vielleicht etwas ganz anderes?« Ich zögerte, denn am Tag zuvor hatten bei mir Leute aus Betrieben angerufen, Vertreter von Brigaden, und sie hatten angefragt, ob sie auch nach Berlin kommen könnten. Das wusste ich doch nicht, also sagte ich: »Ja klar. Kommt alle nach Berlin.« Kamen sie ja auch, aber ich erschien wegen der Bemerkung meines Mannes nicht.

Was für eine sonderbare, verrückte, überfordernde Zeit. Klaus Renft rief an, wollte mit mir zu einer Wiedersehens-Feier gehen, freute sich, und ich war etwas verwundert, weil wir uns vorher noch nie persönlich begegnet waren. Das taten wir auch an jenem Abend nicht, aber dann erzählte er in einem Interview, den Tränen nahe, ich sei der eigentliche Grund für ihre Ausreise gewesen. Er und sein Musiker wurden gefragt, mit wem aus der DDR sie nie ein Bier trinken würden, weil sie sich gerade mit allen versöhnen wollten. Sie nannten meinen Namen, mit mir würden sie kein Bier trinken. Und ein anderer begründete seine Ausreise in der Bild-Zeitung damit, dass er gehen musste, weil ich seine Villa und sein Studio haben wollte. Ich habe sein Anwesen nie betreten und kenne bis heute nicht einmal die Adresse.

Was sind das für Erinnerungen? Bittere? Das heiße Bügeleisen der Zeit hat manches geglättet. Der mich im April 1990 bei der Auflösung des Komitees anschrie: »Wir brauchen keine grauen Eminenzen mehr«, der hat neulich bei einer gemeinsamen Benefizveranstaltung zur Rettung eines Kulturvereins mit mir gesprochen wie mit einer schon immer nahen Verbündeten, und beide haben wir über damals kein Wort verloren.

Schwamm drüber? Naja, so gut es geht, aber ich schließe diese Truhe und hole kein Bild mehr hervor, denn manche sprengen das, was ich bis heute sagen will.

# LEBENSLÄNGLICH

Das alles ist noch immer vermintes Gelände. Ich will versuchen, etwas zu erzählen, was ich noch niemals erzählt habe. Die wenigen Menschen, die daran unmittelbar beteiligt waren, leben nicht mehr, oder ich habe sie aus Gründen nicht kennengelernt.

Es war, als wollte ich mit einem Kinderroller durch die Wüste fahren. Ich lief einen fußbreiten Pfad entlang, von allen guten Geistern verlassen, und unter mir war nur Abgrund, war alles, was nachher mein Leben ausmachte und was ich beinahe verloren hätte. Oder hätte verlieren können, schon wieder eine Abschwächung, ich werde versuchen, sie zu vermeiden.

Ich war sechsundzwanzig Jahre alt und gerade ziemlich dreist. Dank Walter Steineckert ging es uns finanziell sehr gut. Er hatte große Teile der »Schwarzen Pumpe« entwerfen dürfen und wusste mit dem Projekt sehr zu seinen Gunsten umzugehen. Mir gefiel das nicht, und später hat er dafür ein paar Wochen in Untersuchungshaft gesessen, weil sein Einkommen ja aus den zu teuren Entwürfen stammte. Aber da waren wir schon nicht mehr zusammen, ich versetzte meinen Pelzmantel bei der Pfandleihe, weil seine Frau nichts mehr von seinem Konto abheben konnte. Er kam unangefochten wieder nachhause, oder wäre das Wort ungeschoren treffender? Aber das hat auch nichts mit der Geschichte zu tun, die geschah vorher.

Ich war sehr zwiespältig, damals, verließ mich auf alles, was eine so zeigen kann, wenn sie viele Komplimente hört und viel Nein zu verteilen hat, während sie doch von einem umfassenden Ja träumt.

Hatte ich den Verstand verloren, war ich auf meinen eigenen Kitsch hereingefallen, vor Sehnsucht nach Liebe blind und blöd? Niemals wieder konnte ich zu jenem Grad an Naivität

zurückkehren, der mir damals die Augen und die Ohren ver-
klebte.

Ich hatte noch gar nichts geleistet. Gut, ein Kind geboren,
einen unrettbar von seinem Dasein als Macho durchdrungenen
Mann ratlos gemacht und in seine eigenen Fallen laufen lassen. Ich hatte dicke Bände mit Gedichten abgeschrieben. Hand-
schriftlich, weil mir die Bücher nicht erlangbar waren, ich hatte über Jahre ohne jedes technische Hilfsmittel einen Haushalt
gereinigt und versorgt, aber ich hatte mich auch versorgen lassen, sogar verwöhnen.

Eine Zeitung lud mich zu einem Autorentreffen ein, und ich
ging vorher noch zur Friseurin, ließ mir das üppige Haar schick
aufstecken, schminkte mich dezent und dachte über den Anlass
des Treffens keinen Moment nach. So wenig gerüstet lief ich in
die Falle. Mir trat der Freund des Chefredakteurs in den Weg,
wollte sich vorstellen und mich kennenlernen und setzte uns
beide mit bestimmenden Gesten an einen Tisch. Er sah blendend aus, ein großer ernster Mann, der viel rauchte, einige Gläser leerte und mich in ein Gespräch zog, das von beider Klug-
scheißerei nur so strotzte. Er war Schriftsteller, sagte er, habe ein
Buch veröffentlicht, hier. Wieso hier? Nun ja, er war aus West-
deutschland übersiedelt, die ganze Familie wäre aus Ostpreußen ausgesiedelt worden, er war da noch Soldat, konnte später
erst seine Mutter und Schwester finden, eben hier, und so habe
er sich entschlossen, auch in die DDR zu kommen.

Das waren die Fakten, aber mehr sagten die tiefen Blicke, die
wir wechselten.

Am Gespräch nahmen wir kaum teil, da wurde über die
Möglichkeiten des literarischen Teils der Presse gesprochen,
und wegen dieses Themas waren wir ja eigentlich gebeten worden. Aber wären wir nicht in der Öffentlichkeit gewesen, hätten wir uns vermutlich in den Armen gelegen und einander die
Gefühle totaler Verwirrung gestanden.

Wir gingen zusammen als Erste hinaus, wie ein Paar, nach
ein paar Schritten wollte er mir wie einer Behinderten über die
Straßenkante auf den Damm helfen, da liefen wir dann Hand
in Hand weiter bis zum Presseklub in der Friedrichstraße. Da

gab es eine kleine Peinlichkeit, weil wir beide noch keinerlei Verbandsausweis hatten, wir also nicht berechtigt waren, uns drinnen aufzuhalten. Bedenke ich, wie peinlich uns das voreinander war, und wie wir dann doch Platz nahmen, unentwegt weiter redend, dann wundere ich mich noch heute, dass uns die unwiderlegbaren Fakten nicht weit peinlicher waren. Er hatte in der Bundesrepublik eine Frau und eine Tochter zurückgelassen. Das war also aus dem Weg. Nun hatte er aber wieder geheiratet, vor nicht langer Zeit, und sie hatten eine kleine Tochter, die war noch ein Baby. Er erzählte mir, dass seine Frau sehr jung sei, er war ihr erster Mann, und ihre ganze Familie habe ihn liebevoll aufgenommen, aber er könne mit ihr nicht reden, weil sie eigentlich überhaupt kaum rede und mehr bei ihren Eltern sei als bei ihm, wenn er sie brauche.

Mein Mann und Kind wurden auch erwähnt, aber über weitere Personen nicht gesprochen, denn dieser Mann, der den Eindruck einer wenig zugänglichen starken Persönlichkeit weckte, machte mich wehrlos mit seiner Männlichkeit, seiner leisen Selbstironie und seiner unglaublichen Zärtlichkeit. Da gab es nichts, was ich hätte zurückweisen müssen oder können. Ohne Zudringlichkeit bemächtigte er sich meiner Seele, meines Herzens und aller Sehnsüchte, die eine haben kann, wenn sie sich falsch geliebt fühlt, ihr Körper unentdeckt geblieben ist und Erotik für den Ehemann ein Fremdwort ist.

Wir redeten durchaus, als wäre alles sehr schwierig und für uns beide fast unlösbar, aber wir sagten auch, wir müssten Geduld haben und Wege finden, denn wir seien füreinander bestimmt. Er griff nach meinem Handgelenk, und redeten wir uns eben noch förmlich an, sagte er nun leise: »Du weißt so gut wie ich, worum es geht. Es wird schwer, und wir haben auch noch eine Freundin meiner Frau im Haus, die sitzt im Rollstuhl und liebt mich, ich bin ihr Lebensinhalt.«

Er hätte auch sagen können, wir haben im Wohnzimmer einen Felsen, den muss ich bloß eben noch abtragen.

Seit meinem fünfzehnten Lebensjahr hatte ich solche Gefühle nicht mehr erlebt.

Es war spät, als wir uns endlich trennten, schwer trennten,

und ich trabte blicklos nachhause, zu meiner Tochter ins Kinderzimmer.

Wir hatten vereinbart, dass er meine Freundin anruft, wenn ich ihn anrufen kann, er also allein zuhause ist. Eine Woche lang geschah nichts. Für diese Zeit war ich wie im Fieber, schwankte zwischen Festhalten an Gewesenem und Gesagtem, durchlitt alle für solchen Fall üblichen Qualen der zweifelnden und hoffenden Verliebtheit. Endlich kam ein stotterndes Telefonat zusammen, endlich stand er im Zimmer meiner Freundin, wir umarmten uns, und wenn er gekommen war, um vernünftig mit mir zu reden, so hockten wir schließlich in der Bahnhofskneipe in Köpenick, und von Vernunft war keine Rede. Ich glaubte, jede Zigarette rauchen zu müssen, die er mir in den Mund steckte, von der Bockwurst zu beißen, mich mit meiner Scheidung einverstanden zu erklären, meine liebe kleine Tochter auf ihn vorzubereiten, und ich sollte meinen Vornamen und seinen Nachnamen auf einen Zettel schreiben, den er in der Brusttasche verstaute.

Ich fand, dass er viele Getränke bestellte, das war mir schon bei unserer ersten Gelegenheit aufgefallen, aber dieser Mann war viel zu beherrscht, der war kein Trinker. Und hätte mir das jemand gesagt, dann hätte ich ein einziges Mal im Leben darauf bestanden, es damit aufzunehmen, es auf die Verhältnisse zu schieben. Er trank viel, immer, auch später, aber er war nicht abhängig, davon nicht und von nichts anderem. Und ich hatte meinen Verstand verloren, wie sonst hätte es sein können, dass ich jedem Gedanken von ihm blindlings folgte, nur ihm in allem recht gab, niemandem sonst. Er sagte, seine Frau sei schön und liebenswürdig, aber die schlechteste Hausfrau der Welt. Sie interessiere sich eigentlich für nichts, und von seinem Schreiben habe sie keine Ahnung. Der Ärmste! Der Ärmste sagte, und das klang wie ein spontaner Entschluss, er werde nicht nachhause fahren, sondern zu Freunden an die Ostsee, um dort einen klaren Kopf zu bekommen, und von dort aus werde er sich mit seiner Frau in Verbindung setzen, das wäre der Anfang unseres Weges zueinander. Zwar habe er gerade kein Geld, aber da konnte ich ja aushelfen.

Es war nicht so leicht, wie es sich jetzt erzählt, aber ich durfte mit der Zustimmung meines Ehemannes die Scheidung einreichen, und Walter Steineckert hielt sein Versprechen, mir da keine Schwierigkeit zu machen. Es war sehr einfach, ich nahm ja die Schuld auf mich, und danach tranken wir im Rathauskeller noch Kaffee und bedankten uns beieinander für alles Gute. Da erst erzählte er mir, dass er schon seit langem eine Freundin habe, die würde nun auch froh sein, denn er habe sich jedes Mal von ihr getrennt, wenn er hoffte, dass ich doch bei ihm bleibe.

Vorher aber, nach einer weiteren Woche, traf ich IHN wieder, und er war tief verstört und sah schlecht aus, aber als ich verlogen und edel anbot, wir sollten dann doch alles lassen, lehnte er unwillig ab.

Es kam so, wie wir das wollten. Seine Frau ging mit dem Baby zu ihren Eltern zurück, und ich zog mit meiner Tochter bei ihm ein. Am Rande von Berlin wohnte er mit seiner Mutter in einer hübschen, aber viel zu kleinen Wohnung, in einem Haus für zwei Familien. Gemessen an seinem damaligen Kontostand bot mir mein geschiedener Mann eine bescheidene Summe für erste eigene Möbel, nachdem ich abgelehnt hatte, etwas aus dem gemeinsamen Hausstand mitzunehmen. Diese Abfindung reichte für ein kleines graues Sofa mit passenden kleinen Sesseln, einen Tisch, einen Schreibtisch für mich, einen Teppich, und ein Bett für Kirsten. Hausrat hatte ich keinen, aber ich wollte darüber auch nicht nachdenken. Es war ja alles in seiner Wohnung vorhanden. Er hatte Recht, die junge Frau war überfordert und hatte keine Lust gehabt. Wollte ich je schreiben? Nein, ich wollte angeschimmelte Wäsche waschen und sie appetitlich im Gartenwind flattern lassen, ich wollte eine Speisekammer ausräumen und alles Verdorbene wegwerfen, und vor allem wollte ich all seine Hemden aufs Zärtlichste bügeln und ausbessern, und ich wollte kochen. Völlig überflüssig bereitete ich schon zum Frühstück eine Sardellenpaste zu, die er sehr lobte, ich kochte Zunge mit Madeira und jede komplizierte Speise. Von der ich vorher nicht einmal gewusst hätte, womit man anfängt.

Es wird Zeit für Signale. Wir waren süchtig nacheinander, aber auch da versuchte ich, ihm alles recht zu machen, auf mich kam es nicht an. Das fiel nicht weiter auf. Es tat auch meinen Gefühlen keinen Abbruch, dass er mich kaum je schlafen ließ. Ich bin nie vorher und nie danach einem Menschen begegnet, der so wenig Schlaf brauchte. Wenn ich nicht in der Küche stand, mich nicht mit den Schularbeiten meiner Tochter befasste oder mich mit seiner Mutter unterhielt, die unseren Dingen mit besorgten Augen zusah, wenn ich keine Meinung äußerte, weil ich die für einen späteren Zeitpunkt zurückhielt, dann las er mir vor, immer, bis in die tiefe Nacht, und ich ließ mir gefallen, dass ich manchmal vor Müdigkeit beinahe ohnmächtig wurde. Ich riss die Augen wieder auf, solange mir das möglich war. Er durfte das nur nicht bemerken, weil er daraus geschlossen hätte, dass mich seine Literatur nicht interessiert. Ein so dominierend männliches Wesen suggeriert einem unsicheren weiblichen, alle Entscheidungen sollten beim Mann liegen. Davon war ich durchdrungen, und es tat meinen Gefühlen keinen Abbruch.

Wir hatten nur kein Geld. Das Kostgeld seiner Mutter und mein Kindergeld reichten nicht weit, und wie ich erfuhr, hatte sein Verlag schon reichlich Vorschuss gezahlt, und gegen das neue Manuskript gab es Einwände. Ich, sein Lanzelot, ging mit ihm zum Termin und redete gegen jeden Vorschlag und jeden Einwand an, ich warf mich vor ihn, als müsste ich ihn vor Kugeln schützen. Bis der Lektor kühl meinte, es wäre schon mit dem Meister schwierig genug, wenn er sich jetzt mit zweien herumschlagen müsse, dann könne man das Ganze auch lassen. Das neue Buch steht sowieso auf keinem Bein.

Eine Nacht der Verzweiflung, hasserfüllter Ausbrüche, Ankündigungen von Rache und Widerstand, und meine Aufbietung aller sanften Weiblichkeit. Ich hätte auch fragen können, ob wir hier im Burgtheater sind und was die Tränen sollen. Wir müssen arbeiten, um Geld zu verdienen.

Ich setzte mich ran, der Geliebte wusste sich auf die Schnelle nicht zu helfen, seine Mutter hatte vielleicht schon zu oft ausgeholfen, die wollte er um keinen Preis anpumpen. Ich schrieb ein paar Texte, von denen ich keinen mehr weiß, schickte sie an Redakteure, die ich kannte, es wurde auch etwas davon gedruckt, was Hoffnung weckte, aber es ging alles nicht so schnell, wie es gebraucht wurde.

Die mir als so schweigsam und schüchtern geschilderte Ehefrau war vor Gericht sehr beredt und wohl auch glaubwürdig, denn die Scheidung wurde abgelehnt, der Ehemann solle sich, falls er bei seiner Haltung bliebe, nicht vor Ablauf eines Jahres wieder sehen lassen. Vielleicht käme er ja noch zur Besinnung. Und er täte gut daran, pünktlich zu zahlen und wenigstens dem Kind gegenüber seinen Verpflichtungen nachzukommen.

Ich war ungezählte Male zum Bahnhof gerannt, hatte mich in der Straße aufgehalten, durch die er kommen musste. Ich wollte meinen Helden umarmen und ihn über die Aufregungen hinwegtrösten, die er unseretwegen auf sich genommen hatte, statt an seinem Buch zu arbeiten, das auf keinem Bein stand.

Dessen Inhalt war die Fahnenflucht eines Soldaten der Wehrmacht, eine im allerletzten Moment, und eine, die ihn schließlich bei den Alliierten aufschlagen lässt, wo er den letzten Satz des Buches sagt: »Ich möchte befreit werden.«

Die anderen Manuskripte, die er mir vorgelesen hatte, machten mich ratlos, weil ich die sehr ausschweifenden Gedankengänge, die von einem zum anderen und von dort ins Uferlose oder Abseitige führten, nicht verstand. Nicht genug verstand, aber ich sagte das nicht, obwohl er mich unentwegt um mein ehrliches Urteil bat. Obwohl ich vieles auf meine ständige Übermüdung schob, dachte ich doch manchmal, dass man die Hälfte getrost streichen könnte und anderes verständlicher sagen müsste, schreiben müsste.

Von der abgewiesenen Scheidung kam er erst spätabends zurück, in Begleitung seines Rechtsanwalts, eines schmierigen Mannes, ölig und zynisch.

Er versuchte, am Tisch seine Hand auf meinem Knie unterzubringen, was mir den Gedanken verriet, dass ich die Schuld an der ganzen Misere hatte und wohl so eine Art babylonischer Hure sei. Er glaubte nicht, dass das mit der Scheidung je etwas würde, und das sagte er auch deutlich.

Der scheidungswillige Ehemann machte mir Angst. Vor dem Rechtsanwalt und auch vor mir steigerte er sich in Mordlust und Verdammnis, so wild, so hemmungslos, dass ich gar nicht glauben konnte, dies sei der Mann, den ich liebte. Gut, er konnte verletzt sein, Man hatte ihn herablassend und sogar kritisch behandelt, ihn angegriffen, aber er hatte schließlich vor Gericht gestanden, und das Gericht hatte sich ganz auf die Seite der Frau gestellt.

Das war so unverständlich nicht.

Er schlug nun zuhause mit den Fäusten an die Wand und schrie immer wieder:

»Keinen gebogenen Pfennig kriegt sie von mir zu sehen, keinen gebogenen Pfennig ... wenn die denkt, dass sie ...« Dann holte er sich mühsam wieder ein. Ich erfuhr nicht, was sie denken könnte.

Wir würden nun nicht sofort heiraten können, wir mussten uns bemühen, unsere eigene Ordnung herzustellen, aber dazu brauchte es Ideen, Mut und Übereinstimmung.

Wir gingen am nächsten Tag die Straße entlang zur S-Bahn, und meine Tochter traf ein Mädchen aus der neuen Schule. Sie blieb nicht einmal stehen, die beiden wechselten nur im Vorbeigehen ein paar Worte. Der Mann fuhr meine Tochter an, sie habe nicht auf der Straße mit anderen zu reden. Sie guckte mich erstaunt an, weil sie nicht verstand, worum es ging. Sie hatte doch gar nichts gemacht.

Ich reagierte sofort, stellte meine Flügel auf und verbat mir die Ungerechtigkeit gegen mein Kind. Das ergab eine schlechte Stimmung.

Alles Pillepalle, kann bei anderen Leuten auch passieren. Vielleicht war es gut, dass er am Abend mal allein seine Freunde besuchen wollte.

Das waren Leute, die ich noch nicht kannte. Sie hieß Charlotte und sollte eine kluge Frau sein, die nur sehr viel redete, ihr Mann wurde von allen »Bärchen« genannt. Er rief mich von dort aus an, aufgeräumt, lustig, und ich hatte den unangenehmen Gedanken, er würde sie vielleicht anpumpen, aber das durfte mich ja nichts angehen.

Die beiden waren Mitglieder im Schriftstellerverband, und als ich dort aufgenommen wurde, lernte ich sie kennen. Da lag der große Kummer, da lagen all die Unverständlichkeiten hinter mir, und ich hatte mein Leben fürs Erste ganz gut in den Griff bekommen, wenn auch auf bescheidener Basis.

Wenige Tage nach der abgewiesenen Scheidung war der Mann verschwunden. Es klingt ja lächerlich, aber er wollte wirklich Zigaretten holen und kam nicht wieder. Tage später erst erhielt ich von ihm einen wirren Brief aus einer anderen Stadt. Ich entnahm ihm, dass er betrunken und verzweifelt war, dass er mich ewig lieben und nie wiedersehen würde. Er hoffe, wir hätten sein Haus verlassen, wenn er zurückkommt.

Ich wusste nicht, wohin ich sollte, aber das zählte nicht. Der Gedanke, mich aus verratener Liebe umzubringen, hielt nicht stand. Ob er mich verraten wollte, ob er ganz anders war, als ich ihn gesehen hatte, das zählte auch nicht. Ich bat meinen geschiedenen Mann um Hilfe, und da es gerade Ferien gab, brachte er unsere Tochter erst einmal bei seinen Eltern in Eberswalde unter, aber sein Vorschlag, ich könne ja vorübergehend noch einmal bei ihm unterkriechen, war halbherzig. Da wohnte nun die andere Frau, und ich wollte drei Dinge: mich ausheulen, eine eigene Wohnung finden und meine Möbel dort unterbringen.

Es war schon alles gepackt, das Kind war schon weg, als er unangemeldet nachhause kam.

Wir waren freundlich miteinander, und da seine Mutter an jenem Abend ihr Kostgeld abgab, gingen wir in die Kneipe, und er bat mich, zehn Jahre auf ihn zu warten. In der Nacht umklammerten wir uns noch einmal, beide sprachlos, beide weinend. Am nächsten Tag ging ich, und wir haben uns nie wiedergesehen.

Nun aber ist ein großer Sprung fällig, nun muss ich herausrücken damit, warum ich diese ganze banale Geschichte erzählt habe. Sie kommt doch jeden Tag vor, auch anständige Leute vertun sich mit ihren Leidenschaften, und auch wenn er zehn Jahre älter war als ich, konnte man von ihm doch nicht verlangen, nur nach der Vernunft zu handeln, wenn das Herz ihm gerade einen ganz anderen Weg wies.

Wir hatten uns geliebt, das war unstreitig. Auch wenn ich

versuchte, ihm diese Gefühle abzusprechen, es gab keine Erklärung, keinen nachvollziehbaren Vorgang, die Zeit war für Entfremdung viel zu kurz, und was da geschah, war nicht einleuchtend. Aber so denkt man nicht, wenn man gerade abgewiesen wird und die Seele ihren feigen Teil herausrückt, sich duckt und gar nicht weiß, wie sie sich wehren soll. Ein auch nicht abweisbarer Gedanke tauchte auf: Jetzt geht es mir, wie es vorher der jungen Ehefrau ergangen war.

Ich kannte seine Freunde, Charlotte und Bärchen, damals noch nicht. Aber es war naheliegend, dass wir uns einmal begegnen würden, nicht durch ihn, sondern durch die Arbeit. Charlotte war sehr lebhaft, sehr engagiert, umtriebig und mit einigen ehemaligen Widerständlerinnen befreundet. Die Eheleute waren »schon immer zusammen gewesen«, so lange sie denken konnten. Auch in der Zeit der Verfolgung, als jüdisches Ehepaar. Es ist ihre aufgezeichnete Geschichte, wie sie und dass sie überlebten, aus dem Exil heimgekehrt waren und sich für dieses Deutschland entschieden hatten. Sie waren nicht gläubig, den Revolutionen mehr zugewandt als den Devotionalien, auch im übertragenen Sinne, Linke mit sehr eigenständiger Denkweise. Die Nazis hatten sie zu Juden erklärt, aber sie waren vor allem Berliner und Intellektuelle, sie waren Menschen, die sich für Kunst begeisterten. Sie lebten sehr bescheiden in einer großen Altbauwohnung in Pankow, und ihr einziger Luxus war ein unerträglicher Papagei, dessen schrille und immer unvermittelte Schreie sie entweder nicht mehr hörten, oder sie nahmen sie in Kauf. Bärchen hörte sowieso schwer. Er war ein kleiner zierlicher Mann, der immer vorgebeugt stand, als wolle er einem entgegenkommen, oder eine Stimme besser hören, aber sein gebeugter Rücken kam wohl von der ständigen handschriftlichen Arbeit an seinem übergroßen Schreibtisch. Sein Ziel als Gelehrter war es, herauszufinden, wer in Wirklichkeit der Dramatiker gewesen sei, den die Welt seit hunderten von Jahren »Shakespeare« nennt. Sie hielten keinen Sabbat ein, sie hatten ihr Geschirr nicht in Milchenes und Fleischiges geteilt, und ich habe mit ihnen keine Mazze gegessen. Sie waren Linke und Juden, und Charlotte hatte auch in Israel Freunde besucht, aber sie wollten nur in Frieden in Berlin leben, und Bärchen wollte den wahren Shakespeare finden. Kein neuer Gedanke, wie ich wusste. Mir ist das nicht wichtig, ich liebe die Stücke jenes Dramatikers, wer immer er gewesen sein mag. Aber für Bärchen war es eine erfüllende Lebensaufgabe, dem richtigen Mann die Unsterblichkeit zuzugestehen, und er hat mir auch seine Theorien erzählt, aber Geld bekam er für seine Arbeit von niemandem, und wegen Shakespeare habe ich die beiden nicht besucht. Es hat mich schon beim ersten Besuch sehr berührt, wie liebevoll Charlotte ihren eher unauffälligen Mann betrachtete und wie sie ihn achtete, wenn er sich beim Sprechen auffällig belebte.

Viel später, als wir die Tagebücher von Klemperer in unser Leben ließen, um sie nie wieder daraus zu entlassen, habe ich mich manchmal an Bärchen erinnert, und wie ähnlich sich die beiden alten Juden äußerlich waren.

Bärchen hatte noch eine zweite Leidenschaft, und die teilten wir. Er sammelte Krimis und wir beide tauschten immer, mit Rückgabe, da hatte jeder doppelt so viele. Um dieses edlen Vorgangs willen war ich also manchmal bei den beiden, und natürlich sprachen wir nicht nur darüber, dass er keine Shortstorys mochte, er wollte Romane lesen, je dicker, je lieber, dann könne er länger mit den Figuren zusammen sein.

Ich nehme an, dass sie beide sich vorher darauf geeinigt hatten, mir zu sagen, was ich nicht wissen konnte. Wir hatten seinen Namen manchmal erwähnt, uns aber nicht über das ausgesprochen, was zwischen uns gewesen war, und ich hatte sie nie gefragt, worin denn ihre Freundschaft mit ihm bestanden haben könnte, denn sie waren doch ganz andere Leute. Aber wie fragt man so etwas?

Sie sagten mir, er habe es ihnen gebeichtet. Er sei zu ihnen gekommen und habe sie um ihre Verzeihung gebeten. Sie sollten ihm verzeihen, denn er wisse nicht, wie er sonst weiterleben könne.

So sehr ich in sie drang und sie bat: Sie sagten mir nur, dass er sich im Osten Russlands schuldig gemacht habe, an Menschen, wie sie es sind, und er wäre aus dem Westen in die DDR gekommen, weil ihn die Furien jagten, aber auch, weil er dort nicht leben konnte, nicht in dieser Gesellschaft und nicht, wie sie mit der Vergangenheit umging. Er habe geweint und ihnen seinen Selbstmord angeboten. Bärchen sagte: »Wir haben ihm verziehen. Wenn du uns fragst, mit welchem Recht, dann können wir dir das nicht beantworten. Wir konnten nicht anders. Wir haben ihm verziehen.«

»Im Namen von wem? Im Namen Ermordeter? Was habt ihr damit erreicht?«

Sie fragten mich: »Und hättest du ihm nicht verziehen? Was hättest du gemacht, wenn er deine Füße küsst und bittet und betet und sein Leben als Sühne anbietet?«

Mit dieser Frage habe ich so lange gelebt, bis ich wusste, dass ich sie nicht beantworten konnte.

Ich habe mich in ihrem Badezimmer übergeben, ich weinte, und sie kühlten mir die Stirn, gaben mir kaltes Wasser und heißen Tee. Ich weiß nicht genau, ob ich dazu fähig war, aber ich könnte gedacht haben, dass diese beiden wehrlosen, gütigen und alten Menschen ihm bei seiner Beichte wohl auch so beigestanden hatten. Sie hatten ihn aufgehoben, und dieser Gedanke war für mich unerträglich. Das ist er geblieben. Das also war es, daran ist alles kaputt gegangen, zu meinem Glück, wie ich nun erfuhr. Es war so bitter, so bitter, und es erschien mir kitschig und wohlbedacht, und ich dachte, er hatte sich ausgerechnet diese beiden schon einmal als Opfer auserwählten gütigen Menschen ausgesucht, um einer Zeremonie willen, die nichts ändern konnte. Hatte er ihnen gesagt, was er getan hat? Wussten sie es? Ja, aber sie würden es mir nicht sagen, niemals. Es war ihr Versprechen, und daran würden sie sich bis zu ihrem Tod halten. Es wäre von ihnen auch nirgends aufgeschrieben worden, sie würden ihr Wissen niemandem hinterlassen. Sie hatten ihm verziehen, sie hofften, dass er sich dadurch freigesprochen fühlte, denn man muss bedenken, wie jung er war. Ja, aber Jugend deckt nicht jede Untat, und wollte er so mit mir leben? Und wie denn mit sich? Außer euch beiden sollte es niemals ein Mensch erfahren? Damit blieb ja auch das Verbrechen, an dem wohl kaum er allein beteiligt war, verborgen.

»Wie konntet ihr diese Privatsühne annehmen? Die Dämonen

haben ihn doch nicht verlassen.« Sie zögerten, aber dann nahm Bärchen meine Hand und sagte: »Er hat es seiner Frau gleich nach der Hochzeit gebeichtet, und sie hat es vor der Scheidung ihren Eltern erzählt. Die haben ihn vor die Wahl gestellt, die Scheidung zurückzunehmen oder sich zu stellen.«

Ich hörte, sie haben nach ihrem Neubeginn noch ein Kind bekommen.

Und er ist, nach langem Leiden, an Lungenkrebs gestorben. Da er tot war, konnten die beiden nun mit mir über seine Beichte und meine Geschichte mit ihm sprechen. Warum sie das wollten? Es gibt viele Antworten, aber die einfache wäre, dass auch sie ihr Wissen nicht ganz allein tragen konnten.

Was ich von ihnen erfuhr, brauchte lange Jahre und ganz anderes Erleben, um Erinnerung und Erfahrung zu werden, eine, die vielleicht einiges an besonderer Empfindlichkeit bei mir erklärt. Aber wie blind, wie blöd und wie eitel ich damals war, das habe ich mir bis heute nicht verziehen.

Seltsam, dass man trotzdem weiterlebt. Nicht so, als wäre nichts geschehen, so nicht. Aber die Seele hat viele Räume. Durch einen davon huschen Bilder von Momenten. Seine Aufgedrehtheit, die Rastlosigkeit, der Mangel an Schlaf, der Überfluss an Betäubung, die Fieberhaftigkeit, mit der er alles betrieb, die Heftigkeit seiner Reaktionen, oft zu groß für den Anlass.

Der Mann war zehn Jahre älter als ich. Das bedeutete am Ende des Krieges, er war um eine Generation älter.

Ich habe niemals mit einem Menschen darüber gesprochen. Aber inzwischen denke ich auch: Wenn er noch leben würde und mit seiner Literatur Erfolg gehabt hätte? Wenn aus ihm ein Mann geworden wäre, der in der Öffentlichkeit der DDR eine Rolle gespielt hätte, jemand, den man kennt, der Lesern etwas sagt? Ist es denkbar, dass keine der beiden beteiligten Seiten am Kalten Krieg in einer Schublade ein beschriebenes Papier, unter seinem Namen abgeheftet, unbeachtet gelassen hätte? Wäre es denkbar, nicht sogar wünschenswert gewesen, dass ihn die Aufklärung doch noch erreicht hätte? Falls er noch leben würde?

Vielleicht stimmt einiges nicht, und er ist wirklich wegen Mama von drüben in die DDR gekommen, und es war nicht

Angst, die ihn trieb, von dort in den anderen deutschen Staat, aber warum dann bei Nacht und Nebel und illegal hierher, und warum habe ich mich das nicht damals schon gefragt. Hier könnte ihn die Erkenntnis erreicht haben, dass man vor sich selber nirgendhin fliehen kann.

Und nicht einmal für immer schweigen, was in seinem Fall doch nahe gelegen hätte.

Aber darüber werde ich nichts mehr erfahren. Wenn er geschieden worden wäre, hätten wir geheiratet. Im Ernstfall, den ein Teil meiner Seele ihm bis jetzt wünschte, wäre ich dann am Tag X an seiner Seite gewesen, mit der Pflicht zur Loyalität und allem Abscheu. Was dann aus mir geworden wäre, das will meine Seele nicht wirklich wissen. Gestern habe ich es meinem Mann erzählt. Es ist mir schwer gefallen, noch immer.

# MEIN
## FERNSEHABEND
### 29. September 2010

Mir bleibt wenig Zeit, immer, und am wenigsten für mich. Wenn ich mich zurückziehen kann, dann lese ich. Gern auch mal die Fernsehzeitung, gucke mir an, was man sehen könnte, und immer öfter reicht mir das auch. Gern wende ich mich dann den Büchern zu. Aber gestern hatte ich eine kleine Vorfreude. Marijam sollte sich an einem runden Tisch ins Gespräch einbringen und über die Frage reden, ob wir alle hier im Osten bloß immer nörgeln, während wir doch vor Freude über unsere Freiheit ganzjährig um den Weihnachtsbaum tanzen müssten.

Marijam war sehr jung, damals, und ungewöhnlich hübsch. Wir suchten für mein Fernsehspiel ein Mädchen, das ich in etwa so beschrieben hatte, wie Marijam aussah. Sie sollte eine Sechzehnjährige spielen, und also eine Mischung aus Ratlosigkeit, Wissen um die eigenen Vorzüge, und Altklugheit mit solchen reizvollen Zügen verbinden, welche für die Zukunft ein Weniger an Zickigkeit und ein Mehr an Eigenart erhoffen ließen.

Ich kannte ihren Vater, einen sehr klugen und bekannten Übersetzer österreichischer Herkunft, er war Mitglied in unserem Verband. Wir wohnten in derselben Straße und schlenderten manchmal, österreichisch babbelnd, von einer Versammlung gemeinsam nachhause. Als ich ihm von unserer Suche erzählte, sprach er über seine Tochter. Jemand anders wusste, dass ihre Mama eine tatarische Fürstentochter gewesen sei, das konnte sein.

Sie lag auf der Rolle, wie man so sagt. Eigentlich musste sie nur sich selber spielen und den Text gepflegt aufsagen. Sie konnte aber auch schön laufen und sich vornehm bewegen, mehr brauchte es nicht, für diesmal nicht und fürs Leben scheint das auch gereicht zu haben. Sie hatte einen kleinen Tick, beim Sprechen zog sie immer die letzten Wörter ins Raunende, fast Unverständliche.

Sie ist immer noch schön, nein, sie ist immer noch wunderhübsch, zwar nicht mehr ganz so glatt, so makellos, das Porzellan hat feine Risse, aber das steht ihr. Im Vergleich zu dem ungarischen Musikproduzenten, der sich über unseren Mangel an Seligkeit auslässt, ist sie eher zurückhaltend, und das stünde dem anwesenden Genscher auch gut zu Gesicht. Aber er betont in seinem Hallenser Idiom immer wieder, er werde sich von niemandem die Freude über unsere Freiheit nehmen lassen, mit der er jeden Morgen aufsteht. Mit wem steht er auf? Ich treffe die nicht, wenn ich die Bettdecke zurückschlage.

Marijam ist noch rechtzeitig in den Westen gegangen, hat noch den Status der Geflüchteten erlangt. Wie sie hier weggekommen ist? Nun, über Amerika, sie hatte Verwandte dort, und die durfte sie besuchen. Warum sie weggegangen ist? Nein, Marijam, lege uns das jetzt nicht dar, ich kenne dich, es ist nicht deine Stärke. Aber sie lässt sich nicht halten, natürlich nicht. Wozu wäre sie sonst eingeladen worden?

Sie sagt, es war ja klar, dass hier alles zusammenbrechen würde, denn der Schuster hatte nur noch zweimal die Woche am Nachmittag geöffnet, und wenn er eben nur braunes Leder hatte, dann konnte man die roten Schuhe wegschmeißen. Rotes Leder gab es dann eben nicht. Höre ich richtig? Marijam war ein sehr verwöhntes Mädchen, ihr Papa durfte jederzeit reisen, er war ein gesuchter und erstklassiger Übersetzer, aus mehreren Sprachen, sogar aus dem Chinesischen. Die Tochter hat sich ihre roten Schuhe flicken lassen? Das glaube ich nicht. Sie trug damals schon Markenjeans und Pullover aus Kaschmirwolle.

Sie sagt, sie habe den Film »Marta, Marta« gemacht, und der sei in achtundzwanzig Länder verkauft worden, sie habe aber dafür kein Geld gekriegt. Niemand von uns ist für die Vergabe bezahlt worden, Fernsehfilm oder Lied, Gedichtband oder Geschichten. Falls der Staat etwas dafür kriegen konnte, hat er es an uns nicht weitergereicht. An keinen von uns.

Sie hat in dem Film mitgespielt, so gut sie es eben schon konnte. Aber »gemacht« haben den Film die Schauspieler. Otto

Mellies, der wunderbare, spielte einen Chefarzt auf der Entbindungsstation, einen lebenskulgen, umsichtigen und nur ein bisschen machohaften Mann, er spielte ihn so, dass ich selber beinahe auf ihn reingefallen wäre und hätte glauben können, der macht den ganzen Tag nicht anderes, als Kindern auf die Welt zu helfen. In einer Szene gab es eine echte Entbindung, da waren auch Marijams Schweiß und Tränen echt, und die Anweisungen von Mellies saßen, es war eindringlich, und ich habe am Bildschirm auch ein bisschen geheult. Gegen meine sonstige Gewohnheit habe ich mir den Film damals nämlich angesehen. Das tue ich sonst nicht, ich höre auch meine Hörspiele nicht, spiele weder zuhause noch im Auto meine Lieder, und ich lese meine Bücher nicht. Aber meine Freundin Helga Edel war meine Dramaturgin, und sie an der Seite zu haben, war ein Erlebnis, es war ungewöhnlich, eine so kundige, so einfühlsame Person, davon wissen andere Autoren auch kein anderes Lied. Es sind nicht viele, sie hat nur mit wenigen, aber mit denen unvergesslich gearbeitet. Und der damals noch so schlanke Walter Plathe legte einen Taxifahrer hin, einen Berliner, unbedenklich und schlagfertig und im richtigen Moment auch zärtlich, und Jürgen Heinrich war der betrügende bereuende Ehemann neben der ganz leisen, ganz abhängigen und rührenden Mama Angelika Waller, die ihren Mann trotz allem behalten will.

Es war nicht die Geschichte, es war schon gar nicht die verpatzte Musik, es war ein bisschen Marijam und viel Schauspielkunst anderer Mitwirkender.

Marijam durfte dann im Westen in einer beliebten Vorabendserie immer den dicken Peter vom Bülowbogen küssen, das hat sie nicht gern gemacht, und man sah es.

Ich habe sie immer mal auf dem Bildschirm gesehen, selten, und dann nur als elegante Erscheinung, mit wenig Text ausgestattet. Gleich werde ich das kleine technische Wunderwerk bedienen und euch alle auf dem Bildschirm ausknipsen. Aber jetzt scheint es noch wichtig zu werden. Jetzt geht es um die Schattenseiten der Befreiung von uns selber. Nein, sagt einer ganz bekümmert, zwanzig Jahre falsch gemacht, man sollte nicht immer von den »neuen Bundesländern« sprechen. Grübel,

grübel, Kopfschütteln. Man sollte nicht, aber »ostdeutsche Länder«, das wäre die Lösung, sagt er. Wunderbar, das jetzt angeboten zu bekommen, wir reden hier immer so simpel von Ossis und Wessis, ich jedenfalls benutze die »neuen deutschen Bundesländer« nie, denn wir sagen »wir hier im Osten«, und außerdem geht euch das gar nichts an, ihr wohnt nicht hier. Marijam beschäftigt aber noch ein Problem, also macht sie sich nicht nur über irgendwas Gedanken, sondern ganz konkret über uns. Man hätte uns eine Identität geben müssen, sagt sie. Den Leuten im Osten hätte man eine Identität geben müssen. Ach! So wie ein Tränentüchlein, so wie den Hunderter zur Begrüßung? Eine Identität geben? Wer wem? Ein Druck auf das segensreiche Knöpfchen, da sind sie alle weg aus meinem Zimmer. Aber damit ich es mir nicht zu leicht mache, denke ich darüber nach, wem von den vielen Menschen, die ich kenne, eine eigene Identität fehlt. Vielleicht könnte ich ihm ja beim Suchen und Finden helfen.

Sie hätten in ihrer Sendung nicht von uns Bürgern reden sollen, sondern vom Staat, von diesem großen deutschen Staat, der auf seine Dichter und Denker längst nicht mehr hört, zu seinem Schaden.

»Im Grunde sind es doch die Verbindungen mit Menschen, welche dem Leben seinen Wert geben.« Wilhelm von Humboldt.

»Es gibt auch im Meer des Lebens keine ewigen Felsen.« Ricarda Huch.

Das ist alles wahr. Stuttgart mit seiner knüppelnden Polizei hat einerseits auf seine Identität als Kulturstadt verzichtet und andererseits seinen Bürgern die Chance deutlicher Kundgebung eigenen Willens aufgehalst, mit keiner Aussicht auf Erfolg. Aber dennoch, sie haben sich sichtbar gemacht, jeder Einzelne mit seinem Mut und seiner Teilhabe, das war nötige Identität.

In der Bankenkrise fehlte es in diesem und jenem Staat den Politikern verdammt an Identität. Und nach fünfzig Jahren verfehlter, nämlich unterlassener Einwanderungspolitik suchen nun die Verantwortlichen oder deren Nachfolger in den Unterlagen, in den verlassenen Schreibtischen und alten Abmachungen nach dem Anfang des entstandenen Debakels. Sie sind im Grunde heilfroh, nun einen Pfui-Namen zu haben. Das erspart ihnen, den Krankheiten an die Wurzeln zu gehen. Da ist Deutschland mit sich selber wieder einmal sehr identisch.

Wir haben damals für unsere gemeinsame Arbeit den Preis des Jugendmagazins bekommen. Der wurde nach Abstimmung vergeben, und ich fand es schon begreiflich, dass viele junge Mädchen aussehen wollten wie Marijam. Aber eine großartige Schauspielerin ist im Westen aus ihr nicht geworden.

Noch ein Zitat? Inge von Wangenheim hat an Horst Drinda geschrieben: »Der Mensch ist die Wundertüte des Lebens.« Wie wahr.

# VORWORT
## ZU EINEM
# VORWORT

Es war Anfang der Sechziger, als ein Verdichter deutscher Sprache der BZ am Abend lax mitteilte, er habe noch nie eine Zeile von Goethe gelesen, und Schiller brauche er auch nicht. Die Zeitung druckte diese Aussage im Interview ab, und man hätte glauben können, da versuche einer, ein Snob zu sein. Hacks, der den Mann eigentlich gut leiden konnte, weil der mit goldenen Händen jeden Gegenstand heilen konnte und mit allem Werkzeug zaubern, was Hacks nun gänzlich abging, genierte sich für den Aussagenden und hoffte, der habe bloß angegeben. Selbst wenn man es wollte, meinte er, käme man ja nicht an Goethe vorbei.

Der Dichter war nur ehrlich, er hatte das schon oft gesagt und seines Wissens brauchte man die Klassik zu nichts. Nun, das war sein Schaden.

Kunst ist die herrliche Übertreibung, damit wir Kurzsichtigen besser sehen, wir mit den verstopften Ohren besser hören und wir mit dem stockenden Atem wieder einmal den Kopf heben und die Brust rausstrecken. Jede Kinderzeichnung zeigt es uns so deutlich wie Goya, der die Angst malt, die verduckt in uns hockt und auf ihren Überfall wartet. Kunst schenkt uns den Augenblick nach dem »Sesam, öffne dich«, und wenn mit der Reife die Ohnmacht der Überforderung abfällt, dann überfordert die Kunst uns nicht mehr, weil wir sie gelassen nach unseren Bedürfnissen in Anspruch nehmen dürfen. Es geht dann nicht mehr um Huldigung und laute Bekundung unserer Bildung, sondern um kostbare Augenblicke, in denen wir aus dem riesigen Welterbe ein Steinchen in die Hand nehmen und uns trösten lassen, auch über die Jahrhunderte hinweg. Oder weil da einer auf der Bühne etwas gesagt hat, das eine Antwort sein könnte auf meine Unberatenheit. Als hätte ich ihm aus meinen dunklen Seiten erzählt. Ich habe in keiner Gesellschaftsordnung gelebt, in der Rilkes Gedicht über den Panther nicht eine zutreffende Mahnung gewesen wäre. Im »Faust« steht alles, was man ein Leben lang zu sagen versucht. Es braucht nur seine Zeit, um es zu verstehen.

Ich gehöre zu den Glücklichen, die eine große Zeit des Theaters genießen durften. In Berlin wie in Halle, in Neubrandenburg wie in Senftenberg, es war so verblüffend wie großartig, es entstand Schule wie Augenblick, Experiment wie denkbare Ewigkeit. Für mich als Zuschauerin war das eine unerschöpfliche Freude, es war die blanke Bewunderung und der zu belegende Einwand. Wer immer daran beteiligt war, der hat uns für die eigenen Verhältnisse klüger gemacht, auch für die eigene Arbeit brauchbarer, und er hat geholfen, die scheinbar unverrückbaren, unbrauchbar gewordenen Normen anzugreifen.

Meine Erinnerungen sind kostbar, ich hüte sie. Es mag an uns liegen, aber wir können mit dem entfesselten Regietheater wenig anfangen.

Nur einmal waren wir noch im »Deutschen Theater«, weil uns die Zeitungen einiges versprachen. Wir haben »Angst vor Virginia Woolf« gekriegt. Meinem Mann zuliebe hatten wir die erste Reihe gewählt und wurden unablässig bequalmt und mehrmals auch bespuckt. Die Schauspieler brüllten ihre Dialoge so, dass ich Sehnsucht nach Elizabeth Taylor bekam, nach ihrem leisen bösen Spiel im Film.

Esche, der unvergessliche Lanzelot, lebt nicht mehr, auch die Elsa Grube-Deister nicht, sie war Hacks' unvergessene Schöne Helena, und Fred Düren lebt in Israel. Horst Drinda, Wolfgang Langhoffs Entdeckung, hat seiner Familie kurz vor seinem Tod einundzwanzig Briefe geschenkt, seine Gedanken als Dank für den neuen Computer. So entstand seine lange verweigerte, eindrucksvolle geistige Hinterlassenschaft.

Ich war vom Sohn gebeten worden, daraus ein Buch zu machen. Das musste ich ablehnen, aber nun ist es erschienen, es heißt: »Die Welt ist noch nicht fertig«. Ich wünsche dem Buch und meinem Vorwort darin Verbreitung, auch in feinen Buchhandlungen, als Weihnachtsgeschenk, oder untereinander vertrauensvoll gepumpt.

Meine Worte über Drinda wollen hier her. Aus Dankbarkeit und weil ich versuche, in der angemaßten geistigen Welt nicht unterzugehen. Ich will kein alter Baum werden, der keine Lust mehr hat, zur rechten Zeit seinen Anteil an Blüte zu liefern, weil er sowieso nicht mehr an Äpfel, Wind und Sonne glaubt.


Der erste Satz ist die ganze Wahrheit: für den Abend, für unsere einmalige Begegnung, der ähnlich großartige folgen können, wiederum unvergleichliche.

Ich werde nach der Wiederholung streben, lebhaft, vielleicht leidenschaftlich. Oder ich meide dich von nun an, winke dir ab. Dann kannst du keinen Platz in meinem Leben finden. Obwohl ich das möchte, aber vielleicht würde ich es nach deinem ersten Satz heute auch nicht wollen: habe dir nicht geglaubt, also werde ich dir wahrscheinlich nie glauben. Meine vergebliche Bemühung darum ist ein Teil meines Risikos.

Der erste Satz bringt die ganze Wahrheit. Du kommst auf die Bühne, der erste Satz gehört dir. Nicht dir, sondern der Person, die du für diesen Abend bist. Die lustige oder großartige, diese, die dir deinen eigenen Charakter abbestellt, so dass du dich mit dem fremden herumschlagen musstest, um auch den Schäbigen nicht gänzlich preiszugeben, denn das wäre langweilig, und das weißt du.

Du sagst etwas, deinen ersten Satz, und ich bin ganz für dich da. Das verlange ich von mir. Nicht nur du hast dich vorbereitet, ich habe das auch geleistet. Wir haben beide unser Bestes getan. Ein falsches Teil an mir würde mich ablenken, die falschen Schuhe könnten mich auf schmerzende Füße reduzieren, eine neue gewagte Frisur könnte machen, dass ich mich euch Mimen nicht hingeben kann. Ich will mich aber hingeben, ich will einsteigen in eure Geschichte, deine Darstellung, eure unerhörten Ereignisse. Solche, die es wert sind, mir mitgeteilt zu werden. Mir sollen die Tränen kommen, durch dich, ich will lachen, durch dich, befreiend lachen. Wenn uns das gelingt, Meister, dann gehörst du in mein Leben.

Zu denen, die mir solche großen Momente, solche Faszination geschenkt haben, gehörte Horst Drinda. Dabei war er in seiner Jugend für einen guten Schauspieler eigentlich zu schön. Ein Foto von ihm, da ist er als Hamlet gewandet, als jener unselige junge Versager, grausam aus Schwäche, angekränkelt vom Fortschritt, maßlos im Rückfall als Feudaler: Das Foto zeigt einen vollkommen schönen Mann. Hamlet soll nicht schön gewesen sein, eher klein und dicklich, keine Erscheinung zum Verlieben, und das Stück lässt ja auch offen, ob Ophelia in ihn verliebt oder über die mörderischen Vorgänge verzweifelt war. Drinda war groß, schlank, hatte die edle Stirn und die schönsten Hände. In den wunderbaren Augen kein Falsch, verließ er sich aber als Schauspieler nicht auf die Geschenke der Natur, sondern schuf, das Spiel arbeitend, jene kostbare Leichtigkeit, die so schwer zu erreichen ist.

Er hätte nicht so blendend aussehen müssen.

Unter denen, die mich durch ihr Spiel begeistert oder erschüttert haben, sind nur wenige mit besonderer Attraktivität bedacht. Das gibt ihnen, Al Pacino oder Dustin Hoffman oder dem gealterten Marlon Brando, die Chance, Schönheit zu erarbeiten, mit den Mitteln der Kunst.

Horst Drindas Anblick ließ zunächst keine Abgründe ahnen. Meines Wissens hat er in solchen auch nicht gelebt. Er hatte seinen Meister gefunden. Wolfgang Langhoff setzte sein Talent frei und führte ihn, als Hamlet oder Don Carlos, in die Nähe dessen, wofür der Schauspieler lebt: sich scheinbar ganz dem Werk zu widmen, sich nicht, wie Inge Keller es nennt, einfach über ein Komma hinwegzusetzen, ganz gestaltend zu sein und mich dabei als Zuschauerin so zu erreichen, dass ich wiederum sein Medium sein kann und für ein paar Stunden nichts anderes sein möchte.

Er hat nicht das Leben mit seinem Ablauf von »und dann und dann« gespielt, sondern ein Stück Leben, das so vielleicht nie war, aber so hätte sein können.

Ich lächle noch, wenn ich ein Bild von ihm sehe, und ich lache, wenn jemand eine Anekdote erzählt, eine von damals, aus der großen Zeit, als wir uns über den Theaterabend mehr erzählten als über das Fernsehen. Da kamen sie auch vor, mit Erfolg, aber es war etwas anderes, als sie auf der Bühne vor sich zu haben.

Ich weiß noch jene berühmten Abende im Theater, kann mich noch an Zufriedenheiten oder Einwände erinnern.

Noch ehe wir uns im privaten Leben begegnet sind, wussten die Familien sehr vieles voneinander. Ihre und meine Hilfen als Hausfrau waren Mutter und Tochter, und sie waren von der Art, welche eine Familie in solchem Fall adoptiert und mit ihr alles Wohl und Wehe teilt. Es ging nicht um Klatsch, niemals, denn die Ältere liebte »ihren Horst und ihre Inge« und den Stefan und Tinchen, aber ich erfuhr, wie die Drindas eingerichtet sind, was sie sammeln, was sie für wert halten und wie lange die beiden Eheleute schon zusammen waren, seit ihrer frühen Jugend, es war für beide die große, die einzige Liebe.

So kannten sie sich wiederum ganz gut in meinem Leben aus, das nicht so geklärt war. Wir lernten uns an ihrem Gartenzaun kennen, tauschten immer Grüße aus, und es gab kleine Ereignisse, durch die man sich in die Nähe kam. Ich wusste also von der Vorliebe für antike Möbel, Zinngeschirr und einem ganz normalen Familienleben, in dem keiner mit Verweis auf seine höheren Weihen abseitigen, besonders teuren oder gar schädlichen Neigungen nachging. Das Leben dieser Menschen spielte sich zur Mitte hin ab, und die Mitte wurde von der Familie gebildet. Dort brannte das Herdfeuer, an das ein jedes von seinen Abenteuern zurückkehren konnte. Sofern es welche suchte und erlebte, wobei sich für die Chefin Inge sicher nur wenig Freizeit bot.

Ein sicheres Zuhause ist wunderbar für alle, die daraus ein Mehr an innerer Sicherheit für ihr Leben gewinnen können, und die unbedrohte Bindung durch die lebenslange erste Liebe brachte eine immer erkennbare Durchdringung aller am Gemeinsamen mit sich. Was nötig war, wurde gewusst. Das setzte den Schauspieler für seine Arbeit frei. Sie haben ohne Brüche gelebt. Nicht ohne leise Erschütterungen, das gibt es ja nicht, und Drindas Arbeit ließ ihn durchaus öfter wie abwesend wirken. Aber das ist der Preis, diese Versunkenheit in Rollen für die

Bühne und für das Fernsehen. Da es die Nachfrage gab, gab es mitunter auch ein Zuviel an Anstrengung, aber die Mimen müssen ihre guten Jahre nutzen. Obwohl dann der eine über längere Zeiten schlecht ansprechbar ist, und die andere wie gewohnt klaglos zu sein hat. Aber eine Familie war und blieb es, und der einen großen Liebe kam nie eine andere in die Quere.

Einmal saß ich, nach einer bejubelten Vorstellung, mit Schauspielern in der Kantine im Keller des Deutschen Theaters. Ich war nur die Begleiterin, aber ich war dabei. Aus den göttlichen Höhen eines wunderbaren Abends gerissen, erlebte ich die Mimen, auf ihre eigenen Texte zurückgeworfen, nun als alberne Personen, die sich beim Zurückkehren in ihr Ich an dämlichen Einfällen überboten. Einer drapierte einem anderen eine Scheibe Schinken als Ziertüchlein, ein anderer, den ich eben noch zu Göttlichkeit und zum Tod verdammten Tragöden erlebt hatte, tröpfelte seinem Kollegen Bier auf den Scheitel. Worüber bei beiden das Lachen kein Ende nahm. Ich gehörte nicht dazu, es ging mich nichts an, wie die Künstler ihren Adrenalinspiegel senkten, aber ich bemerkte, dass Drinda sich auch unwohl fühlte. Er wies niemanden zurecht und beteiligte sich an nichts. Schien, er wartete auf jemanden, der nicht kam, und verschwand dann unauffällig.

Lieber Mime, das Leben hat seine tristen Seiten, auch für mich. Aber dann komme ich zu dir und trete in ein anderes Leben ein. Es kann sein, wie es nicht sein sollte. Bei der letzten Vorstellung der »Aula« im Deutschen Theater habe ich erlebt, dass eine Fliege auf der Bühne die ganze Vorstellung warf. Der Kehraus, die letzte Veranstaltung, und niemand konnte sich mehr recht konzentrieren. Es war ein einziges Gekichere, sie wurden immer privater, die Anspielungen waren für uns als Publikum unverständlich, aber das Amüsement auf der Bühne war beträchtlich. Sie haben uns an diesem Abend nicht ernst genommen, und mich hat das gekränkt.

Das ist ja zu verstehen: Der Schauspieler muss sich immer dagegen wehren, nicht auch privat der zu sein, den er gerade spielen will oder schon oft gespielt hat. Er muss immer einen fremden Charakter vor seiner Zimmertür lassen, und alles in

Gedächtnis oder ins Vergessen abschieben, was er im Leben und für die nächste Arbeit nicht brauchen kann.

Gerade er aber kann mir helfen, unbeirrbar bei der Unterscheidung von Recht und Unrecht, von Widerstehen und Versagen, Eigenliebe und Liebe, von Größe und Nichtigkeit zu bleiben, oder mich in dieser Fähigkeit zu stärken. Seine Leichtigkeit bei der Darstellung von Schwerem kann sich auf mich übertragen, nur scheinbar oder wirklich für eine Weile, so dass sich mir Wege zeigen, die ich bis dahin nicht für Auswege hielt. An Horst Drinda hat mich beeindruckt, dass er auf der Bühne ganz bei sich selber war, er maß den Raum dort oben aus und machte seine Dimensionen für mich sichtbar. Er verfügte über die Kunst des Zeitmaßes beim Sprechen und den Mut zur Pause, in der ich als Zuschauer eine Erkenntnis wegstecken kann. Das ist schwer genug für ihn und verlangt unter anderem Selbstbewusstsein.

Das Fernsehen macht fast alle Vorgänge flacher und eiliger. Sie martern uns auch mit ihrer irrgläubigen Passion, alles in Musik zu tauchen, es zu überdudeln, so dass aus dem Abschütten des Kartoffelwassers noch eine bedeutsame Handlung wird. So wird das Banale dramatisiert, und sie lassen alles zu einer falschen Größe anschwellen, was eher an Priapismus erinnert als an schöne Sinnlichkeit, die zu Höhepunkten führen könnte.

In ihrer besseren Zeit gab es das noch nicht, auch nicht die Unterstellung, wir, die blöden Zuschauer, wollten das so.

Einmal war Drinda bei mir, saß in meinem besten Sessel, wir tranken Tee und sprachen über ein Chanson, das er im Fernsehen in einer Sendung von Gisela May singen wollte. Das Chanson gab es noch nicht, ich sollte es schreiben, und während wir so redeten, über Kunst und Familie, ein bisschen über Politik, dachte ich wieder, dass sich unser aller Bürgerleben doch glich. Er hatte zwar ein Boot, weil die Familie Urlaub am Wasser liebte, ich besaß und wollte keins, aber die hatten auch keine eigene Insel, keine fernen Gestade, die ihnen privat gehörten. Drindas Träume hielten sich in den Grenzen des für ihn Möglichen. Er war unzufrieden mit der Theaterpolitik nach Wolfgang Langhoffs Zeit als Intendant, unzufrieden mit einigen grundsätzlichen Lebensbedingungen im Land, auch mit anderem, aber ohne dass ich Barrikaden gesehen hätte. Ich erlebte ihn als einen Mann von anspruchsvoller Moral. Ein Mann ohne Dämonie und ganz ohne Wichtigtuerei. Ich wusste doch aber, dass er fähig war, solche Zwischenwelten der menschlichen Seele darzustellen. Er konnte hinabsteigen in solche Bereiche, die er im privaten Leben wohl zu meiden wusste.

Das wirkt nun so, als wolle ich den Künstler einengen und fände im normalen Leben seine Normalität rühmenswert. Da ist schon etwas dran. Ich sage manchmal, dass alle Künstler unerträglich sind. Dann lachen die Leute und warten auf die Pointe. Aber die Beobachtung ist schon die Pointe, die ich ablehne, obwohl ich einiges verstehe. So tief und so hoch, so abgelegen zu handeln und den Tod zu streifen, oder ihm sogar zu erliegen, das zwingt zu einer seelischen Rückreise, nicht ohne Fährgeld. Auch wenn ich das nur schreibend erlebe, ich kenne auch, wie es manchmal Kraft braucht, sich im Alltag so zu verhalten, dass sich die Familie nicht an die Stirn tippen muss.

Unser Dialog führte nicht gerade zu einer zündenden Idee für ein Chanson.

Ich konnte an Drinda nichts entdecken, was mir nicht einleuchtete, was nicht zu ihm passte. Er tarnte sich nicht vor mir, aber nach einer Weile war das Muster seines Wesens klar, und nichts darin deutete auf ein anderes, verborgenes. Er war ein Mann, der seinen Hund liebte, der Sicherheiten für unerlässlich hielt, und Umtriebiges war nicht zu entdecken. Es gab bei unserer Unterhaltung keine verborgene Sehnsucht nach fremder Maßlosigkeit, anderen Dimensionen der Aufgaben, dabei hatte ich ihn doch in Sehnsüchtigkeit wie Härte als Schauspieler erlebt.

Es musste in seinen Gedanken oder Gaben doch etwas geben, was ihn, wenn er es brauchte oder es ihn überwältigte, herausriss, was ihn herausheben und wegtragen könnte aus Ordentlichkeit, Pünktlichkeit und der Zuständigkeit für die Seinen. Worüber sollte ich denn ein Chanson für ihn schreiben? Was sollte mir diesen Augenblick des Einfalls geben, dieses kleine Feuerlein entfachen, das sein muss, das nicht herzuzaubern ist, nicht zu zwingen, die Zeile musste sich gebieterisch hervordrängen, sich festsetzen, sie ist es, die eine Zeile, der eine Gedanke. Aber weit gefehlt. Wir waren einander angenehm, aber eher langweilig. Nur einmal streiften wir etwas, nichts Genaues, aber es war so etwas wie eine lange zurückliegende, längst verwundene Bitterkeit über die Art und Weise der Vorfahren, »es gut zu meinen« und ihre Nachkommen mit ausgedachter Moral und mit ihren Plattheiten zu belasten. Oder sie auch nur zu langweilen, sie anzuöden. Das vielleicht schon eher, denn mochte er davon belästigt worden sein, so lag das lange hinter ihm und er war solchen Spuren nie gefolgt.

Aber er brauchte ein Lied, ich habe es ihm geschrieben und hielt mich an die kleine Anregung. »Sie haben es doch so gut gemeint ...«, hieß es, wurde komponiert, und soviel ich weiß, hat er es einmal gesungen und wir sind uns leider nie mehr persönlich begegnet, wenngleich die Grüße von Haus zu Haus üblich geworden waren.

Nur bei mir zuhause waren wir einander zu ähnlich. Aber dann ging ich wieder ins Theater, ich war ganz bereit, denn ich hatte ein großes Erlebnis so verdammt nötig und war offen für den ersten Satz.

Der gehörte dem Schauspieler, einem fremden Individuum, das sich anschickte, mich in ungeheuerliche Vorgänge zu entführen, die viel gefährlicher und aufregender waren als meine – so lange, bis ich zu denen zurückkehren konnte, um wieder ein einzelnes Wesen zu sein, das verdammt noch mal mit seinen eigenen Angelegenheiten fertig zu werden hatte.

Drinda spielte nicht die Hauptrolle, aber er wirkte mit. An jenem Abend war er nicht mehr so schön wie als junger Hamlet, dereinst. Das war gut so. Wir waren also miteinander älter geworden, reifer, abgeschliffener, mussten uns vielleicht beide mühsamer aufraffen, stark zu sein und zu bleiben.

Ich weiß nicht, ob die Schauspieler zulassen können, zu wissen, was sie einem einzelnen Menschenkind bedeuten können, mit jener Art Hilfe, die Kunst geben kann. Sich gegen solches Wissen zu sperren, ist auch eine Art Notwehr.

Aber wenn wir bei dir und in deiner Hand sind, Mime, dann wird deine Magie ein Teil unseres Überlebens.

Danke, und alles, alles ist unvergessen. Schauspieler müssen so sein, dass wir sie lieben können. Dann gehören sie in unser Leben, und daraus werden wir sie nicht entlassen.

»Ging uns nicht fort / nur voran / uns bleiben Bilder und Wort / so ist alles getan / Was unsterblich machen kann / Erinnern und Bewahren / so fängt Trauern an.«

# MEINE MARIEN

Frauen haben in meinem Leben eine große Rolle gespielt. Eine bleibende, wenn ich sie erst einmal als Freundin angenommen habe, egal, ob wir uns je so nannten. Wir sehen uns nicht oft, falls uns nicht gerade gemeinsame Arbeit verbindet. Aber wenn wir uns brauchen, dann haben wir uns, ganz leicht, und wichtige Veränderungen werden einander immer mitgeteilt.

In meiner Erinnerung haben mich Frauen nie verraten, zutiefst enttäuscht oder unverzeihlich hintergangen. Falls es je so gewesen sein sollte, haben die vielen guten Erfahrungen das gelöscht. Aber Häme lag nie an. Darüber ist nicht mehr zu sagen.

Nun habe ich ein Refugium. Davon habe ich immer geträumt: einen Raum haben, der nur betreten werden darf, wenn ich darum bitte. Nun habe ich einen Platz, an dem jeder Zettel liegen bleibt, bis ich ihn wieder in die Hand nehme.

Ich habe immer behauptet, dass man auch im Kreis der Familie in Ruhe nachdenken und schreiben kann. Es ging nie anders, also hatte es möglich zu sein. Aber es ist nicht wahr, denn dazu sind die Wände zu dünn, klingelt das Telefon zu oft, am Zimmer vorbei gehen die Lieben ins Bad, jemand ruft, kommt an die Tür, fragt nur, ob er gerade stört, was er natürlich nie will, aber …

Laura hat geheiratet, ihr kleines Studio mit dem einen großen Raum in unserem Haus, im siebzehnten Stock, ist leer geworden, hätte leer werden sollen, aber wir haben daraus mein Refugium gemacht. Hier bin ich allein und genieße es. Wer hier eintritt, hat ein Privileg. Ich bin allein, mit allen, die mir nahe sind, auch wenn sie anders und woanders gelebt haben, manche lange vor mir. Hier könnte ich ihnen von meinen köstlichen Teesorten anbieten, hier könnten wir ungestört reden.

Manchmal stelle ich mir vor, ich würde sie einfach ausfragen dürfen. Ganz Berlin spricht jetzt von dir, Frida, über deine Bilder und die vielen Geheimnisse in ihnen, aber ich habe schon vor vierzig Jahren einem Mann aus Cottbus geschrieben, er dürfe stolz darauf sein, mit dir ferne Herkunft und den Namen zu teilen. Er hieß Kahlo und »Leute sagen, er solle mit einer Malerin aus Mexiko verwandt sein«. Um noch mehr Leute auf dich aufmerksam zu machen, habe ich in einem Buch aus Briefen meine Antwort an Herrn Kahlo veröffentlicht. Zu einem Geburtstag vor neun Jahren habe ich der Sängerin Veronika Fischer ein dickes Buch mit deinen Bildern geschenkt. Sie war sehr glücklich darüber, denn es war ein gutes Buch, mit Erläuterungen deiner gemalten Symbole. So wusste sie nun, was die kleinen Affen oder die Trauben bedeuten. Sie zeigte das Buch der gemeinsamen Freundin Marianne, die erbettelte es sich als Leihgabe und erklärte dann, sie würde es nie zurückgeben. Vroni hat bald wieder einen runden Geburtstag, da liegt der Gedanke an das passende Geschenk nahe. Ich habe ihr zu danken, weil sie meine Texte beim Singen ganz an sich genommen hat und also alles aus ihrem eigenen Herzen kam.

Frida, du bist in meinem Leben, und das soll nicht anmaßend klingen. Niemand darf so tun, als könne er deine lebenslänglichen Schmerzen auch als Quelle deiner Kunst deuten. Du wärst immer Malerin geworden, und vielleicht hättest du auch immer an einem ungetreuen, unverlierbaren Mann wie Diego Rivera zu leiden gehabt.

Auch einer anderen Frau wäre ich gern begegnet: Karoline Lucretia Herschel. Sie ist eine Ahnin meines Mannes, ihrem Bruder Friedrich Wilhelm ebenbürtig, was meine Schwiegermutter nicht hören wollte. Nein, meinte die, sie war eine Frau, und wie können zwei die Milchstraße entdecken? Er war der Sterngucker, der Astronom, sie blieb unverheiratet und ging ihm im Haushalt und mit den Sternen halt zur Hand. Da hat sie es doch gut gehabt. Kein Streit mehr darüber, auch der war vergänglich.

Herschel war ein genialer Musiker, habe ich gelesen, hat sich als Dirigent hervorgetan. Diese jüdischen Verwandten gaben den Söhnen der Generation meines Mannes die Vornamen, der eine heißt Wilhelm, der andere Friedrich.

Vielleicht, wenn sie ein Mädchen gehabt hätten, wäre ihr der Name Karoline zuteil geworden, Lukretia konnte man in Droyßig nicht heißen.

Nie verheiratet gewesen, nie einen Geliebten gehabt, wie war ihr Leben? Soviel weiß man: Sie war eine kundige und leidenschaftliche Sternguckerin. Aber Helferinnen werden eben nur erwähnt, kaum gewürdigt. So weiß ich nichts über deine zufriedene, deine sich bescheidende oder von unterdrückter Sehnsucht erfüllte Seele, nichts über deine Bildung, deinen Geist, deine Fantasien.

Von Greta Kuckhoff habe ich nur ein kleines Foto. Da steht sie zwischen den üppigen Rosen in ihrem großen Garten und lächelt ein bisschen. Sie war sehr klein, reichte mir gerade bis zur Schulter, und ich hatte, obwohl selber nur mittelgroß, mit ihr zusammen immer Schwierigkeiten mit meinen Dimensionen.

Ich wollte, dass sie länger ist als ich, weil sie so viel größer war. Wir mochten uns. Nein, den Satz kann ich so nicht stehen lassen. Besser: Greta ließ mich ein wenig an sich heran, und ich gab mir ständig Mühe, nichts falsch zu machen. Aber schon die mitgebrachten gekauften Rosen waren falsch, sie wirkten neben der Üppigkeit ihrer Rosenbeete im Garten unecht.

In ihrer bescheidenen Neubauwohnung in Berlin war es sehr kalt. Sie hielt die Räume so, weil sie Asthma hatte und keine warmen Zimmer vertrug. Oder keine Zentralheizung, aber das traute ich mich nicht zu fragen, und ich sagte auch nicht, dass ich sie mir in einem Raum mit offenem Kamin besser denken konnte, und dort hätte ich ihr gern viel Wärmendes um die Beine gelegt, aber Wolle vertrug sie auch nicht gut.

Ihre Wohnung war ganz ihrer Liebe und Ehe mit Adam gewidmet. Selbst der Sohn, der wie Adam im Brockhaus zu finden ist, während Greta keine Erwähnung findet, kommt eher unauffällig vor. Sie hat sich mit allen Reliquien aus der Zeit der Gemeinsamkeit mit Adam umgeben. Soweit sie die retten konnte. Als ich ihr gegenüber saß, waren alle Fragen weg, die ich stellen wollte. Das Todesurteil für ihren Mann, seine Hinrichtung, ihr eigenes Todesurteil, dessen Umwandlung, das alles bleibt für diesmal unerwähnt. Sie hatte ein Buch über die Rote Kapelle geschrieben, das habe ich gelesen, mehr würde sie mir kaum sagen. Dass sie als erste Präsidentin der Notenbank der DDR strafend abgesetzt worden war, das wusste man in der DDR, wenn auch niemand von uns die Gründe kannte. Wir hätten auch nicht danach gefragt, denn es war bekannt, dass immer ein personeller Grund über die Lage gestülpt wurde. Wir waren da in geübter Weise illusionslos, wenngleich es unsicher machte, auch Menschen wie Greta von solcher Verfahrensweise nicht ausgenommen zu sehen.

Ich fragte sie nach dem Mut, der dazugehört haben muss, ein Kind zu wollen und es auf die Welt zu bringen, obwohl sie in so großer Gefahr lebten.

Wir redeten darüber, ob man sich wirklich bei jeder Handlung, jeder Entscheidung und eigentlich bei jedem Atemzug möglicher Todesnähe bewusst sein und trotzdem lieben und leben kann, als wäre einem die natürliche Lebensdauer sicher. Sie konnte das nicht genau beantworten, aber sie neigte dazu, an einen unauflösbaren Konflikt zu glauben. Widerstand leisten, weil es getan werden muss. Aber nicht jeden Moment daran denken, wie wehrlos man bei möglicher Entdeckung sein wird. Das hieße sonst, der Angst zu erliegen. Er wollte das Kind, sagte sie, aber dann verbesserte sie sich: Er hat mich gefragt, ob ich ein Kind von ihm möchte, und ich habe das bejaht, gern bejaht. Aber von da an war alles anders. Ich war raus, absolut raus. Ich erfuhr nichts mehr, durfte an keiner Aktion mehr teilnehmen, und er hat mich angeschrieen, als ich einmal ins Zimmer trat, in dem er gerade mit einem Kameraden unter der Zimmerlampe Foto-Negative betrachtete. Dabei war ich nur gekommen, weil ich seine Mutter nicht länger von diesem Raum fernhalten konnte.

Ich konnte mir nur schwer vorstellen, wie sie einen schweren Koffer mit einem Funkgerät die U-Bahntreppen hinauf und über die Straßen bis nachhause geschleppt hatte.

Geht alles, sagte sie, im richtigen Moment geht alles.

Solche und ähnliche Worte habe ich oft gehört von Frauen, deren Schicksal abseits von der Norm stattgefunden und das sie auf Wege geführt hat, die sie sich in friedlichen Zeiten nicht ausgesucht hätten.

Lise Meitner war nach Schweden geflohen, forschte dort weiter und hatte das Glück, eine Professur zu bekommen. Ich würde die Physikerin so gern fragen, wie es ihr damit ergangen ist, dass die Ergebnisse ihrer Forschung in Deutschland unter dem Namen eines berühmten Chemikers veröffentlicht und genutzt wurden. Sie hat ihn auf die Kettenreaktion bei der Spaltung eines Atoms aufmerksam gemacht. Damit hat sie selber eine in Gang gesetzt. Ist sie um ihre Arbeit betrogen worden, die Jüdin, deren Heimkehr, irgendwann, einige Jahre lang wohl kaum zu erwarten war? Oder war es ihr wichtiger, dass die frühere gemeinsame Arbeit auf diese maskierte Weise weiterging? »Hähnchen« nannte sie den Professor Hahn, wo doch sie selber nur einhundertfünfzig und einen Zentimeter maß. Ohne ihre Entdeckung wäre Hiroshima nicht möglich gewesen, sagt man, aber dieser Gedanke ist unerträglich. Jede Entdeckung kann ein Segen sein, und keine ist vor Missbrauch sicher. Darum ist es nur amüsant, aber nicht sehr zutreffend, was eine Anekdote erzählt. Nach dem Krieg saßen Präsident Truman und Lise Meitner bei einem Bankett nebeneinander, er mit seinem hohen Posten, sie nun anerkannt und geehrt. Er war ja selber nicht gerade hoch gewachsen, aber er beugte sich zu ihr hinunter und sagte:« Sie sind also die kleine Dame, der wir den ganzen Mist verdanken?«

Dass sie aus Deutschland vertrieben wurde, setzt ihren Namen auf die Liste der Opfer des Faschismus, obwohl sie entkommen ist und weiter arbeiten konnte. Marie Curie und Lise Meitner haben mit ihren Entdeckungen der Menschheit sowohl Segnungen als sie auch ihrem Untergang näher gebracht. Das konnten sie nicht voraussehen. Wer hätte Marie Curie im Namen der Zukunft hindern sollen, als sie im kalten Schuppen rührte und rührte, wie in einem harmlosen Teig, aber es war die Bombe, es war das Atom und es war ihr eigener Krebs, ihr Tod. Sie können nicht mehr miteinander austragen, was sie der Welt gegeben, was sie ihr für immer genommen haben. Ach, sagen manche, die Entdeckungen waren nicht aufzuhalten, viele Vorarbeiten haben genau dorthin geführt, in neue Welten, Durchbrüche, auch zu tödlichen Waffen.

Wenn ich fragen wollte, ob diese Frauen glücklich waren, käme ich nur bis zu der Frage, ob sie auch glücklich waren, auch. Lise Meitner war schön, eine »berückende Schönheit«, habe ich gelesen, und es heißt, dass sie geliebt und begehrt wurde und dass ihr Leben nicht nur der Physik leidenschaftlich zugewandt war. Sie hat keine Einsamkeit erdulden müssen, dieser Gedanke ist sehr wohltuend, aber auch er glättet nur scheinbar, was nie gesühnt werden kann.

Ein großes, befreites Leben macht nicht unter allen Umständen auch glücklich.

Jane Austen hat viel Anregung gepflanzt, ihre Bücher werden bis heute gelesen und verfilmt, sie trösten mit ihren geschilderten großen Gefühlen, wenn das eigene Herz manchmal zu dürsten scheint. Aber sie ist so jung gestorben, und ihre einzige Liebe hat keine Erfüllung gefunden, sie hätte sie eben erfinden müssen, dann wäre sie gut ausgegangen, anders als im Leben.

War die Marlitt im Haus ihrer Verwandten, später im eigenen idyllischen, in ihrem Arnstadt glücklich? Sie blieb immer das Mädchen, immer die Tante, wurde die erbfreundliche Schriftstellerin, eine viel gelesene und viel geschmähte. Teils zu Unrecht, denn sie hatte eine außergewöhnliche Gabe, Fabeln zu erfinden. Peter Hacks und Heiner Müller waren darauf neidisch, weil sie selber schwach im Erfinden der Fabel waren, ebenso wie Brecht, der fast immer auf Vorlagen zurückgriff. Sie alle brauchten eine Geschichte, konnten sie dann allerdings genial verwerten. Das konnte die Marlitt nicht, dazu fehlte es ihr entweder an Lebenserfahrung oder an künstlerischer Größe, aber sie erfand gute Geschichten. Ich war in ihrem Haus, und in dem Verein, der sich um ihre Hinterlassenschaft bemühte, und habe mit den Mitgliedern zusammen in der DDR dagegen opponiert, dass es in ihrem Haus ein Café mit einem unaussprechlichen russischen Ortsnamen gab, der dort nichts zu suchen hatte. Dafür sollte ich den nur einmal verliehenen Marlitt-Preis bekommen, aber das konnte ich zugunsten eines internationalen Symposiums verhindern, das mit dem Preisgeld bezahlt wurde. Ich hatte nicht damit gerechnet, dass so viele Doktoren und Professoren teilnehmen würden, die sich mit Eugenie Marlitts Romanen ernsthaft beschäftigten, und ich gebe zu, dass meine Einschätzung sich an jenem Wochenende gebildet hat, deren Anfang entstand, als Hacks seiner Frau das Gesamtwerk der Marlitt in einer alten Ausgabe schenkte, und Anna sich beglückt wegen einer vorgeblich nahenden Grippe mit den Büchern in ihr Bett verzog. Das fand ich ziemlich spinnert, aber ich hatte ja auch andere Sorgen.

Später fand ich in Eugenies Aufzeichnungen keinen Beleg, dass sie geliebt worden ist, außer vom eher aufdringlichen Fürsten Pückler, aber den hat sie abgewimmelt, diesen alten Casanova wollte sie nach anfänglichem, liebeswürdigem Briefwechsel nicht sehen. Da hatte das Rheuma sie schon im schmerzhaftesten Griff, und als ihr Rollstuhl mit ihr die Treppe hinunterstürzte, arbeitete sie nur noch unter Schmerzen.

Sie sah ganz anders aus, als man sie sich vorstellen mag. Ich habe ihr immer zugestanden, dass sie für die Dienstmädchen, die vielen einsamen Herzen, auch die der bürgerlichen Ehefrauen, ein Trost gewesen ist. Da stand es ja, es kommt noch, das große Glück, und sobald der Held wie geschildert auftaucht, wird alles gut.

Sie war eine attraktive Frau. Nichts von einem Mauerblümchen, das sich fehlende Schönheit erdichtet hat. Das Bild von ihr, das mit dem Lockenkopf und den Grübchen beim Lächeln, dem gerade noch weiblichen energischen Kinn und den schönen geschwungenen Lippen, das zeigt ein Weib, das um Sinnlichkeit und Leidenschaft gewusst haben muss, auch wenn sie diese wünschenswerten Gewalten nie leben konnte.

Anders als die Rosa. Die hat gelebt, geliebt und gekämpft. Es unterläuft uns, dass wir sie auf ihren entsetzlichen Tod reduzieren, aber das tut ihr Unrecht.

Wir dürfen zwar nicht zulassen, dass im Lauf der Zeit ihr Ende nahezu als natürliches Ereignis, ohne irgendjemandes bösen Willen, geschildert wird, aber Rosa hat in allem und trotz ihrer angeborenen Behinderung das Maß ganz ausgeschöpft. Sie hat die Gegner herausgefordert und ihnen bis zu ihrem Ende standgehalten.

Ich habe das nicht ausdrücklich betonen wollen, aber es sind viele Jüdinnen unter meinen starken Frauen, und ebenso häufig sind sie auffallend klein, dünnknochig und zart. Ich wollte das lange nicht glauben, aber es scheint mir doch, als ob die Größe der Persönlichkeit und die Kleinheit der Erscheinung in einem anregenden Widerspruch zueinander stehen. Da ist mehr Kraft als bei vielen anderen, die körperlich stark sind: da ist eine Energie und eine Zähigkeit, auch ein Reichtum an Kreativität, der, so scheint mir, gesetzte scheinbare Grenzen missachtet, oder sie gar nicht wahrnimmt.

Ganz nahe bei mir, in Ablehnung und Liebe, die Else Lasker-Schüler, diese Frau, die immer tief und aussichtslos liebte und das herbeizuführen schien, weil ihr im Schmerz die schönsten Zeilen gelangen: »aber du kamst nie mit dem Abend ...« Wie sie da gekniet haben will auf ihrem Tibet-Teppich, das Gedicht verstehe ich nicht, und es wurde doch gerühmt als das schönste deutsche Gedicht, das je geschrieben wurde. Karl Kraus, der sonst jede schöpferische Stirn zu kräuseln wusste, lag ihr zu Füßen, und Paul Zech, der leider die unsterblichen Gedichte von Louize Labé nach Rilke noch einmal und, wie ich finde, eher befremdlich umgedeutet hat, nicht nachgedichtet. Und Benn hat seine Bewunderung für die arme und reiche Else verkündet: »Das war der Prinz von Theben, Jussuf, Tino von Bagdad, der schwarze Schwan. Und dies war die größte Lyrikerin, die Deutschland je hatte.«

Er hat sie so gesehen, der berühmte Benn, und ich sinne seinen Worten nach, ob da vielleicht von ihm ein Maßstab für Weibliches angelegt wird, der den männlichen Parnass nicht bedroht. Das könnte sein, und bei Thea von Sternheim ebenso wie bei ihrer Tochter Dorothea ist nachzulesen, wie sich Verliebtheit und Verehrung für Benn in Befremden und Gekränktheit wandelten, denn er wusste sich jede Verehrerin vom Hals zu halten, sobald er sie als belästigend empfand.

Else war nicht leicht zu ertragen. Meist anstrengend, immer

überdreht, auch in Zeiten ohne Drogen, mit ewiger Treue und Bruch von Freundschaften hantierend. Sie erntet nicht immer die einwandlose Bewunderung, die sie so sehr braucht. Der weit durch die Welt reisende Tagebuchschreiber und Kritiker Graf Kessler trifft sie im Dichterkreis und legt Wert darauf, künftig jede Begegnung mit ihr zu meiden.

Aber Kraus nennt sie in der »Fackel« die »stärkste und unwegsamste Erscheinung des modernen Deutschlands«. »Kunst«, schreibt er, »ist ihr Mittel zur Befreiung.«

Befreiung wovon? Sie schreibt an ihren soeben für sie verlorenen Ehemann: »Ich habe den Menschen nie anders empfunden als einen Rahmen, in den ich mich stelle.«

So leben zu wollen, das verlangt friedliche Zeiten und ein Leben ohne Alltagssorgen. Ist es nicht nur ausgestellte Manier, sondern Reinfallen auf die eigene Abgehobenheit, führt es geradewegs in sehr niedrige Bedrängnisse. Solche Talente, die sich unentwegt bis in die höchsten Gefühle hinein entgrenzen, überschütten die Welt mit erfundener Güte zu ihrem eigenen Wohl. Sie suchen sich das meist nicht aus, sie können gar nicht anders und leiden unter ihren immer leeren Händen, ihrem immer am Ende zurückgewiesenen Herzen.

Sie hat ewig auf einen gewartet, immer »in goldenen Schuhn«, konnte nie mit Geld umgehen, wurde im Alter eine arme, aufdringliche, unappetitliche Frau, so habe ich es gelesen. Aber sie war auch eine Dichterin, eine verjagte Jüdin, eine Mutter, deren Sohn vor ihr starb. Sie war auch treulos, nicht nur untreu, aber Deutschland war ihre Heimat und ihre Sprache, aus der sie vertrieben wurde, bis nach Israel, wo sie fremd war und es bis zu ihrem Tod blieb.

So wenig Vergleich mit dem eigenen Leben, das daneben unscheinbar wirkt. Aber vielleicht ist das auch nur einer der dummen Gedanken, die man durchs Leben schleppt.

Bilder tauchen auf: Eine Frau zieht energisch die Vorhänge zurück, lässt Tageslicht herein. Sie sagt: »Wenn du meine Tochter wärst, da würde ich mich schämen.« Oma Brandt ist die Mutter meiner Untermieterin, sie kam aus Brandenburg, eine mit dem Treck hergezogene Schlesierin, deren Mann gefallen, deren Sohn vermisst ist und nie wiederkehren wird. Ich habe sie aufgenommen, nun wohnt sie mit der Tochter in einem Zimmer unserer Wohnung und hat mit Gutmütigkeit und Strenge irgendwie die Oberhand gewonnen. Wir schreiben das Jahr 1951, ich bin Anfang Zwanzig und habe keine Lust, aus dem Bett aufzustehen und mich anzuziehen. Danach muss ich mit einem Handfeger den zwei mal drei Meter großen Stubenteppich abkehren und dann am Teppich entlang die Flusen zusammenfegen und sie mit Handfeger und Schippe beseitigen. Das klingt genau so langweilig, wie es war. Ich muss auf dem Gaskocher die Windeln zum Einweichen wärmen, dann mit Seifenpulver kochen und dann noch einmal, im klaren Wasser. Ich muss in Ulenhorst täglich die Runde durch die Geschäfte machen und meine Lebensmittelkarten einsetzen, damit genug bleibt und es trotzdem abends etwas zu essen gibt. Wenn mein Mann zuhause ist, guckt er auf seine Armbanduhr und rechnet bis auf die Minute meine Zeit unterwegs nach. Er ist die Strecke gegangen und hat die Zeit gestoppt. Ich habe keine Lust zum Einkaufen, denn der Mann isst nur Kaninchenbraten mit Rotkohl, Rouladen mit Rotkohl, Bockwurst ohne Rotkohl und vielleicht manchmal ein Kotelett mit Rotkohl. Er isst auch nur Leberwurst und selbst gebackene Erdbeertorte von seiner Mutter. Ihre eingeweckten Erdbeeren schmecken wie tote Mäuse, aber sie sind aus dem eigenen Garten. Ich bin träge, ich träume und trample durch den Tag, als wartete ich auf einen Zug, aber der verspätet sich, und ich weiß auch nicht, wohin er fahren könnte. Ich sehe meiner kleinen Tochter ins Gesicht und suche nach Rat, den sie mir ja nicht geben kann. Ich mag mich nicht, so träge, so kitschig verträumt, sehnsüchtig, so unbarmherzig über andere urteilend und selber nichts zuwegebringend, und einmal merke ich erschrocken, dass ich Halt bei meinem Kind suche. Mein Kind braucht seine Ruhe, mit der es durchaus etwas anzufangen weiß, denn es will schlafen oder mit den Beinen strampeln, als wolle es einmal Leistungssportler werden.

Ich wartete auf eine geheimnisvolle Bestärkung, auf ein Zeichen zum Aufbruch. Ich wusste nicht, wo ich hingehen und was ich mit mir anfangen sollte.

Viel später: Es ist morgens um halb neun Uhr, eine Frau schließt auf, kommt herein, und der Duft von frischen Brötchen breitet sich aus. Sie kocht gleich Kaffee, und ich habe schon vier Stunden gearbeitet, das war damals meine gute und ungestörte Zeit. Jetzt brauche ich eine Stunde, bis sie mit winzigen Schlucken ausgetrunken hat und wir geredet haben, die Frau und ich, sie muss mir alle Neuigkeiten aus ihrer Familie erzählen, danach erst lässt sie mich arbeiten.

Sie nahm mir einiges vom Alltag ab, um den Preis, dass sie alles so machte, wie sie es richtig fand. Ich musste das hinnehmen, lange, tat es sogar gern, denn sie war ganz auf meiner Seite, was immer ich gerade ausprobierte. Ich bezahlte sie für eine Treue, die in der Wendezeit gebrochen wurde. Da wollte sie reisen und sich Klunker kaufen, sie wollte alles nachholen, wovon sie dachte, sie habe es versäumt. Es gab vorher nichts, was ich ihr verborgen hätte, oder hätte verstecken können, und auch sie schien mir gegenüber schrankenlos offen. Und doch wusste ich nicht, dass sie viele geheime Wünsche und Sehnsüchte hatte, dass sie von käuflichen Dingen träumte, von einem Mehr, das man eigentlich nicht braucht, ja auch nie hatte, das aber auf einmal vor den Augen aufschien und den Händen fast greifbar war. Was hatte ich falsch gemacht? Sie übernahm nicht nur meine Kleidung gern rechtzeitig, oft kaufte ich gleich zwei Kleider, eins für sie, eins für mich. Und habe doch nicht stillen können, was sie eigentlich wollte.

Ich war damals, als sie zu mir kam und mir beistand, am Anfang meiner dreißiger Jahre, hatte eine unbändige Kraft, und ich verschwendete sie. Wieder ein dummer Gedanke, denn was hätte ich Besseres mit ihr anfangen sollen, als Erfahrungen zu sammeln und aus ihnen wieder aufzutauchen? Auch ich war nicht frei von der Annahme, wir alle kommen als sehr unzulänglicher Batzen Leben auf die Welt und müssen uns von da an unermüdlich bemühen, um besser, größer, stärker und klüger zu werden, also aus der niedrigen Entwicklungsphase zu einer Vervollkommnung zu gelangen, die doch kein menschliches Wesen erreichen kann. Ich war eine aufmüpfige und sehr fleißige Person. Aber nicht, weil die öffentliche Tugend es von mir verlangte. Als die zehn Gebote der sozialistischen Moral veröffentlicht wurden, kam Professor Dieter Klein zu uns in den Verband der Schriftsteller, um sie mit uns zu diskutieren. Ich hörte mir das eine Weile an, dann fragte ich den Genossen: »Und wodurch unterscheiden die sich von den zehn katholischen? Die konnte ich auch nicht befolgen, und deswegen bin ich schon lange keine Katholikin mehr.« Es gab Gelächter, und der attraktive Genosse Klein sah mich mit einem sowohl strafenden als auch verständnisvollen Blick an und meinte, er müsse darüber noch mal nachdenken. Und damit war die Sitzung eigentlich beendet, und die Zeit der zehn neuen Gebote hat ohnehin nie begonnen. Ich wüsste gern, was einer der damaligen Erfinder heute darüber denkt. Aber es wird wohl keiner von ihnen mehr leben.

Auch ich hatte Vorbilder, denen ich nachstrebte und die mir ein Maß vorgaben, dem ich nicht entsprechen konnte und zu meinem Glück nicht musste. »Ich hätte früher wissen müssen«, ja, hast du aber nicht. Und hast gehandelt, so gut, wie es dir im Moment möglich war.


Ich kehre gleich in mein Refugium zu meinen Marien zurück, aber ich unterbreche kurz, weil die Erinnerung nicht abzuweisen ist:

An die sechziger Jahre denke ich mit sehr gemischten Gefühlen. Ich war aufsässig, weil ich immer wieder zu Bekundungen oder Handlungen genötigt werden sollte, die mir nicht entsprachen. Und habe Kompromisse gemacht, weil ich entweder die Gefahr überschätzte oder die Sache als nicht wichtig genug ansah, für sie alles zu riskieren. Das belustigt mich besonders, wenn ich daran denke, dass ich in Gefahren geriet, wo ich keine gesehen habe. Oft genug, aber einmal ganz besonders. Ich hatte vor der ersten Werkstattwoche der Singeklubs, die in Halle stattfinden sollte, eine Parodie über die Singebewegung geschrieben. Die war nicht von mir erfunden worden, aber in diese Kollektiv-Bestie hatte man mich hineingeholt, eine folgenreiche Geschichte für mich. Nun fand ich die Sache oft zu bierernst, zu schwerfällig, zu tugendhaft. Aber es hielt mich fest, denn ich fand in der Leiterin des Jugendklubs im Kino International meine Freundin Anne, und nach etwas zickigem Beginn mit Marianne von DT 64 eine Verbündete fürs Leben. Nach unserer Meinung griffen zu viele Arme nach den jungen Leuten. Um sie für sich zu benutzen, das eigene Ansehen entweder aufzumöbeln oder die eigene Organisation ein bisschen populärer zu machen. Politik interessierte mich damals noch nicht besonders. Ich musste mich erst erkundigen, wie die Hierarchie aussieht. Also Kreis, dann Bezirk, und so weiter. Die Parodie wurde von Barbara Thalheim und Lutz Kirchenwitz sehr drollig aufgeführt. Nach der Melodie von »Wenn der Topf aber nun ein Loch hat«, ging es darum, dass zuerst der Heiner nicht mitsingt, und dann begab sich die Verweigerung durch alle Instanzen. Ehe die Sache ins ZK geriet und danach ins Politbüro, verschwand Kirchenwitz von der Bühne, nur Barbara blieb trotzig stehen und sang die Schmonzette zu Ende, zum großen Vergnügen des Publikums, etwas weniger zu dem meinen. Neben mir schlug sich Eberhard Fuhrmann vom Ministerium für Kultur auf die Schenkel, und die Kassettenrekorder der Schüler und Studenten waren alle in Aktion.

Ich fand das Ganze nicht mutig, sondern dummfrech. Und falsch, denn die jungen Leute hatten nicht über etwaigen Mangel an Förderung zu klagen, sondern über Vereinnahmung. Mein Lied verlangte mehr davon, jedenfalls kam es so heraus. Also nahm ich bei der Auswertung am nächsten Morgen die Gelegenheit wahr, und erklärte am eigenen Beispiel, was ein schlechtes politisches Gedicht ist. Zielrichtung falsch, Pointe feige dem faulen Witz überlassen. Singt es nicht, sagte ich, macht euch selber ein besseres Lied. Damit war das Thema für mich erledigt. Aber als ich nach Berlin zurückkehrte, war beim Schriftstellerverband ein Brief vom Zentralrat der FDJ eingegangen, in dem mein Ausschluss aus dem Verband und sofortiges Verbot von Veröffentlichungen verlangt wurde. Das letztere hatte der Verband gar nicht zu entscheiden, aber er konnte sich solcher Forderung anschließen. Die FDJ bereitete gerade ein Plenum vor, und ich erfuhr durch Jürgen Walter, der für eine sehr kurze Zeit, nach seinem Studium, dort mit Perry Friedman als Unterstützer der Singeklubs arbeitete, dass im Eröffnungsreferat stehen würde: Es gibt Künstler, die sich unter dem Vorwand, Sympathien für begabte junge Leute zu haben, in den Jugendverband einschleichen, also ihn zu unterwandern und ideologischen Einfluss zu nehmen, um dem Klassenfeind in die Hände zu arbeiten.

Ich wurde in unseren Verband gerufen, und der amtierende Sekretär zerriss vor meinen Augen den Brief und warf ihn in seinen Papierkorb. Der Mann konnte mich nicht leiden, ich ihn nicht. Er diente nicht uns Autoren, sondern seiner Obrigkeit. Aber der FDJ wollte er erst recht keinen Gefallen tun.

Der Jugendverband stand im schlechten Ruf der Hörigkeit nach oben und der unerträglichen Bevormundung nach unten. Ich sah das auch so, aber ich hatte Lust, etwas dagegen zu tun, ein Bewusstsein dafür zu verbreiten. Aber nun hatten sie mir die Füße ins Feuer gesteckt.

Ich war nicht beim X. Plenum der FDJ, aber am Ende kam im Eröffnungsreferat heraus, dass alle Künstler aufgefordert wurden, den wenigen leuchtenden Beispielen zu folgen und sich ebenso selbstlos als Freunde der Jugend zur Verfügung zu stellen. So wie ich, ich war das leuchtende Beispiel. Obwohl ich von dem Machtkampf zwischen den Organisationen nur wenig erfuhr, wusste ich meine Marien zu schätzen, die sich neben mich stellten und sich einmischten. Wahrscheinlich sahen sie durch ihre Arbeit in den Medien und die Zusammenarbeit mit Behörden die tatsächlichen Ausmaße des dunklen Schattens, der mir da zugedacht war. Dass die Löwinnen ihr schönes Maul aufrissen, muss andere auf den Plan gerufen haben, die keinen neuen Eklat wollten. Mir ist also nichts passiert, im Gegenteil, ich bekam den Erich-Weinert-Kunstpreis in Gold und durfte mit dem Segen der FDJ bleiben, wo ich ohnehin geblieben wäre. Und ich bekam dann noch die Artur-Becker-Medaille. Das alles war anno 1968, und die offiziellen politischen Ohren waren argwöhnisch gespitzt und lauschten auf Sympathisanten der Prager Ereignisse.

Auch Lin Jaldati hörte damals selbst in einem Gutenachtlied die schwer bewaffneten Nachtigallen anmarschieren, und trotz meines großen Respekts habe ich mich mit ihr in der Beratergruppe in Halle verkracht. Und habe erleben müssen, wie sich die Blicke starker Männer senkten, wie mir niemand zur Hilfe kam, wo es doch um drohende Exmatrikulation völlig unschuldiger Studenten ging, die sich für ihren Klub den schönen Namen »Venceremos« gegeben hatten, was bei unserer Auswertung ihres Programms auf einmal konterrevolutionär genannt wurde. Und »Ich bin ein klein's Waldvögelein und keiner kann mich zwingen« sollte das Startlied für den Sturm auf die hiesige Macht sein. Ich habe keine Lust, diesen Blödsinn zu erklären, aber es hieß, die jungen Sänger wollten wohl damit sagen, dass sie im Gegensatz zu gewissen Tschechen den Aufstand überleben würden.

So einsam bin ich in meinem Leben selten gewesen. Danach stand ich vor dem Fahrstuhl, begegnete mitfühlenden Blicken von den jungen Leuten, merkte, dass die draußen schon wussten, was sich drin begeben hatte, und ein eben noch stummer und feiger Mann sagte, ohne mich anzusehen: »Ach Schwester, ich möchte mich jetzt in dein Bett legen, mich an deine Schulter kuscheln und weinen.« Das hätte mir gerade noch gefehlt. Am nächsten Vormittag lobte ich den Klub und sein Programm über den grünen Klee, und keiner aus dem Team der Berater sagte etwas anderes, sie schlossen sich alle meiner Meinung an. Lin machte eine Handbewegung der Resignation, setzte an, brach aber schon den ersten Satz ab – und dann? Sie befreundete sich noch am selben Tag mit den Mitgliedern des eben noch bedrohten Klubs und lud alle zu sich nachhause ein. Später fuhr sie mit ihrem Eberhard nach Indien und brachte für jeden ein kleines Geschenk mit. Diese Beziehung, diese freundschaftliche, hielt bis zum Ende ihres Lebens. Ich war wütend auf sie, aber damals in Halle kam sie am nächsten Tag beim Frühstück an meinen Tisch und sagte mir, sie habe so große Angst. Und wie sie das begründete, da war sie nur die traumatisierte Jüdin nach Auschwitz, und ich verstand und saß dumm da, ohne dass ich wusste, wie ich mich hätte anders verhalten sollen. Es ist ja alles gut ausgegangen, hat niemanden sein Leben gekostet. Aber wenn ich mich erinnere, dann war die zweite Hälfte der sechziger Jahre die engherzigste, war eine Zeit, in der man den eigenen Lebenszielen am ehesten abhanden kommen konnte, es war eine gefährliche Zeit. »Die da oben« holten keine Bildung nach und folgten nur scheinbar dem, was sie sich einmal vorgenommen hatten. Nie wieder Faschismus, nie wieder Krieg, nie mehr Oben und Unten, Krupp und Krause, Schlösser und Katen. Nie wieder gefährliches Halbwissen, nie wieder Machtmissbrauch, nie wieder eine Atmosphäre der Einengung, der überflüssigen Bevormundung. Und nie mehr Vorschriften, die niemand durchsetzen kann. Das hatten sie sich entweder nicht vorgenommen, oder es war ihnen in Vergessenheit geraten.

Brauchten sie unsere Ängste?

Ich will zurück zu meinen Marien. Wofür ist jedes Mittel recht?

Olga Benario hat ihren Lebensgefährten Otto Braun mit der Waffe aus dem Gefängnis befreit. Ihr Leben für das seine. Hat sie ihre Tat je bereut? Hat sie als Weib gehandelt, als Patriotin, als zur Tat befohlene Genossin? Hat sie um den Preis gewusst, hatte sie überhaupt vorher die Zeit, sich der möglichen Folgen bewusst zu werden? Konnte sie die eigene Unterlegenheit nur falsch einschätzen, oder hat sie trotzdem auf eine Art Glück vertraut? War sie mutig? Oder so verzweifelt, dass sie keinen anderen Weg sah?

Wofür ist jedes Mittel ein Recht?

Eva hat die Aufzeichnungen ihres Mannes Victor Klemperer von Dresden nach Pirna in mögliche Sicherheit gebracht, unter Gefahr ihres Lebens. Das wusste er, das hat Victor seiner Frau geschuldet, und er war sich dessen immer bewusst. Aber er wusste auch, dass Eva eigentlich die Stärkere in dieser langen Ehe war. Sie hat ihn gerettet, und er hat uns dafür unvergänglich Schönes und Belehrendes hinterlassen. Gleicht sich das aus? Ich stehe in Dresden vor jenem Haus, das Eva so unbedingt haben wollte und das ihn in ständiger Angst vor totaler Armut hielt, und ich weiß nicht, ob ich heulen oder in Erinnerung an seine Schrullen lachen soll, so, wie wir beim Lesen und Vorlesen gelacht haben.

Hunderttausende sind in jener Bombennacht am 13. Februar 1945 in Dresden gestorben, die Stadt wurde zerstört. Zwei

Leben für so viele? Die Klemperers waren unter den letzten Juden, die am nächsten Morgen abtransportiert werden sollten. Sie sind aus der brennenden Stadt geflohen. Und wieder war es Eva, die ihm den gelben Stern abriss. Soviel Tod, und daneben letzte Rettung, das lässt sich nicht aufrechnen.

Mein Mann hat in Halle einmal eine Vorlesung bei Klemperer gehört. Er sagt, zuerst hat er an alle Studenten Zigaretten ausgeteilt. »Ihr habt doch kein Geld«, hat er gesagt. Unter den Anwesenden war Hadwig, seine zweite Frau, die später uneitel Evas in Pirna gerettete Pullover auftrug. Bei einer so begabten Frau könnten es doch Kunstwerke gewesen sein. Aber der so verdienstvolle Übersetzer Nowojski, Entzifferer der fast unleserlichen Handschrift von Victor, auch er ehedem Student bei Klemperer, er sagt über das Strickwerk, nein, es waren sehr biedere Sachen und es spricht für die Bescheidenheit von Hadwig, dass sie die Pullover aufgetragen hat. Nach der Liebe, der zweiten großen seines Lebens gefragt, sagte Hadwig einmal im Interview, dass der Altersunterschied nichts ausgemacht habe: »Wenn man so bedingungslos geliebt wird ...« Wenn es etwas zu betrauern gibt, dann ist es die unerträgliche Tatsache, dass Eva mit ihrer Ahnung recht behielt: Von ihr ist nichts geblieben; keine Zeichnung, keine von ihm in den »Erinnerungen« benannte Komposition, kaum ein Porträtfoto. Ich kenne nur ein einziges, das ihre hohe junge Stirn zeigt und das noch nichts preisgibt von dem unbeirrbar tapferen Leben, das wir ihr zu danken haben.

Gerade heute habe ich ein wunderbares Geschenk bekommen. Helga Barbenschneider hat aus allen Bänden von Klemperer jene Stellen abgeschrieben, in denen es um Eva und später um Hadwig geht. Ich habe mich sofort vertieft, obwohl ich alle Bände schon zweimal gelesen habe.

Victor Klemperer, der kleine, eher unscheinbar wirkende Mann, war ein großer Liebender. Und es wird kaum gehen, aber ich wünschte mir eben diese zweihundertvierzig Seiten über Victor und seine Frauen als ein Lehrbuch der Liebe, der in schwersten und der in scheinbar ruhigeren Zeiten.

Ich weiß um eine andere Eva, der ich mich behutsam nähern

will. Sie lebt auch nicht mehr, aber mir ist sie in lebendiger Erinnerung. Wegen ihrer Tapferkeit, das würde genügen, aber ich vergesse nicht, wie unbelohnt sie für ihren Anstand und ihre Leiden geblieben ist.

Das Leben von Eva Lippold diente als Idee für den DEFA-Film »Die Verlobte«. Ich glaube nicht, dass ich ihn in absehbarer Zeit im Fernsehen noch einmal erleben darf, aber für mich war er ein Kunstwerk, dessen Vorführung ich mir als Einstieg in den Unterricht über das zwanzigste Jahrhundert wünschte. Günther Rücker wollte diesen Film als Autor eigentlich nicht machen, weil er die Liebesgeschichte nicht in den Mittelpunkt eines so hochdramatischen, politischen Films stellen wollte. Das hat er mir erzählt.

Eva Lippold hat aber nicht nachgegeben, und sie hatte Recht.

Als ich sie kennenlernte, war sie eine fast alte Dame, noch immer schmal, mit ausdrucksvollen dunklen Augen, eher seltenem Lachen, und ich weiß noch, wie sie sich sofort in ihr Inneres zurückzog, wenn ihr etwas oder jemand zu nahe trat. Sie konnte sich noch immer engagieren, auch lebhaft, nicht leidenschaftlich, das gefiel mir, trotz der spürbaren Grenzen.

Ich wollte gern mit ihr reden. Dass sie durch ihre Heirat mit Cay von Brockdorff eine Gräfin geworden war, das wusste ich, sie machte davon aber keinen Gebrauch. Da sie Mitglied im Verband war, musste sie ja wohl schreiben. Gedichte, hörte ich, aber ich kannte keins, und sie ist damit ja auch nur bei mir berühmt geworden. Es war jene Zeit, in der gerade versucht wurde, Lyrik als kleinbürgerlich davor zu bewahren, an die Öffentlichkeit zu gelangen. Eva war unter denen, die einen Aufruf starteten, einen Wettbewerb ins Leben riefen, der vom Schriftstellerverband und der Akademie der Künste unterstützt werden sollte. Es konnten Gedichte eingereicht werden, einige würden ausgezeichnet.

Ich sehe mich in einem Raum, in dem die eingegangenen Gedichte bewertet und sortiert werden sollten, ich erschrecke und fühle mich verletzt, als der ebenfalls anwesende Doktor Peter Hacks alles Eingegangene umgehend in den Papierkorb befördert sehen möchte. Wir kannten uns damals noch kaum, waren noch nicht befreundet. Von mir war kein Gedicht dabei. Die ebenfalls anwesende Eva Lippold versuchte, einen Vorschlag zu machen, worauf Hacks grob sagte: »Sie haben doch die ganze Sache nur angezettelt, um Ihre eigenen schlechten Gedichte unterzubringen.«

Eva errötete, es entstand ein peinliches Schweigen, und einige, die schon alles gesichtet hatten, wussten, dass von Eva Lippold kein Gedicht unter den vielen war. Die ganze Sache war nicht ihre Idee. Evas Stimme zitterte ein bisschen, aber sie sagte nur: »Lassen Sie das.« Es war würdevoll und ich sah, dass es Hacks peinlich war, aber es geriet ihm nicht, sich für die Beleidigung zu entschuldigen.

Nachher lande ich mit Eva in der damals öden Gegend der Otto-Nuschke-Straße, im Kulturklub, bei einer Tasse Kaffee. Wir reden, aber ich übertrete die Grenze nicht, die sie zieht. Vergnügt klatschen kann man mit ihr nicht, es landet immer im Ernsthaften.

Sie ist später mit ihren beiden Büchern, dem »Haus der schweren Tore« und »Leben, wo gestorben wird« berühmt geworden, mit ihrem Lebensbericht.

Eben hat die gerade hundertjährige Elfriede Brüning aufgedeckt, dass in einem Buch über Schriftstellerinnen mit dem Titel »Im Widerstand gegen Hitler« zwar Ricarda Huch und Mascha Kaléko genannt sind, aber keine einzige der Linken, keine der Hingerichteten, keine der überlebenden Zuchthäuslerinnen, auch Eva Lippold nicht. Kaléko ist vor den Nazis geflüchtet, schlimm genug, aber weder sie noch Ricarda Huch haben sich am Widerstand beteiligt.

Eva Lippold war die uneheliche Tochter einer Büglerin. Von den zwölf Kindern der Mutter starben acht an Schwindsucht. Eva wurde mit einundzwanzig Jahren Mitglied der KPD. Nach der »Machtübernahme« ging sie in die Illegalität und wurde mit ihrer Gruppe durch Verrat ein Jahr später verhaftet. Damit war zu rechnen, aber die jungen Frauen hatten von zwei, drei Jahren Haft gesprochen, die wollten sie auf sich nehmen. Das Gericht verurteilte sie, als erste Frau, zu neun Jahren Zuchthaus.

Erst 1943 wurde sie freigelassen. Wie es ihr vorher erging, kann man nachlesen. Neben ihrer Dienstverpflichtung in einem Rüstungsbetrieb arbeitete sie sofort wieder illegal. Sie unterstützte bedürftige Familien von politischen Gefangenen mit Lebensmitteln, half auch Fremdarbeitern. Sie wurde wieder verraten und blieb bis zum Ende des Krieges in Haft. Zuletzt wurden die Frauen noch auf einen der Todesmärsche geschickt. Nicht alle haben den überlebt.

Ihr Verlobter Hermann Danz wurde mit anderen zusammen noch im Februar 1945 hingerichtet. Die Verlobung sollte eigentlich eine Zweckverbindung sein, damit im Fall einer Verhaftung der »Angehörige« ein Besuchsrecht fordern könnte.

Es wurde aber eine tiefe Liebe, die für immer unauslöschliche Liebe ihres Lebens. In seinem letzten Brief hatte Hermann ihr geschrieben, dass vor seinem Fenster gerade der letzte rote Wein glüht. Ein Zeichen des Lebens, das er mit in den Tod nimmt.

In meine Anthologie »Liebesgedichte«, erschienen 1962, habe ich drei Gedichte von Eva Lippold an Hermann Danz aufgenommen. Eines endet: »Nie seh' ich ohne Beben / den letzten roten Wein.«

Nach dem Krieg taten sich Eva Lippold und Cay von Brockdorff zusammen, zwei Hinterbliebene von Hingerichteten. Sie wurden nicht belohnt, nicht gefeiert, beide nicht. Lange Zeit wurde gestreut, Cay habe durch Unvorsichtigkeit die Verhaftung seiner Frau Erika, der Jüngsten aus der »Roten Kapelle«, verursacht.

Als ich das erste Mal in das Haus beider kam, sah ich zwei große Fotos an der Wand im Flur. Das waren sie, nebeneinander, Erika von Brockdorff und Hermann Danz. Sie blieben gegenwärtig, immer, dieses Gefühl vermittelten mir die Überlebenden, sie gehörten in diese Ehe, die eine Zuflucht war, aber wohl keine Liebe.

So sehr wir das wollten, wir konnten eigentlich so gut wie nichts heilen, oder gar »gutmachen«. Wir haben versucht, nachzufühlen, wo das Mitfühlen nicht hinlangte. Wir möchten lebendig erhalten, nichts aufgeben, wir wollen, dass Lehre gezogen wird. Wir haben unsere Freundlichkeit auf Wunden gelegt, die doch nicht heilen konnten. Die neu aufgerissen wurden, durch beschädigte Ideale, und nicht selten bin ich der Angst begegnet, dass auch diese Werte schwanden und immer weniger galten. Die Frauen, gerade sie, hatten sehr wache Augen.

Sie fühlten sich durch Versorgung nicht entschädigt, und sie misstrauten den abgegebenen Erklärungen, meist ja zu Recht. Ich habe gesehen, wie sie sich verschlossen. Nicht alle, aber schon eine wäre zuviel. Wo es ging, blieben sie unter ihresgleichen oder eben allein.

Wenn sie noch leben, sehen sie sich zurückgeworfen in eine Zeit, gegen die sie einmal angetreten sind. Rechtzeitig, das muss ihnen zugestanden werden, denn sie traten ja an, den Anfängen zu wehren, also schon vor den Gräueltaten, vor den Gaskammern und Lagern, vor dem Krieg und seiner Politik der totalen Vernichtung. Eva Lippold war eine der Frauen, die in die politische Arbeit gegangen sind, ehe Hitler an die Macht kam.

Auch Eva hätte die Mächtigen der neuen Zeit niemals mit den Nazis verglichen.

Aber sie hat sich zunehmend schlechter zurechtgefunden, abfinden können schon gar nicht. Ihr Maß war ein anderes, ihre Ideale und die ihrer Kameradinnen und Genossinnen hatten nach einer anderen Zukunft verlangt. Was es nun geworden war, davon hatten sie nicht geträumt, dafür hatten sie nicht soviel von ihrem Leben hergegeben, nicht so beharrlich ums Überleben gekämpft.

Nun können wir erst recht nichts mehr für all diese wunderbaren Frauen tun. Jedenfalls scheint es derzeit so. Es droht zwar keine öffentliche Verbrennung von Werken mehr, aber siehe den Laufsteg der Mode über der unterirdischen Stätte zum Gedenken an die Bücherverbrennung damals, in Berlin, im Jahre 1933: was damals die barbarische Aufkündigung des Respekts vor der Gesamtheit der eigenen Kultur war, das vollzieht sich nun leise durch die Lautstärke des scheinbaren Vergnügens, durch das Fehlen von Interesse. Wer die Leute klüger macht, macht sie auch kritischer. Wer will das?

He, sag ich in den Spiegel, du weißt, dass ich dir das nicht durchgehen lasse. Tu nicht, als habest du keine Kraft und keine Lust mehr. Und wenn es nur noch ein Augenpaar wäre, das dich so ansieht, wie die junge Frau neulich, die nach ihrer Chemotherapie gekommen ist, weil sie unbedingt kommen wollte – welch ein großer Lohn für alles. Lass dich nicht unterkriegen. »Noch lebe ich / und also ist alles am Anfang.« Das hast du selber geschrieben. Halte dich gefälligst daran.

Hast recht, nehm ich den dunklen Hut ab, der mir sowieso nicht steht, verabrede mich lieber mit Dorothea, die bringt mich zum Lachen. Ein bisschen Angst macht sie mir auch immer, das ist ihr Job. Sie ist meine Lektorin, seit Jahrzehnten.

Auch sie könnte eine meiner Töchter sein, aber unsere Beziehung war nie mütterlich und töchterlich. Es ist aber eine Beziehung, und nach so langen Jahren ist es eine mit freundlichen und vertrauten Zügen, sonst könnten wir unsere Arbeit nicht teilen. Auch wir beide schienen uns vor gut zwanzig Jahren in den großen Umbrüchen verloren. Als ich nach dem Tod von Rudi Chowanetz und hartem Eingreifen der Treuhand meinen Verlag verlor, fanden wir uns wieder. Das war gut, das war Nachhausekommen und Weitermachen.

Sentimental ist Dorothea bei ihrer Arbeit nicht. Sie ist schließlich beteiligt an einem Verlag, und der ist gezwungen, die Bücher zu verkaufen, die er zum Druck gibt. Ein vielfach gefächerter, auch unbequemer Gedanke: Meine Bücher finde ich in den großen Buchhandlungen bei D. oder H. sowieso nicht. Von einem Titel hatten sie einmal ein Exemplar, das hat mein pfiffiger Freund Straßenbahnfahrer mehrmals aus der hintersten Ecke nach vorn gestellt.

Nur: Es ist mir egal, es ist mir wirklich egal. Dorothea dagegen kann es nicht egal sein, ob sie in liebevoller Zusammenarbeit mit dem Autor ein Buch aus Blei produziert oder einen Bestseller. Beides ist vorher kaum zu prophezeien. Es gibt Phänomene. Ein Buch erscheint zu einem bestimmten Zeitpunkt und kommt in eine Atmosphäre, die gerade von einem Thema gesättigt oder nach ihm ausgehungert ist. Es kommt auf den Punkt oder schafft einen solchen, macht Schule oder hat sich selber überlebt. In einem solchen Fall wird der Autor immer dazu neigen, dem Verlag die Schuld zu geben. Er hat zu wenig geworben, das Buch hätte anders aussehen sollen, was auch immer.

Ich habe erlebt, dass ein Band von mir kaum beachtet, ein anderer unerwartet gefragt war. Nachdem ich ein Buch über Veronika Fischer geschrieben hatte, auf der Grundlage eines Wäschekorbes voll gesammelten Papiers von ihr und nach ein paar Gesprächen, stand dieses Werk auf einmal in der Bestsellerliste des »Spiegel«. Zwar nicht unter meinem Namen als Autorin, sondern unter dem von Vroni, aber, sagte ein Freund, »ist doch egal, Hauptsache, ihr seid drin«. Das habe ich zwar nicht ganz so freudig sehen können, aber das Phänomen Erfolg oder Desinteresse muss jeder Autor akzeptieren.

Ich bin ohnehin eine unbegabte Rezensentin, wenn es um eigene Arbeit geht. Wenn wir eine Platte veröffentlicht haben, gaben wir immer, aus DDR-Tugend, dem Verlag in Leipzig an zwei Liedern die Verlagsrechte, beteiligten sie also finanziell an den von uns getippten Erfolgstiteln.

Die haben uns immer erzählt, dass es schon im Vorhinein riesiges internationales Interesse gäbe, aber heraus kam nur, dass der Verlag einen Teil unserer Tantiemen einsteckte. Sie haben keinen einzigen Titel international zu vergeben gewusst oder nicht geben dürfen. Das traf uns insofern nicht, als wir meist sowieso auf die falschen Titel als Hits getippt hatten.

Zwischen Dorothea und mir gibt es nie ein Kartenlegen über die schöne Zukunft eines meiner Bücher. Ich bin nun schon ein halbes Leben einer ihrer Autoren, und trotzdem bin ich in unserem Umgang nie ganz unbefangen. Ich bin nie so locker wie bei der Vorfreude auf ein Gespräch, das wir vereinbaren.

Dabei sind wir uns in manchem sehr ähnlich. Ich verstehe zwar nicht, wie man so gleichmütig der Notwendigkeit nachgeben kann, ein und dasselbe Manuskript immer wieder zu lesen, vielleicht sogar eins, das man zwar im Verlagsprofil für angebracht sieht, aber nun nicht gerade ins Bett nehmen würde, als Lieblingslektüre. Für diesen Teil ihrer Arbeit wäre ich zu ungeduldig, meine Wanderstöcke haben ja ein Eigenleben und ziehen mich weiter, weiter.

Aber dass wir uns nach Möglichkeit immer entscheiden, die

dringend nötige Arbeit zu beenden, statt uns irgendwo in die Sonne zu legen, dass uns Arbeit niemals eine Unterbrechung schöner Freizeit ist, sondern eher umgekehrt, das macht uns schon einander sehr ähnlich.

Sie hat mir gefehlt, als ich dachte, dass auch sie sich für meinesgleichen nicht mehr interessiert. Gut zu wissen, dass wir in nötigem Umfang die gleichen Ideale vertreten und gern die gleichen Macken der Gesellschaft verändern würden. Das heißt, sie trägt mit, was sie von mir veröffentlicht, obwohl es nicht bis in jeden Winkel auch ihren Gedanken entsprechen muss.

Ich weiß nicht, wie vielen Büchern sie über die Jahrzehnte inzwischen ins Leben geholfen hat. Vielleicht hat sie auch mal eins abgelehnt, obwohl es wert gewesen wäre, vor unsere Augen zu kommen. Ich wüsste manches über ihre Beziehung zu anderen Autoren gern genauer, aber zu einer Auskunft darüber gelangen wir nicht. Sie macht sich nicht wichtig, sagt auch nicht, dass sie zur Diskretion verpflichtet sei, es kommt nur nicht zustande. Fragen wie: »Ist der eigentlich schwierig, und wie war denn die Arbeit mit dem« kriegen nur eine allgemeine Antwort, da wird es umgehend interessanter, über uns, die Kinder, Hochzeiten und vor allem über die Enkel und unsere nächste Arbeit zu reden.

Der Altersunterschied hat in unserer Zusammenarbeit nie eine trennende Rolle gespielt. Irgendwann wird er die Rolle der Trennung spielen. Ich hoffe, dass sie mich dann vermisst.

Aber noch leben wir, und sie gehört hier hinein, in diesen Raum. Ich weiß nicht, wie viele Blütenträume sich ihr nicht erfüllt haben, aber das Wichtigste? Wenn nur das Wichtigste im Leben eines Menschen stimmt. Sie hat fast so viele Kinder, wie sie haben wollte, sie hat die erworbene Gelassenheit, mit Erfolg und etwas von seinem Gegenteil auszukommen, man muss ja nicht begeistert damit leben, und sie hat die Arbeit, die sie wollte, die sie gelernt hat und in der sie immer unermüdbar scheint. Ich möchte sie nicht machen, ihre Arbeit, aber sie ist meine Lektorin und muss also auch meine Manuskripte mehrmals lesen, was ich mir, für meine wie die Arbeit anderer Autoren, ziemlich langweilig denke.

Wollten wir nicht zusammen einen Sommertag verbringen? Schöner Gedanke, aber dazu ist es nicht gekommen.

Hier in diesem Raum kann ich mit meinen Marien umgehen, sie zu verstehen suchen, womit ich immer am Anfang bin.

Wenn ich noch lange genug lebe, werde ich ein ganzes Buch füllen mit meinem Hohelied auf die Frauen, ich werde damit einen Dank abzustatten haben, der lange fällig ist.

# DER SCHÖNSTE
## AUGENBLICK
# MEINES LEBENS

Es gab schöne Augenblicke, o ja. Ich war mit ihnen gewiss nicht weniger bedacht als andere Menschen, wobei jeder gelegentlich denkt, alle anderen Lebewesen würden reichlicher mit den schönen Gaben der Natur, der Zuneigung aller anderen und mit dem, was man so Glück nennt, bedacht.

Ich könnte schöne Augenblicke aufzählen, nicht alle, manche haben sich hinterher als Einbildung oder Illusion erwiesen, aber sie waren doch als glücklich empfunden worden, aus der Quelle ehrlichen Herzens oder aus abgegucktem Kitsch gespeist.

Der schönste Augenblick, der einzigartige, niemals übertroffene?

Solch ein Gedanke ist ein Kind der Nacht. Er ist manchmal aufgetaucht, wenn die Großstadt stiller wurde, die Eindrücke des gelebten Tages blasser und das Hirn sich eine Beschäftigung suchte, weil sich der Schlaf nicht einstellen wollte.

Da droht, dass die Alltagssorge ihr grimmiges Haupt erhebt, also braucht es Beruhigung. Denk an was Schönes, an das Schönste. Andere Menschen würden da vielleicht an ihre Reisen denken, die erlebten und die ersehnten. Ich möchte nirgendhin fahren, obwohl das in der DDR nicht ausgesprochen werden durfte, es wäre taktlos gewesen, hätte so gewirkt, als dürfe man und wolle bloß nicht oder tue es heimlich und leugne es taktvoll.

Ich bilde mir für einen Moment ein, dass wir beide im durchaus reifen Alter mal so eine Vorstellung von Postschiffen und Fjorden hatten und bringe das beim Frühstück unter. Es stellt sich aber raus, dass wir beide einander diesen Wunsch nur unterstellten. Er kannte es und brauchte es nicht zu wiederholen, dachte aber daran, dass ich jenes Buch über Skandinavien geschrieben hatte, ohne je dort gewesen zu sein, und wir müssten das miteinander nachholen. Ein schöner Liebesgedanke, an den wir dann auch keinen weiteren verschwendet haben.

Nun gut, aber wie würde ich leben wollen, wenn ich reich wäre? Welches Haus, welche Landschaft, welches Auto, welche Sicherheit? Für eine mögliche Absicherung habe ich insofern gesorgt, als ich in meinem erwachsenen Leben niemals Schulden gemacht habe, nicht einmal für einen Tag. Das hat mein Leben durchgängig beruhigt, wirkte zeitweise exaltiert, aber wenn ich mich heute umsehe, dann habe ich mir das doch rechtzeitig angewöhnt.

Wenn ich reich wäre, würde ich die Kinder absichern, egal, wer von uns beiden sie gezeugt oder geboren hat, da hätten wir noch einen bedrängenden Gedanken weniger. Einen, der umtreiben kann, und mancher schöne Augenblick wird durchkreuzt, wenn ein Signal kommt, das von möglichen Schwierigkeiten bei den Nachfahren kündet.

Mit der warmen Hand geben, das sind schöne Augenblicke.

Wäre das der schönste Augenblick, nicht mehr für den Unterhalt sorgen zu müssen, nach nun einundsiebzig Arbeitsjahren nicht mehr zu müssen, nur noch zu wollen und es sich immer aussuchen zu können? Die nächste Arbeit, den nächsten Anstoß für anstrengende Aktivitäten? Es auch mal sein lassen zu können oder in aller Ruhe etwas zu machen, was vielleicht nicht gelingt und Fragment bleibt?

Es stellt sich kein schönstes Gefühl ein, eher ein leichtes Unbehagen. Was würde denn anders sein? Mehr Bücher, als ich mir jetzt vergnügt leiste oder bei jedem Anlass wünsche, könnte ich nicht lesen. Zehn Bücher sind nicht mehr als eins, auf das ich mich freue und nach dem ich vorfreudig greife, wenn alles Nötige getan ist.

Es ist mir gleichgültig, in welchem Auto ich ans Ziel gelange. Ehrlich gesagt, war mir das erste, ein P70, genauso erfreulich wie der Trabant, den ich allerdings heute ablehnen würde, nachdem ich einmal ohne eigenes Verschulden von einem übermüdeten Jungen in einem Kübelwagen der Armee durch die Luft geschleudert wurde. Das Auto hatte keine Gurte, aber weil es regnete, sogar hagelte, waren Marianne Oppel und ich langsam gefahren. Das Dach war weg, aber wir stiegen unversehrt aus, ein Wunder, und vielleicht einer der schönsten Augenblicke. Das Auto hatte auch keinen Feuerlöscher, also versuchte der uniformierte Junge, den entstehenden Brand mit den Händen zu löschen. Das Fehlen des Feuerlöschers ahndete die Polizei bei Kontrollen mit einem Strafmandat. Es sei denn, man konnte mit einer Bescheinigung aus dem Handel nachweisen, dass es keine Feuerlöscher gab. Dann kam man unbehelligt davon.

Unter meinen Lieben befinden sich Autofreaks und Fußballfans. Da gibt es viele Freuden zu besprechen, Vorfreuden sind auszukosten und beide Themen verlangen unterhaltsame Erklärungen. Deswegen gehe ich aber nicht zu einem Autorennen oder in ein Fußball-Stadion.

Ich halte dagegen, indem ich den »Zarter« rühme, mit dem man die Eiweißverbindungen im Bratfleisch unterbrechen kann, so dass meine Koteletts nun auf der Zunge zergehen. Ja, das tun sie, aber mehr ist dazu eigentlich nicht zu sagen. Schade, denn wenn ich gekocht habe, bin ich lobsüchtig. Fünfunddreißig Jahre lang waren unsere Töpfe und Pfannen ausschließlich in der Hand des Hausherrn. Als es nötig wurde, ihm das abzunehmen, hatte ich alles vergessen, was vorher Routine war. Ich habe es noch einmal erworben, alles, was man wissen muss, und dafür will ich gerühmt werden, möglichst bei jeder Mahlzeit. Meine Quetschkartoffeln sind einfach herrlich, und das sollen die ausführlich sagen, möglichst immerzu.

Ich würde unter allen Umständen in unserer Wohnung bleiben, weiterhin Süßstoff statt Zucker in den Tee tun und freundliche Menschen genau so gern zum Essen in unsere bewährten Restaurants einladen, nachdem wir als Gäste in »angesagten« und teureren Kneipen die schlechteren Erfahrungen gemacht haben.

Meine Klamotten im Schrank könnten gelegentlich durch eine Bluse bereichert werden. Aber nötig ist das auch nicht, solange es genügend Stücke mal wieder ans Licht zu holen gilt, lange nicht getragen, obwohl sie mir heute besser passen als vor Jahren.

Bei dem Gedanken an Geld gelange ich auch nicht zu beglückenden Gefühlen, wenngleich der Gedanke an kein Geld durchaus bedrückend ist. Aber ich kenne den Burschen Schmalhans, als Alleinerziehende hatte er mir gefälligst auf die Beine zu helfen. Ich bin meinen Weg als Autodidaktin auch deshalb so streng als zuverlässige Person gegangen, weil das Überleben und die Art zu leben dadurch leichter und großzügiger wurde. So auch entstand die Lust am Weiterdenken, am Erwerben in goetheschem Sinne. Versuch es, tu es, erwirb es, denn es wird dir nicht geschenkt. Du bist kein Genie, also arbeite. Nur ganz kurze Zeit schmeckte es nach Knute, aber dann wurde und blieb es Lust, Spaß, Leichtigkeit.

Die Niederlagen unterwegs haben mich nicht aus der Bahn geworfen. Ich habe Respekt vor Menschen, die durch die Ungerechtigkeit einer Ablehnung oder Einmischung ins Werk tief verstört waren oder sogar resignierten. Sie schrieben keinen Film mehr, wenn ihnen der eine aus durchschaubaren Gründen abgelehnt wurde. Das war immer beschädigend, und ich erinnere mich an eine Filmabnahme, wo verlangt wurde, dass jene Szenen zu schneiden sind, in denen die Bauarbeiter Bier trinken. »Mein Vater war Maurer«, sagte der Minister, »da wurde auf dem Bau kein Bier getrunken.« Es war nicht mein Film, ich sollte ihn nur rezensieren, aber ich erinnere mich an die ohnmächtige Wut über diese und ein paar ähnlich kostbare Einwendungen, um die nicht gestritten werden durfte, sie hatten befolgt zu werden, und um das durchzusetzen, ging der Minister umgehend, nachdem er seine Auflagen erklärt hatte.

Heute ist das alles viel einfacher. Da wird kein Vorwand gesucht, das Geld wird gegeben oder nicht. Damals aber verletzte uns die Herablassung gegenüber der Kunst und Kultur, von der zu viele einflussreiche Leute zu wenig verstanden, weil sie es nicht erworben hatten, aber die Planstelle hatte ihnen den Irrtum ihrer Kompetenz ermöglicht.

Sie haben ja mit uns nie über die wirklichen politischen Gründe für ihre Einwände gesprochen. Weil sie das nicht durften, und auch nicht wollten, popelten sie in der Arbeit des Künstlers herum, bis die Sache zum Unfrieden gediehen war.

Das waren aber auch nicht gerade die schönsten Augenblicke meines Lebens. Wenngleich sogar in solchen Situationen etwas zu begreifen, etwas zu erwerben war, etwa: Es liegt nicht an dir. Du hast nichts falsch gemacht. Sie haben nur gerade kein Aluminium, oder: Die Scheidungsrate ist so beängstigend hoch, oder: Wir können nicht zulassen, dass über einen Glaser gelacht wird, wir haben kaum noch welche, und lasst den Taxifahrer in Ruhe, warum habt ihr euch grade den rausgepickt, und warum muss der ein Bürokrat sein, die gibt es bei uns nicht mehr, oder seht ihr unsere Genossen in den Büros so?

Es gab allerdings auch unterdrückte Werke, die in dieser Leidensphase ihre große Zeit hatten, weil die Öffentlichkeit nur die Unterdrückung kannte, nicht das Werk. Konnte auch sein, es hatte zu lange gedauert, die Frische war raus, das Problem hatte sich historisch erledigt und der Tritt in die richtige Richtung zielte nun ins Leere.

Das habe ich mit meinem Film »Liebe mit sechzehn« erlebt. Das Manuskript hatten auch Kohlhase und Rücker leidenschaftlich verteidigt, ohne es zu kennen. »Wenn nicht einmal so etwas gedreht werden kann«, sagten sie, aber als der Film in die Kinos kam, gab es inzwischen die Pille. Laura fand den Film im Fernsehen neulich zwar lustig und sehr mutig, aber mir hat er nicht gefallen. Kein schönster Augenblick.

Der glücklichste Augenblick meines Lebens hätte sein müssen, als mir meine Tochter in die Arme gelegt wurde. Wir waren nur beide zu erschöpft, nach dreißig Stunden. Ich konnte nicht lachen, nicht weinen, ich empfand gar nichts und erschrak darüber. Die Schwestern waren ungeduldig, es war tief in der Nacht, kein Arzt zu sehen, ich dachte, dass ich vielleicht nur zu blöd war, etwas falsch gemacht hatte. Und da war es nun, das Kind, welkes Gesichtchen, welk von drei Wochen zu langer Zeit in meinem Bauch. Ich sah sie an und wollte Ähnlichkeiten entdecken, aber auf einmal rann ein Tränchen aus den betropften Augen. Da war es mein Kind, ich hatte es zu beschützen und es zu lieben. Ich scheue mich, dies als den glücklichsten Augenblick zu nennen, aber es war ein sowohl erschreckender, überfordernder und unbehaglicher Moment, weil mein Leben nicht in Ordnung war, als auch ein glücklicher, der mich herausforderte, etwas zu verändern.

Als ich meinen ersten Gedichtband in der Hand hielt, hätte mich die Freude einhüllen müssen. Ich war schon über vierzig, nun endlich gab es etwas Berührbares, ganz aus mir. Aber ich hatte mehr als zwanzig Jahre lang an diesen Gedichten gesammelt, ohne Plan, und wahrscheinlich hätte ich diese intimen Weibergedichte nicht gerade als erstes Buch sehen wollen. Aber da war seine Hand in meinem Rücken gewesen, seine Zustimmung, und die ganz neue Erfahrung, dass mir ein männliches Wesen meine Irrtümer zugestand. Er hatte nicht einmal den Gedanken, man könne ihn schief angucken, weil seine Auserwählte nicht jungfräulich auf ihn gewartet hatte. Wir liebten uns, ich hatte ihn als die Liebe meines erwachsenen Lebens erkannt und nichts vor ihm zu verbergen, was unser Leben beeinflussen konnte. Dass dies so einfach möglich war, kannte ich vorher nicht.

Vielleicht war dies die größte und glückliche Veränderung in meinem Leben, dass all das, was sich allmählich ja auch im Charakter niederlässt, ersatzlos gestrichen wurde, ohne je zerredet zu werden. Da waren wir nun, jeder mit seinem Vorleben, und da war die Liebe, die andauernde, tägliche, einfache Arbeit. Nie langweilig, nie Routine, nie Gewohnheitsrecht.

Aber als Augenblick lässt sich das nicht erklären. Und es wäre auch nicht gerecht. Andere Menschen sind zurückgelassen worden, ihnen wurde wehgetan.

Ich habe Augenblicke von Glück erlebt, da blieb es in der Seele ganz still.

Keine Genugtuung, kein Siegesgefühl, keine Gewissheit, nur einfach Glück, das reichte.

Ich stand auf einer Bühne, die Arbeit des Abends war getan, und mehr war im Moment nicht möglich. Die Übereinstimmung zwischen mir und den Besuchern war nahezu vollkommen. Aber das Gefühl war von jedem Triumph weit entfernt. Ich verstand: Was ich weiß, gilt auch für mich. Wir da oben und die Menschen im Saal spielen zusammen ein Stück. Das ist unsere gemeinsame Chance. Aber sie werden gleich gehen, ich werde sie verlieren, und wir werden uns vielleicht niemals wieder sehen, ein im Moment unvorstellbarer Verlust. Und so verneige ich mich im Beifall demütig und dankbar und muss erst einmal überleben, bis morgen, wenn diese kostbare Menge in meine Erinnerung eingeht und ich den Raum vielleicht vergesse, mir aber manches Gesicht für immer merke. Ein glücklicher Moment und einer mehr, der nicht fröhlich daherkommt und laut tutet, dass es uns allen doch wunderbar geht, dass wir Erfolg haben und nicht ausgelacht werden. Es ist, wie aus dem reißenden Wasser gezogen zu werden.

Meine glücklichsten Momente waren eher still und von einer leichten, einer durchsichtigen, aber nicht zu übersehenden Trauer durchzogen. Das kann ich nicht erklären, aber es geht dir vielleicht auch so. Glücklich und dabei ganz auf mich zurückgeworfen, das kenne ich. Sehr allein und ganz ohne Übermut.

Es wird alles immer so bleiben, die Freude, die Zuneigung und manchmal große Gefühle, weil etwas geschieht, womit niemand mehr gerechnet hat. Die Ungerechtigkeit, die schmerzhafte, wird auch sein und sich im Verlauf der Zeit klären, oder als ewige dunkle Farbe im Gedächtnis bleiben.

Wir sind immer mal wieder bereit, uns abzufinden. Und gerade da, auf einmal, erreicht uns eine Lösung, eine Erklärung, und die Aufhellung wirft gleißendes Licht auf eine vorher so dunkle Szenerie.

Nur: erwarte es nicht. Sonst wirst du wehrlos, und bist es vielleicht gerade dann, wenn du dich nicht gut genug wehren kannst. So ist es auch mir ergangen.

Es war kurze Zeit nach dem Ende der DDR, die Nachfrage nach Leuten wie mir nicht eben riesig. Da erreichte mich die Einladung zu einer Lesung in Grünau. Ich sagte zu und dachte nicht darüber nach, dass mir die Örtlichkeit eigentlich per Leumund als eher vermintes Gelände für Autoren wie mich bekannt war.

Wir fuhren also zur richtigen Zeit los, und ich freute mich, so viele Leute zu sehen, die ich mir als Publikum gut vorstellen konnte, wunderte mich nur, warum Bettina Wegner gekommen war, wir wohnten doch in der gleichen Straße und hatten noch nie gegenseitig eine Veranstaltung besucht. Mein Mann kam von draußen herein und sagte:»Dieser junge Mann in dem bodenlangen schwarzen Ledermantel, der hat eben die Frauen am Einlass beleidigt. Sie fragten ihn nach seiner Eintrittskarte und er hat gesagt: ›Das fehlte noch ...‹ Er ist ohne Karte hier drin.« Ja, und? Ich kenne ihn nicht, und vielleicht macht er das in der Oper auch.

Ich begann, und die Leute hörten mir ganz normal zu, lachten, nickten, lauschten in sich selber hinein.

Als ich endete, stand eine gut aussehende Frau auf, legte sich mit dem Oberkörper auf den Flügel und sagte:« Was Sie heute gelesen haben, dagegen ist nichts zu sagen. Aber Sie haben in der DDR Ihre Macht missbraucht.«

Ich sagte: »Würden Sie mir bitte sagen, wer Sie sind? Ich habe Sie noch nie gesehen.«

Sie sagte: »Ich bin Inge Heym.« Ich sagte: »Und was habe ich persönlich Ihnen persönlich getan?«

»Nichts«, sagte sie, »mir gar nichts.«

»Und für wen setzen Sie sich jetzt ein, und worum geht es?«

Ehe sie antworten konnte, sprang ein Mann auf, erklärte, er sei Ingenieur und er habe gelesen, dass ich gesagt haben soll, Biermann sei ein Lump. »Ich verachte Sie«, schrie er, »ich werde vor Ihnen ausspucken.« Das tat er auch, aber das gefiel dem Publikum nicht. Ich sagte: »Nun ja, das ist vielleicht ungenau, ich könnte noch ein paar treffendere Adjektive hinzufügen, die sind mir aber leider erst jetzt verfügbar ...«

Er schrie wieder sein pfui, pfui und dass ich mich schämen solle. Ein älteres Ehepaar mischte sich ein und beschwerte sich. Sie seien zu einer Lesung gekommen, nicht zu einem Tribunal, und der Mann solle doch jetzt mal seine Klappe halten. Eine Frau, die ich auch noch nie zuvor gesehen hatte, stand auf und schrie mich an: »Sie haben sich ja sogar bei mir entschuldigt.«

Ich fragte, wer sie sei und sie sagte triumphierend, als ob ihr Name alles erklärt: »Ich bin Salomea Genin ...« Mehr sagte sie nicht, setzte sich wieder.

Mir fiel ein, dass ich einmal auf einen wütenden Brief von ihr geantwortet hatte. Im Zusammenhang mit dem Werk von Peter

Edel hatte ich geschrieben, ich sei froh, dass er jetzt so leben könne und dass es in der DDR keinen sanktionierten Antisemitismus gebe. Sie antwortete mir, die DDR sei durchseucht von Antisemitismus und ich sei mitschuldig, weil ich die Augen davor verschließe. Ich wollte erst nicht antworten, aber dann gab es ein paar hässliche Vorkommnisse mit rechten Jugendlichen, und ich schrieb ihr, ich möchte mich bei ihr entschuldigen und mich korrigieren. Wir dürfen nicht annehmen, dass das Gift auch aus den Köpfen der Alten in den Familie verschwunden sei, so etwas vererbt sich vielleicht doch in die Hirne der unreifen Jugendlichen und mag sein, ich habe mich damit getröstet, dass in der DDR Antisemitismus strafbar ist, und ich selber habe ja in eine solche Familien geheiratet und ruhe in ihr, vielleicht hat mich das beruhigt, denn ich wisse ja, auf welche Weise die Familie überlebt hat. Das Publikum in Grünau wusste ja gar nicht, worum es ging, und wofür ich mich entschuldigt haben könnte. Der junge Mann im Ledermantel und zwei jugendliche Söhne von bekannten Vätern griffen jetzt ein und gaben mir die Schuld daran, dass es in der DDR keine Freiheit gab. Ich bat sie, mir zu erklären, was sie unter Freiheit verstehen und um welche es ihnen für ihr ganz persönliches Leben ginge. Sie antworteten nicht, aber Bettina Wegner sprang auf und schrie: »Wo waren Sie denn, als et mir schlecht jing?« Das war nun total unverständlich. Sie war öfter im Oktoberklub und fand große Anerkennung, als sie ein Programm mit jiddischen Liedern vorstellte. Mitglied war sie nicht, aber ich war ihre Bürgin für die Kandidatur im Schriftstellerverband. Als sie sechzehn und blutarm war, hielt ich sie in Karl-Marx-Stadt nach einer Ohnmacht einmal in den Armen, kühlte ihr die Stirn und versuchte sie zu beruhigen. Sie war so dünn, und damals ging es ihr gerade für Minuten sehr schlecht. Wir waren in einer Schule, unten im Hausflur, jemand hatte eine Trage gebracht, aber wir würden sie nicht ins Krankenhaus bringen müssen. Ich wunderte mich nur über den Eifer von Feuerwehrleuten, die rings um uns her eine Übung veranstalteten. Vielleicht gehörte das ja zum Programm beim Treffen von DDR-Jugendlichen mit Gleichaltrigen aus der Sowjetunion. Ehe ich aber noch darüber nachdenken konnte, wurde mir die Nachricht zuteil, dass es sich um keine Übung, sondern um einen Brand im oberen Stockwerk handele und dass wir uns aber sofort nach draußen begeben sollten. Unpassend genug fiel mir das in Grünau ein, ich musste lächeln. Bettina war als erwachsene Frau von starken Männern umgeben, deren Meinung sie sich anzuschließen hatte, und darüber beschwerte sie sich einmal bei mir. Sie war maßlos überfordert, mit ihren Schwangerschaften und Kindern und diesen gebieterischen Männern, von denen einer ihr Ehemann war. Bitter hatte sie mir gesagt: »Ich werde doch nur über ihn definiert, nicht über mich selber.«

Sie hatte sich vermutlich nicht erinnert, und dass sie sich hinter meinem Rücken zehn Jahre später über ihren eigenen Auftritt an jenem Abend in Grünau beschämt geäußert hat, das änderte auch nichts.

Frau Inge Heym hält sich zurück. Warum ist ihr Mann nicht selber gekommen? Er erledigt das schriftlich, in einem neuen Buch. Aber ich erinnere mich an einen Abend bei Fania Fenelon. Es war sehr schwierig, mit ihr umzugehen, mit dieser fast kleinwüchsigen, fast kahlen Frau, die sich dennoch jeden Tag mit ihrer Kleidung und ihren kostbaren Perücken schön machte und Freundin sein wollte, ohne eigentlich noch eine solche Kraft zu haben. So war sie immer ein Grad zu überschwänglich, ehe die chemischen Mittel nachließen und die Attacken aus Angst und Dämonen sie wieder einholten. Sie liebte Jürgen Walter, von dem sie sagte, er spreche, als wäre er in Paris geboren, nur schneller. Sein Französisch sei makellos. Wir sollten zu ihr kommen, weil sie begonnen hatte, ihr Buch »Das Mädchenorchester aus Auschwitz« zu schreiben. Sie las, Jürgen übersetzte für mich, aber das dauerte Fania dann zu lange, und sie ließ das bereits Geschriebene liegen und erzählte stattdessen, was ihr gerade einfiel, als Anekdote oder einzigartiger grausamer Augenblick. Sie sprach deutsch, damit Jürgen sie nicht unterbrechen musste, und wir ließen den Tee kalt werden, von Grauen und Faszination gleichermaßen überanstrengt, denn sie erzählte das Schreckliche so wunderbar, so reich, so genau, und obwohl sie nicht perfekt deutsch sprach, fand sie für alles das richtige Wort, für das Unerträgliche wie für den Stolz und die kleine Auflehnung. Ich dachte nur einmal flüchtig, während das Hirn aufnahm, dass sie das alles vielleicht nie wieder so formen könnte, wie schade, dass wir nichts hatten, um es zu speichern, wir waren nicht darauf vorbereitet.

Sie wohnte Unter den Linden, in jenem Appartementhaus über dem Laden mit Porzellan aus Meißen. Ihre Erzählung wurde vom Klingeln an der Haustür unterbrochen.

Es kam ein Freund, Stefan Heym. Er warf uns einen unfreundlichen Blick zu, unterbrach Fania, die uns eben liebevoll vorstellen wollte, und redete mit ihr französisch.

Nun geschah etwas, was ich bei Fania öfter erlebt habe.

Der Schalk stieg ihr in die Augen, sie lächelte charmant und wandte sich an Jürgen mit einer Frage, natürlich in französischer Sprache. Jürgen antwortete ihr und stand dann auf, um zu holen, worum sie ihn gebeten hatte. Eine Tasse für Heym, der aber, etwas unwirsch, mit einer Handbewegung ablehnte. Er wechselte in einen breiten englischen Slang über. Fania lachte und erzählte dem Jürgen den Zusammenhang mit etwas, das man wissen musste, um zu verstehen, was Heym meinte. Darauf antwortete Jürgen ihr polnisch, wissend, dass Fania in Auschwitz mit Polinnen im selben Block war und sie einander gelehrt hatten, sich zu verständigen.

Der Besuch wurde verschoben, in Deutsch seine Wiederholung bei besserer Gelegenheit angekündigt. Als der unangemeldete Gast gegangen war, warf sich Fania vergnügt der Länge nach in ihren Sessel und lachte: »Der hasst euch jetzt!« Aber dann wurde sie unvermittelt ernst und sagte ein paar Sätze über ihn, die waren klar und böse, und ich werde sie nicht wiederholen, denn ich wusste bei ihr nie, ob sie gerade die Wahrheit sagte oder mit Vergnügen schwindelte. Es war also möglich, dass sie sich diese »Informationen« eben ausgedacht hatte. In Fania war ein kleines Mädchen stecken geblieben, damals, als sie wegen Widerstandes gegen die deutschen Besatzer gefoltert und nach Auschwitz verschleppt wurde. Ein Foto hielt sie in Ehren, das zeigte sie und Gérard Philipe auf einer kleinen Bühne in Paris.

Unsere Freundschaft brachte einen wunderbaren Abend im

Opern-Café, als jeder, der sie kannte, zu ihrer Chanson-Premiere kam und für sie etwas sang oder rezitierte, wir auch, und die Frau des Journalisten Karl-Heinz Gerstner rauschte in einer rotsamtenen Robe herein, die hatte sie sich in Paris im Jahr 1938 machen lassen, und wir guckten und fassten an und kamen uns beinahe wie in Casablanca vor.

Der Abend war unvergesslich, wie jede Begegnung mit Fania, die vor Talent strotzte und zerbrochen war wie eine kleine Puppe. Sie war ihrer großen Liebe in die DDR gefolgt, aber er ließ sich von seiner Frau auch hier nicht scheiden, denn sie war eine friedliche Person und ging ihm nie auf die Nerven. Er mag die Fania auch geliebt haben, aber mit ihr leben wollte er gewiss nicht. Ich erinnere mich noch an ein bewegendes Gedicht, ein sehr schönes, nachdem er durch einen Unfall ums Leben gekommen war und damit all ihre wütenden und schmerzlichen Auflehnungen beendete. Es war ein Gedicht darüber, was sie ihm alles noch sagen wollte … es lässt sich auch nicht erzählen, wie so vieles. Wir haben zusammen geweint, aber dann habe ich sie gezwungen, die Ärzte in der Charité aufzusuchen, weil ihr Zustand bedrohlich war. Wie bitte? Natürlich war das nicht leicht, und es fehlte nicht viel und sie hätte mir jeden Umgang aufgekündigt. Aber es musste sein, und sie gab endlich nach, aber als ich sie sehr früh morgens in meinem Trabant in die Charité zur Aufnahme auf eine Station brachte, überschüttete sie mich mit bitteren Vorwürfen, nannte mich so unmenschlich, wie diese Polin da, und die Deutsche, die ihr in Auschwitz die Haare ausgerissen habe. Sie hatte Angst, vor Schmerzen, vor der Diagnose, vor dem Tod.

Jene Arroganz von Heym in ihrer Wohnung beruhte nicht auf gegensätzlicher Meinung. Ich glaube, er kannte mich gar nicht, und den Jürgen sowieso nicht. Es war Jahre vor den Auseinandersetzungen im Schriftstellerverband, zu deren Austragung ihm und anderen die gesamte Weltpresse zur Verfügung stand, während einige von uns sich nicht einmal im Organ des Hundezüchterverbandes hätten wehren dürfen.

Alles Jahre her, Wunden, kaum vernarbte, und andere, die ihre schmerzenden Fühler in Bereiche stecken, die eigentlich tabu sein sollten. Aber wir sind ja jetzt in einem neuen Land, in einer neuen Ära, in Grünau, wo die Besucher protestierten. Da müssen wir uns noch verabschieden.

Salomea Genin meldete sich noch einmal, aber sie kam nicht mehr zum Zuge, denn die Leute winkten ihr ab, und ich fragte sie: »Welches Buch von mir haben Sie denn gelesen?« Sie sagte, noch keins. Die Leute standen auf und beschwerten sich über die Störungen, einige sagten, sie kämen mal zu mir, wenn sie so etwas nicht erleben müssten.

Wir gingen in den Vorraum, ich hörte, wie die Veranstalterin zu Frau Heym sagte: »Sie und tolerant? Sie sind nicht tolerant, Sie verlangen das immer bloß von allen anderen.« Auf den Punkt, dachte ich, aber auch ganz schön mutig.

Die Leute, die meinetwegen gekommen waren, drängten sich um unsere Bücher, als sich Salomea Genin neben mich setzte. Sie fragte: »Welches Buch sollte ich denn mal lesen?« – »Die Bibel«, sagte ich, »die Bibel, Salomea.«

Gehen wir, halten wir uns an der Hand und den Mund, es gibt nichts zu sagen.


PS: Alles hat mit allem zu tun, und jeder Augenblick mit dem vorangegangenen. Ich lese viele Jahre später gemütlich mein »Neues Deutschland« vom Wochenende und traue meinen Augen nicht.

Da steht schwarz auf weiß, dass Salomea Genin lange Zeit IM war. Sie wurde als Jüdin von den Nazis aus Deutschland vertrieben und ist 1959 zurückgekehrt, um hier den Sozialismus aufzubauen, oder dabei zu helfen. Es ist ihr vieles nicht geglückt, sie war unzufrieden, die Gründe dafür kenne ich nicht. Aber laut Aussage meiner Zeitung hat sie gesagt: »Die Partei war meine Mama, die Stasi mein Papa.«

Triumph? Schöner Augenblick, gar schönster?

Nein, aber wie mein Freund Peter Edel mahnend zu sagen pflegte, auch wenn schon alles übertrieben Prophezeite eingetroffen war: »Also, LANGSAM, LANGSAM …«

Ja, Peter. Zeit, wieder einmal deine Autobiografie »Wenn es ans Leben geht« zu lesen. Du fehlst uns immer noch.

Mein Mann sagt, der junge Kerl in Grünau hatte einen klassischen SS-Mantel an, bodenlang und aus schwarzem Leder, mit Gürtel. Ich kannte ihn nicht, weiß bis jetzt nicht, wer er war. Er hat ja auch nur gesagt, dass es in der DDR keine Freiheit gab. Das sagen andere auch, ohne Ledermantel, ganz normale Leute, obwohl mir auch die nicht erklären können, wie ihre jetzige Freiheit aussieht. Nachdem in einer Fernsehsendung neulich ziemlich offen über die Nachteile des Anschlusses geredet worden war und man sich gegen Ende alle Mühe gab, seine Vorteile vom Teller zu kratzen, meinte Günter Jauch etwas eingeschnappt: »Und die Freiheit, die woll'n wir mal nicht vergessen. Der Begriff ist hier die ganze Zeit noch nicht gefallen.«

Freiheit, was für ein romantisches Wort. Du hast jetzt die Freiheit, zu reisen. Ja, sagen Leute, aber ich habe nicht das Geld. Dann kannst du dir diese Freiheit schon mal an den Hut stecken. Ich frage andere: Seid ihr früher gereist? Ihr durftet doch nicht. Sie sagen, sie waren in Bulgarien am Meer, auf Rügen, sie waren mal in Ungarn oder Rumänien, in Polen, in der ČSSR, sie waren in Moskau …

Hat's euch gefallen? Sie sagen, naja, überall gibt's was. Nach Mallorca kann man doch nicht mehr, und in die Türkei, da sind die reichen Russen, die saufen und schreien rum …

Und? Ja, sie waren viel unterwegs, besonders am Anfang, aber naja … genauer kriege ich es nicht.

Ich wünschte, mir könnte einmal jemand erklären, was Freiheit eigentlich, außer der Abwesenheit benennbarer Unfreiheiten, eigentlich meint, was ich fordern darf im Namen der Freiheit. Pressefreiheit kann es nicht sein, die wird weltweit verletzt oder verkauft. Die Freiheit des Individuums? Ich kenne sie nicht, und vielleicht bin ich damit ja wieder in einem stolzen Millionenverband.

Ich glaube, dass sich viele ehrliche Menschen am 4. November in Berlin und auch im Augenblick der Öffnung der Mauer für einen Augenblick frei fühlten von allem, was sie an der DDR bis zum Überdruss geärgert oder gekränkt hat. Sie wurden aus einer Vormundschaft entlassen und waren überzeugt davon, selber etwas dazu beigetragen zu haben. Aber schon der

unehrliche Einigungsvertrag beendete dieses verdiente, so treu-
herzige Gefühl.

Sie hatten diesen Rausch verdient, diese plötzliche Erhaben-
heit und das Herausgehobensein aus scheinbar bis zum Ende
des eigenen Lebens vorgesehenen Einschränkungen. Was sie
dafür leisten und aufgeben müssen, wie wenig viele von sich selber behalten dürfen, das haben sie nicht wissen können. Aber so
ist Geschichte, so läuft sie ab. Als die in den Strohschuhen das
Winterpalais stürmten, als andere auf der Aurora die Gewehre
umdrehten, was haben sie da gewusst, was ihnen an Diktatur
im Namen des Proletariats, im Namen der gefürchteten Konterrevolution bevorstand? Ich trauere nicht der DDR nach. Wenn
sie abgewirtschaftet hatte, moralisch eher als wirtschaftlich,
wenn die da oben den eigenen »Maßnahmen« erlegen sind, die
aus verständlichen und neurotischen Ängsten entstanden, dann
soll es so gewesen sein, und es wird Zeit, sich der Zukunft zuzu-
wenden.

Ich trauere um uns, dich, mich, wie wir miteinander umgegangen sind, was uns Nähe zueinander bedeutete. Es gab da
etwas, das werden wir nicht mehr erleben. Es war nicht laut,
nicht aufdringlich, es hatte mit politischen Witzen zu tun – nun
gibt es ja keine mehr – mit unseren Ähnlichkeiten im Alltag,
und ich lasse mir von niemandem sagen, dass es kleinbürgerlich
war. Das ist auch bloß ein Wort, ein missbräuchliches. Es gab
etwas, das ein Verlust ist, etwas, was wir verloren haben.

Für immer, denn es brauchte seinen Boden wie alles Lebendige. Vielleicht sollten wir den genauer untersuchen, als er uns
jetzt, besonders rund um den zwanzigsten Jahrestag der großen
Veränderung, aufdringlich geschildert wird. Ich war nicht bei
der Stasi. Du auch nicht. Also können nicht alle dabei gewesen
sein. Aber warum erlebte meine Tochter Kirsten bei endlicher
Einsicht in ihre Akten, dass sie nur zwei Seiten mit ganz unwichtigen Informationen über ihren eigenen Alltag lesen durfte, alles
andere in der Akte war gestrichen oder zugeklebt oder steckte
in blickdichter Folie? Vielleicht war es ja so: Bei ihr und ihrem
nicht ganz übersichtlichen Mann tummelten sich immer viele
Leute, die ihre Abende gern unterhaltsam verbrachten. Darun-

ter waren sicher solche, die darüber berichten sollten. Die werden doch meist aufgedeckt. Aber wie ist es mit jenen, die über die Berichter berichten sollten oder gar in zweifachem Dienst kamen? So könnte ein Schuh daraus werden, aber da die Begutachteten damals nicht auf solche Idee kamen, ehe sie als ganz normales Leben gelegentlich den einen oder anderen verdächtigten, wollen wir das ruhen lassen. So haben wir uns am Telefon geeinigt, meine Tochter und ich, und wer das mitgehört hat, wird wohl ganz zufrieden sein.

Und die da oben? Sie haben nach wie vor keinen Respekt vor unserem Leben.

Solange noch Ossis leben, wird sich das auch nicht ändern.

# SIE HABEN
## ES GEMACHT

Ich ahnte es, habe es kommen sehen, für möglich gehalten. Aber geglaubt habe ich es nicht, denn ich habe es nicht glauben wollen. Unser Land ist weit offen, wie Rudis Reste-Rampe. Wer das Geld hat, kann sich bedienen, sich einkaufen, entschädigen lassen, Fördergelder einsacken, Insolvenz anmelden oder unter Mitnahme von Wertvollem abhauen, mit Riesenrad oder teurer neuerer Technik, oder er kann behaupten, dass die betrieblichen Dezibel nicht der Norm entsprechen, da stehen halt umgehend zweihundert Leute arbeitslos auf der Straße.

Das alles und viel mehr habe ich gesehen und die Signale erkannt: Mit diesem Ding da, auf dem Platz da, muss etwas passieren, es kann nicht einfach stehen bleiben. Ein gerade amtierender Kanzler nannte das Bauwerk für seine Augen »unerträglich«. Nun kann er sich bei den Nachbarn hübsche Pipelines angucken, dafür wird er sicher erträglich entschädigt.

Würde ein solches Urteil jemand von uns für irgendeinen Bau auf der Welt anders als »nach meinem Geschmack« anmerken?

Aber Taktlosigkeit allein konnte nicht genügen. Das Wort »Asbest« war schon deutlicher, wies auf geplante größere Maßnahmen hin, vielleicht auf Entkernung; dieses Wort ist auch gefallen. Aber als ein paar tapfere Leute darauf hinwiesen, dass es um das ICC und andere beliebte Stätten in Berlin dann wohl auch ginge, geriet jene Feuermeldung wieder ins Stille.

Die Bilder von den Wänden kamen in Depots. Wo auf der Welt ist jemals dem Auge der Öffentlichkeit die Kunst unter dem Argument »Auftragskunst«, also vom Staat bezahlt, also jetzt unser Eigentum, aber nicht unser Geschmack und also nicht mehr vorzeigbar, entzogen worden?

Mozart hätte ohne fürstliche Unterstützung nicht überleben

können, und was Goethe von seinem Herzog empfing, das war auch nicht nur gesinnungsfreies Gartenhaus.

Der bitterste Vorwurf an uns lautete: »Sie haben für diesen Murks das Schloss gesprengt.«

Nicht das Schloss, eine Ruine wurde gesprengt. Ob das klug war, darüber lässt sich streiten. Es ist aber doch seltsam, mit wie vielen sorgsam geretteten Teilen auf einmal für ein neues Schloss argumentiert wird. Die wurden nicht gesprengt? Und sind doch feudale Teile aus feudaler Zeit?

Wir wussten, dass es um jenen Raum ging, in dem sich eine Volkskammer erdreistet hatte zu tagen. Der Saal durfte nicht im Leben bleiben.

Aber gab es nicht noch einen anderen triftigen Grund?

Hendrik Broder, dem es nie am falschen Wort zur rechten Zeit fehlt, muss heute noch lachen, wenn er erzählt, dass man im Osten in jeder Raststätte viel Roulade mit Rotkohl und Klößen für 1,99 verzehren konnte, und er habe das auch immer gegessen. Braver Wessi, fügt er natürlich sofort hinzu, es habe furchtbar geschmeckt. Da gehen unsere Erinnerungen aber auch auseinander.

Es geht ums Geld, es geht inzwischen immer ums Geld. Den Palast der Republik konnten sich früher auch Familien leisten, um dort zu essen, zu trinken, zu erleben, sich sommers in der angenehmen Kühle zu laben, oder im Winter, wenn sie von weit her kamen, aufzuwärmen, ehe sie weiter in den Geschäften suchten, was sie im heimischen Ort nicht kaufen konnten.

Die hiesigen Preise konnten und würden nicht bleiben, aber man war nicht gleich so dreist, sie den Nürnberger oder Hamburger Verhältnissen anzugleichen. Nicht nur, weil hier niemand soviel bezahlen konnte, die Leute gaben ihr Geld auch für viel anderen neuen Scheiß aus, sondern weil der Vergleich zu früher am selben Ort unangenehm war. Man mag es ja fast nicht sagen, aber es war ein Haus des Volkes, von ihm bezahlt, und für das Volk, und es gedieh besser als die unpassend hingeklotzten Brocken von Kulturhäusern, die nahe dem großen Werk auf die Wiese gestellt wurden, zu nahe am Werk, und wo sie heute noch stehen, versuchen Idealisten, in ihnen Kultur, wenigstens als Nische, überleben zu lassen. Aber Strom und Heizung fressen die unzuverlässig fließenden Sachkosten weg, und geliebt wurden diese ungemütlichen Bauten nie.

Die hübsche neue Lebenswelt war unüberschaubarer als im Fernsehen, sie fing an, Angst zu machen, und wer mit ihr Schritt halten wollte, musste zwanzigtausend Gesetze und Verordnungen lernen, die auf einmal sein Leben betrafen und regeln sollten. Wenn einem das widerfährt, kann man nicht überall gleichzeitig hinschauen, es unterlaufen einem Fehler, vor Begeisterung, vor Unkenntnis, und am Ende stehen Verluste, herrührend aus Überforderungen. Man hat das nicht gewusst, nicht gekannt, nicht bedacht, man hätte früher ... aber die Freuden, ja, vieles ist natürlich auch angenehm, erstmals zugänglich, riecht und schmeckt, statt als Zweitakter zu stinken oder als See umzukippen.

Unter unserem langen Balkon war nun nicht mehr der Check Point Charlie zu sehen, sondern Gehen und Fahren auf nicht mehr unterbrochener Straße, als wäre es nie anders gewesen. Die Straßen lagen ja noch wie vor der Teilung Berlins, das Auge konnte ihnen von hier oben auch vorher so folgen, sie liefen zum Potsdamer Platz oder nach Kreuzberg. Der Grenzpunkt war rasch abgeräumt, aber der Herr Hildebrandt, tapferer Kämpfer gegen die DDR in allen Disziplinen, wurde doch nicht dort zur ewigen Ruhe gebettet, ja, auch er wurde um seinen Ruhm gebracht, denn seine Rolle war überflüssig geworden, trotz seiner empörten Gattin. Nun fließt der Autoverkehr, durch nichts als sich selber aufgehalten.

Die andere Aussicht, die vom kleinen Balkon unserer Wohnung in der Platte, das blieb der gewohnte, im Lauf der Jahrzehnte in der DDR so gründlich verwandelte Ausblick und Anblick, auferstanden aus Ruinen und nun mit ganz ungewisser Zukunft. Da waren nur Trümmer, bevor das Schauspielhaus neu entstand, der Französische und der Deutsche Dom, und rings sind die Bäume wundersam gewachsen, die werden gerade mit unseren Unterschriften verteidigt.

Sie sollten weg, um den Blick über einen der »schönsten Plätze Europas« ungehindert schweifen lassen zu können. Hat bisher aber nicht geklappt, das sagt auch nichts. Die Zukunft bleibt ungewiss, denn sie wird von sehr unterschiedlich denkenden Leuten im Senat und Bund jeweils anders geplant.

Die Politiker versuchen immer, ihre kleinen, ihre vorläufigen oder gewaltigen und von der Wirtschaft entschiedenen Lösungen durchzusetzen. Aber meist, noch ehe ein Stein bewegt wurde, verschwinden sie selber wieder, nach oben oder zur Seite, ruhmbedeckt oder bekleckert, weg sind sie.

Eines Morgens hängten Arbeiter eine kackgelbe Tüte über den ganzen Palast.

Wie haben sie sich dabei gefühlt? Und was sollte uns das sein? Lustig, oder sollten wir uns durch einen Schritt in die richtige Richtung an die endgültige Lösung gewöhnen? Die Zahnstocher-Variante war wohl auch nichts gewesen, über die redete bald niemand mehr, während Zahlen die eigentliche Nachricht überdeckten. Es ging scheinbar darum, was mehr kosten würde: ein Abriss, oder das erträumte Schloss einfach daneben setzen und nicht an die noch besetzte Stelle.

Es schien noch nicht zu spät, denn noch war nichts entschieden, und wir belagerten weiterhin freundlich ein Gebäude, mit dem ich manchmal abends Zwiesprache hielt: Ich kann dich sehen, auch hinter dieser Tütenmaske. Ich weiß noch zuviel. Zum Beispiel, wie beim ersten Festival des politischen Liedes der Liedermacher aus München seinen Fuß zum besseren Halt seiner Gitarre auf einen frisch bezogenen rotsamtenen Stuhl stellte, und wir uns schlecht auf seine Lieder konzentrieren konnten, weil uns sein Straßenschuh auf dem roten Samt unpassend war. Wir taten aber nichts, bis Jalda Rebling aufstand, ihm während eines Beifalls ein Blatt Papier unter den Schuh schob, und wir lachten. Ihre Mama Lin Jaldati fragte uns später, ob wir Schuh-Abdrücke sammeln.

Sie hatte es nicht verstanden, und so geht es jetzt mir. Es sah erst nicht so aus, aber nun zeigt sich allmählich, dass der Abriss eine Wunde hinterlassen hat, die nicht gleich nach Narbe aussah, aber es ist schlimmer, sie heilt nicht und rückt immer deutlicher ins Bewusstsein von Menschen, von Bürgern, die nun nach der Notwendigkeit solchen Eingriffs in die Stadtmitte fragen. Es soll nicht bitter klingen, aber sie haben uns gefehlt, damals, als wir uns im früher zu oft versäumten Widerstand übten.

Ich habe in jenem Haus viel Lampenfieber erlebt, eigenes und solches von Kollegen aus der großen weiten Welt. Wir haben es überwinden müssen, vor einem respektierten, manchmal geliebten Publikum, das sich einerseits flach unterhalten ließ, und manchmal reagierte es wie ein kostbares dunkles Cello, denen da oben einen unvergesslichen Strom von Aufmerksamkeit und Mitschwingen schickend, dem Süverkrüpp ebenso wie Hermann van Veen oder Peter Hofmann. Das beste Publikum der Welt, sagten die Künstler damals, die verstehen alles. Das sagte auch Branduardi, sagte Bécaud, und welch ein Beifall wurde ihnen zuteil. Ich weiß es, ich war dabei.

Für mich war der Palast Schule und Festsaal, letzteres selten. Und wenn, dann hatte es mit meiner Arbeit oder der meiner Kollegen zu tun. War es nur Fest und Schwof, konnte man sich sehr bald wieder verdrücken, und wir sind zu Fuß nachhause geschlendert. Du gehörst zu unserem Leben, und wir wissen dich doch, wir haben dich ja auch bezahlt, fanden dich hübsch oder schön oder beruhigten uns durch eine gewisse Nähe zum Bauhaus-Stil. Naja, die vielen Lampen, aber sie werden sich nicht trauen, dachten wir.

Sie haben sich doch getraut, und wir konnten nichts dagegen tun. Während abgerissen wurde, habe ich mich vor dem Hinsehen gedrückt. Und kam eines Tages in Sachsen zu einer Veranstaltung in ein Kulturhaus, kleiner Saal, und als sich meine Augen an das Dunkel gewöhnt hatten, sah ich es. Der Leiter sagte: »Kennste die Stühle? Haben sie uns angeboten, für paar Mark, sind wir natürlich sofort hin und haben sie abgeholt. Bezahlen können wir später. Die haben auch noch nicht gemahnt.« Es waren die Rotsamtenen, fünfzig Stück, für weniger Geld, als eine Übernachtung im »Adlon« kostet.

Als ich in einer Garderobe anderen Ortes einen Kaffee trinke, lese ich in den bekannten geschwungenen Buchstaben auf der Tasse »PdR«, und es ist nicht das einzige Mal geblieben. Woanders in Berlin steht der Tresen aus jenem Haus, vielleicht gerade der, hinter dem Tochter Stefanie ihre Auskünfte erteilt hat.

Vor unseren Augen befindet sich nun eine nackige Fläche.

Da soll ja aber wieder was hin, was ganz Besonderes, historisch Sinnfälliges, aber wir nennen es vielleicht doch nicht Schloss, sondern Forum, oder die Mitte von Berlin mit ihrem geschichtlichen Gewicht, klingt doch auch ganz prima. Das passt zwar nicht ganz, weil gerade das Nikolai-Viertel ob seiner Rückgewandtheit kitschig genannt wird, aber das war der andere, der das gesagt hat, den gibt es ja hier nicht mehr. Es war auch nur wegen der billigen Bauweise, Beton kannte man doch bei den Originalen noch nicht. Das wird den neuen Bauherren nicht passieren, wenn schon, dann alles original. Es wird teuer, aber ob uns das je teuer werden kann, das wissen wir noch nicht.

Es gibt den Palast nicht mehr, das sagt sich leicht, aber es stimmt so nicht.

Da der Palast beseitigt wurde, ohne einen anderen als einen bitter einleuchtenden politischen Grund, einen vom Siegerstandpunkt aus, ist er mehr Leuten in die erinnernde Seele gelangt, als sie vorher für möglich hielten. Weil alles so neu, so überwältigend, so »Na endlich!« war. Von jenen Bürgern unter uns, die früher und in der Gegenwart alles ausschließlich in den abwertenden oder sogar vernichtenden Blick nahmen, war gegen nichts an Bedenken zu hören.

Wir wehren uns ja auch momentan nicht besonders. Jedenfalls kaum nachweisbar. Dass uns zweimal die Hälfte unserer Lebensersparnisse genommen wurde, und dass die Preise nach Einführung des Euro sehr bald auf den Stand der DM zurückkehrten, das wird noch – erstaunt? – hingenommen.

Wir leben jetzt anders. Ja, auch wir waren mit Laura an der Algarve, es war sehr schön, aber wir entdeckten die in der DDR aus militärischen Gründen verschlossenen wunderbaren Wälder Brandenburgs neu und verliebten uns in die eigene Heimat.

Zu der gehörte einmal der Palast der Republik.

Er gehörte mir, mir auch, und ich wurde ohne einsehbaren Grund aus ihm entfernt. Ich habe dort Federn gelassen, Irrtümer bemerkt, gute Arbeit abgeliefert und Freundschaften fürs Leben geschlossen.

Sie haben mir die Schulbank und den Platz als Zuschauer abgerissen. Nun sehe ich, dass Gras über die Fläche gebreitet ist und wachsen will, das nach städtischer Ordnung aber nicht belatscht werden soll. Man soll außen rum gehen, bis die Mitte Berlins neu gestaltet worden ist.

Da nun muss ich lachen. Daran halten sich doch unsere Rasenlatscher nicht.

Und ich war noch nicht dort, denn noch immer mache ich einen großen Bogen um den Kiez, in dem es das Café gibt, vor dem ich mit Erwin Geschonneck Kaffee getrunken habe, kurz vor seinem Hundertsten, gleich neben dem Haus, in dem ich jahrzehntelang zum Schriftstellerverband gegangen bin, schräg gegenüber der Kirche, in der ich nach unserer standesamtlichen Trauung das Geschenk meines Mannes erlebt habe, ein Orgelkonzert nur für uns beide, die D-Moll-Toccata von Johann Sebastian Bach.

Und gleich daneben, liebe Kinder, gab es ein großes Gebäude mit einem sehr großen Saal, der war ausgestattet mit einer in Europa einmaligen Technik und dort gab es im Foyer eine große Blume aus Glas. Wir wissen nicht, wo sie abgeblieben ist, aber die Fotos von ihr kann man in vielen Familienalben finden.

Meine Tochter hatte dort bei der Arbeit immer kalte Füße. Aber das ist das Einzige, was ich ihm vorwerfen kann. Ein Urteil wurde gefällt und vollzogen, Herr und Frau Großkotz. Es wird in meiner Seele nicht als verständlich ankommen, solange ich lebe.

»Immer schleift der Sieger den Palast des Besiegten und baut auf selbem Grund vom Geld des Besiegten seinen eigenen Palast.« Das habe ich 1992 in meinem Buch »Die blödesten Augenblicke meines Lebens« geschrieben. Was für ein hellsichtiger Moment.

# ÜBER
## MAGIE
# UND TROST

Als ich sehr jung war, fand ich mich sehr wichtig, und vor allem sehr erwachsen bei solcher Verkündung: Ich glaube nur an das, was ich sehe, anfassen kann, was ich weiß. Ich nannte mich Atheistin. Wunder gehören ins Märchenbuch, Wundersames ist immer erklärbar.

Es war an einem Mittag im winterlichen Dorf. Ich saß am ebenerdigen Fenster, blickte durch das Gitter aus Stäben und eisernen Kreisen hinaus, träumte und sah.

Ringsum war alles verschneit, und für diesen Moment meiner absoluten Nähe zu den Dingen draußen und drinnen gab es nichts als Stille. Es war ein Sonntag, die kleine Fabrik für Landmaschinen nebenan heiligte den Ruhetag, es gab auch kein Pferdefuhrwerk, das zu dieser Zeit mit seinen eisernen Rädern durch den Schnee zu kommen suchte. Fahrräder hätten keinen Lärm gemacht, aber es war auch keins auf den kalten Schrunden der unbefestigten Landstraße zu denken, viel zu gefährlich, und die drei Autos, die es gegeben hatte, waren eingezogen worden. Und Vorhauers kleiner Transporter stand im Stall, weil Vorhauer wegen Schwarzschlachtens im Gefängnis in Linz von der Todesstrafe bedroht war. Aber der Krieg war schon einen weiten Weg gegangen, einen von Leichen starrenden, so kam der dicke Mann bald wieder nachhause, machte seine Arbeit, fuhr die Kohlen aus, schenkte das Bier ein und schlachtete zum Wohle vieler weiterhin ohne Genehmigung.

Es lag genug Schnee, das Fortgehen und Heimkommen beschwerlich zu machen, und der Himmel war ganz blau, nur wenige weiße Wolken schwammen wie ohne Absicht langsam durch den hohen Bogen aus Azur. Es schien, als ob sich nichts bewegte, und dennoch schwebten federleichte Flocken herab, ganz senkrecht, wie in einer gläsernen Schneekugel. Eine jede hatte ihren eigenen Platz, wie Luft zum Atmen, sie berührten sich nicht, verschmolzen nicht, sie flogen und ließen sich nieder, und es war trocken und kalt genug, dass ihnen ihre Vollkommenheit ein Weilchen erhalten bleiben würde. Es kam keine an mein Fenster, aber es war, als ließe sich ein kostbarer gestickter Schleier herunter, die einzelne Flocke geselle sich zur Schneedecke, und alles habe seine geheimnisvolle Ordnung.

Was ich sah, machte mir meine ungeliebten dreizehn Jahre auf einmal wichtiger und reicher durch etwas, was vielleicht nur ich so sah. Aber das konnte ja für vieles in meinem noch ganz unabsehbaren Leben gelten. Es war Magie, ein unvergessener Zauber, den ich heute noch wie eine sehr scharfe Fotografie in meinem Gedächtnis aufbewahre. Und es war Trost für vieles, das so sehr des Trostes bedurfte.

Ich setzte damals das Gespräch fort, das ich auf dem Kirschbaum begonnen hatte, als ich die Stare vertreiben musste, dabei nicht lesen konnte und mir eigentlich sehr langweilig war. Ich habe mit Gott gesprochen und ihn gebeten, mir für einen Moment das Gesicht des Mannes zu zeigen, der einmal meine große Liebe sein würde. Meinen Mann, den einzigen, denn das hatte ich mir vorgenommen: Es würde nur einen einzigen Mann geben, der mich berühren durfte, den ich berühren würde. Kann sein, dass ich da schon mit jenem Unbekannten gesprochen habe, wie später so oft, wenn er mir beistehen musste, weil ich mich allein nicht zurechtfand. Wenn ich merkte, dass ich mich ein weiteres Mal »verguckt« und einen für ihn gehalten hatte, der es wieder nicht war.

Wo ich doch sonst so schlau tat, seit meiner Kindheit Gesichte hatte und meine Hände auf Schmerzen legen konnte, worauf die manchmal verschwanden. Auch Warzen und Gürtelrose. Ich hätte ja vielleicht mit der Kiepe in den Wald gehen sollen und recht schnell die weise alte Ursel werden, zu der man heimlich ging und die man tags nicht kannte. Ich mochte solche Gabe nicht und wollte sie loswerden, immer, bis heute. Ich wehre mich dagegen, dass mir ein Blick oder Händedruck ein Gefühl für die Lage eines Menschen gibt, oder oft genug sogar eine Ahnung von Kommendem, aber immer nur für das Unheil, nie für das große Los oder das ganze Glück. Es ist aber so, und ich habe es weiter vererbt, aber fröhlich sind meine weiblichen Nachkommen damit auch nicht.

Kommt hinzu, dass ich noch niemals für mich selber etwas damit anfangen konnte. Mich hat nie eine innere Stimme gewarnt oder geheilt, das schon gar nicht. Ich musste meine Migränen erdulden, während ich sie anderen manchmal beruhigen kann. Auch bei ehrlichem Nachdenken fällt mir nicht ein, wovor ich je instinktiv früh genug gewarnt worden wäre, wenn meine Seele gerade glaubte, auf etwas besonders Schönes zuzuschweben oder zu trampeln.

Mir fällt gerade ein, dass es mir doch einmal genützt hat. Die DDR erlaubte mir, an einer Talkshow teilzunehmen, im Café Kranzler, und die damals noch von Wolfgang Menge, Elke Heidenreich und Gisela Marx geführten Gespräche waren weitaus anspruchvoller als heutzutage, wo es ja nur um Witz und vordergründige Unterhaltung geht. Ich hatte mir Gisela Marx als Interviewerin ausgesucht. Mit meinem Mann und dem Verleger Chowanetz tauchte ich im Kranzler auf, ja keinen Augenblick zu früh durch die Grenze, ich hätte mir ja Schaufenster angucken können. Ich wusste, dass ich auf Vorurteile stoße, als eine aus dem Osten, und dann auch noch Präsidentin – was war das in ihrem Falle überhaupt? Und dann sollte die ja irgendwie Autorin sein, kein Aas hat je ihren Namen gehört – nicht leicht haben würde. Meine Gesprächspartnerin saß mit der Zigarette in der Hand da und ließ sich kämmen. Wir begrüßten uns, sie hatte eine Migräne und sehnte sich mehr nach einer Ohnmacht als nach einem Gespräch, mit wem auch immer. Ich sagte: »Soll ich, oder soll ich nicht? Es ist mein Vorteil, wenn es Ihnen schlecht geht, aber Spaß macht mir das nicht.«

Sie wollte Hilfe, und ich nahm ihr die Zigarette weg, eine stille Ecke war nicht zu finden, aber als sie mich fragte, was ich da mache, sagte ich: »Klappe halten. Ich mache eine Mäusetreppe.« Das hat sie nachher dem Publikum erzählt, jedenfalls hat sie es versucht, aber es ging ihr gut, so gut, dass sie sofort mein Rauchverbot missachtete. Zu mir war sie fair, freundlich, und wir konnten zusammen den Leuten ein Bild von meiner Arbeit und meinem Leben geben.

Inzwischen hatten sich zwei Männer, sehr berühmte, in aller Stille ziemlich besoffen, und der eine las später eigene Gedichte vor, bis die Gäste rebellierten. Der andere wollte partout nicht zu dem Thema sprechen, zu dem er geladen war. In der Presse kam ich groß raus, und also habe ich Recht, die Mäusetreppe hat mir einmal genützt.

Ich weiß manchmal, dass ich diesen Menschen nie wiedersehen werde, ich weiß aber nie, dass eine andere Person gerade einem großen Glück entgegengeht. Kann sein, ich habe ein schönes Gefühl beim Zuhören und eine glückliche Ahnung, aber nicht diese Gewissheit, die sich ausschließlich bei drohendem Unheil einstellt. Meine Hände können kein Herzweh lindern, das wäre mir viel lieber.

Als ich mich in meinen Mann verliebt hatte, gingen wir schweigend in Leipzig eine schmale Straße entlang und fanden die wichtigen Worte nicht. Von rechts nach links lief uns eine schwarze Katze über den Weg, rechts nach links, Glück brings. Links von uns war eine große offene Kirchentür, ein Mensch kam heraus, die Katze flitzte, und wir gingen hinein. Wir blieben im Mittelgang stehen, verschränkten die Finger ineinander, und es war Magie, denn beide dachten und wünschten sich das gleiche. In dieser Kirche waren wir nie wieder, es wäre uns unkeusch vorgekommen, aber wir haben sie auch nicht vergessen. Gestern habe ich ihn gefragt, ob ich mir die schwarze Katze nur eingebildet habe, aber er sagte, nein, die war da, wir haben sie gesehen und waren so überknallt, dass wir ihr geglaubt haben.

Wir waren in Harrachov, nachdem Laura geboren worden war. In Giczin standen wir auf dem schönen barocken Stadtplatz und sahen den Zwiebelturm der katholischen Kirche. Wir gingen hinein, und ich benetzte den Finger im Weihwasser, bekreuzigte mich, und wir gingen leise zu einer Bank, leise, um die alten Frauen nicht zu stören. Die waren in ihr Kopftuch gewickelt und redeten mit dem, der ihnen vielleicht nie oder manchmal geholfen hatte, während die Blicke immer das Marienbild suchten. Wir setzten uns, ich legte die Hände ineinander, könnte auch sagen, ich faltete sie, aber so weit will ich doch nicht gehen, und ich bat um Segen für meine kleine Enkelin. Es nützte vielleicht nichts, aber es würde ja auch nichts schaden.

Viele Jahre später mussten uns die Ärzte sagen, dass mein Mann mit seinen Krankheiten sehr alt werden könnte, aber er würde sie immer behalten und sie würden unser ganzes Leben bestimmen. Er würde nie mehr sehen können, und die andere Krankheit würde ihm immer Schmerzen machen, starke Medikamente erzwingen, und er würde zunehmend Hilfe brauchen.

Daran gab es nichts auszulegen, nichts zu beschwichtigen, es war die Wahrheit, und sie musste angenommen werden. Das ändert ja nichts an der Liebe, an der hatte nichts in unseren fast vierzig Jahren Zusammenleben etwas ändern können, nicht mal die neue, sehr harte und ganz andere Gesellschaft, aber ich sagte: »Ich möchte dich noch einmal heiraten.« – »Ich dich auch«, sagte er, und wir gingen an einem ganz normalen Sonntag mit Laura und ihrem Verlobten in die Messe und holten uns den kirchlichen Segen, so lange nach dem weltlichen Vorgang. Wir waren aufgeregt, und es war wunderbar, denn unser Pfarrer war der junge Neffe vom alten, von mir so verehrten Professor Frielinghaus, und nun kommt der junge Pfarrer manchmal zum Tee mit Keksen, und wir reden über Politik und die Welt und sind uns über die Werte einig. Er ist ein sehr mutiger Mann, nicht nur ein kluger, und in der Debatte um Ethik oder Religion in den Schulen hat er sich trotz seines Amtes so weit vorgewagt, dass er zu geweihten Männern in geschnitzten Stühlen zitiert wurde, ohne seine Meinung zu ändern. Wir haben ja dann auch zusammen die andere Seite überstimmt. So hat sich das gefügt, und was immer uns da widerfahren ist, es hat uns beruhigt, bestärkt und ist eine Erinnerung, die wir nicht missen möchten. Außer das anschließende Erlebnis, das von Laura und mir so sorgfältig vorbereitete Essen in einer teuren Kneipe, nahe der Kirche. Wir hatten vorher die Speisekarte abgeschrieben, sie meinem Bräutigam vorgelesen, einen Tisch reserviert und Laura hatte für den Tischschmuck mit weißen Rosen gesorgt. Der Tisch war aber nicht gedeckt, als wir kamen, und von der

Speisekarte gab es gar nichts. Sie haben uns etwas gebracht, teuer und eigentlich ungenießbar, und eine gähnende übermüdete Serviererin fragte, ob alles in Ordnung sei. Ich fragte sie, ob sie in der Küche Löwen halten. Denen solle sie doch bitte mein angebliches Chateaubriand vorwerfen, das mein ruhmreicher früherer Koch, nun gesegneter Ehemann, einmal mit seinem Besteck berührte, um mir bündig mitzuteilen, von welcher unwichtigen Stelle der Tieres es stamme, keinesfalls von der, die das Chateaubriand hergibt.

Da hat mein siebter Sinn auch schon vorher versagt, und da kann man mal sehen, wie wenig der für mein Behagen sorgt. Aber etwas in mir hat eingesehen, dass der Mensch schlecht lebt, wenn er an gar nichts glaubt, außer an das, was er im Moment sehen kann. Ich muss auch für möglich halten, was schwer oder vielleicht gar nicht zu erreichen ist. Ich muss es doch wenigstens versuchen, und manchmal, mitten am Tag oder müde im Dunkeln will ich einen Unbekannten um Rat oder Beistand bitten. Ich weiß gar nicht, ob »bitten« das richtige Wort dafür ist. Wenn ich von mir fordere, standzuhalten, weiterzumachen, dann erlaube ich mir auch, die Kraft dafür von jemandem zu fordern, den ich nicht benennen kann. »Jedem seinen eigenen Gott« sage ich in einem Gedicht. Und ich ende: »Die Erde ist so klein geworden / da lässt es sich nur als Nachbar leben. / Dann jeder mit seinem Gott / den er zu Liebe und Vernunft erziehen muss.«

Das habe ich vor etwa fünf Jahren geschrieben, vor einer Auseinandersetzung um irdische oder himmlische Werte, die wir uns eigentlich nicht leisten können, angesichts der vielen Untaten, die mit dem Kampf für den wahren Gott erklärt werden. Wer mordend einen Gottesstaat errichten will, fordert die Vernunft und den Mut zum Widerstand heraus.

Ich erwarte keinen Segen, für den ich nicht selber zu sorgen suche und der uns oft genug ja auch nicht zuteil wird.

Der Zauber kommt aus der Freude. Aus diesem Wunder, dass es noch immer meine Hände sind, die ich auf sein Herz legen kann, bis es ruhiger schlägt. Dass es noch immer sein Rücken ist, an den ich andocke und an dem ich Schlaf finde. Ich habe die wirksame Zeremonie des Einschlafens schon als Kind verpatzt, als ich, wie heute, nicht aufhören konnte, zu lesen oder wenigstens in Gedanken zu schreiben. Und bis heute überfällt mich nach dem langen und nicht immer leichten Tag die Angst, ich könnte bloß schlafen und eine Zeit verschwenden, die man doch so wunderbar für Besseres nutzen kann. Lesen und schreiben, wenn schon nicht kochen, nähen oder telefonieren, auch nachts nicht vonnöten.

»Du sollst mir nicht immer in den Kopf gucken«, sagen meine Enkelin und mein Mann. Neinnein, sage ich und werde es nicht unterlassen, solange ich lebe.

## BISSCHEN
## HIGHLIFE

Woody Allen hat einmal gesagt: »Das Einzige, was ich in meinem Leben bedauere ist, dass ich kein anderer bin.«

Das klingt ganz witzig, und er versucht ja immer, so zu tun, als sei er nur witzig, aber ich glaube ihm das nicht, sonst hätte er nicht den tragikomischen Film »Hanna und ihre Schwestern« machen können, sehr zum Heulen und sehr zum Lachen.

Woody Allen ist klein, dünnhaarig, sehr jiddisch, sehr genau beim Hinsehen, und er wäre vielleicht doch gern alles, was er ist, und außerdem noch ein ganz anderer. Das ist nicht witzig und nicht traurig, das ist normal.

Wir alle teilen mit ihm das Problem, dass wir mit diesem sonderbaren Menschen Ich auskommen müssen. Der wir im Lauf des Lebens geworden sind. »In guten und in schlechten Tagen«, das haben wir einem anderen Menschen versprochen, aber das gleiche Gelöbnis brauchen wir für uns selber.

Wenn ich mich manchmal beobachte, finde ich mich absonderlich, und bin froh, dass ich keine Auskunft geben muss über meine Gewohnheiten. Ich kann mich nicht erinnern, wann ich zum letzten Mal einen Tag lang, wie man so sagt, »gar nichts« getan habe. Mach doch mal gar nichts, sagt sogar mein Mann, der mich so gut kennt. Ich weiß nicht, wie man es macht, gar nichts zu machen. Das letzte Mal waren wir in einer wunderschönen Landschaft mit Versorgung ringsum, und ich habe mich tödlich gelangweilt, weil es nichts gab, was ich tun konnte. In einem Liegestuhl werde ich unerträglich nervös, das lässt sich nur durch einen Strandkorb steigern. Ich habe keine Lust zu einem Spaziergang am Meer und suche keinen Bernstein. Wenn mir ein so wundersamer Aufenthalt widerfährt, hoffe ich immer, dass es bald Abend wird und wieder ein Tag um ist. Nun waren wir schon mehrere Jahre aus einsehbaren Gründen nicht mehr in einem Urlaub, wo ich es doch immer zu nachwirkenden Abenteuern gebracht habe. Einmal habe ich mir am ersten Abend das Handgelenk gebrochen, einmal in Dubrovnik unter Wasser an einem Felsen mein Schienbein ruiniert, an der Ostsee bin ich mit dem Fahrrad über einen Stein auf einen Hügel geflogen, was sehr komisch ausgesehen haben muss, denn ich brauche nur das Vehikel zu erwähnen, schon bricht bei Laura die gute Laune aus.

Zuhause bin ich nicht so tollpatschig, aber ich bin, die ich bin, ob ich mich dafür lobe oder mich nicht leiden kann. Warum schaffe ich es nicht, vor 22 Uhr nach meinem Krimi zu greifen, um die Lektüre fortzusetzen, auf die ich mich den ganzen Tag schon gefreut habe? Undenkbar, ich täte das am Nachmittag.

Ich würde nie nach der letzten Bulette greifen, ehe sich nicht alle am Tisch auf den Bauch geklopft und gestöhnt haben: »Ich kann nicht mehr.« Das ist ein ganz besonderer Satz, wenn ich weiß, es stößt keinem Schlimmeres als ein bisschen zuviel vom Guten zu. Ich kann nicht mehr, das sind wunderbare Worte, wenn sie das Lachen meinen, das einvernehmliche, einander so nah, so österlich, so weihnachtlich, so »endlich mal wieder«. Mit vollem Mund spricht man nicht?

Bei mir aber doch, das auch vollmundige Erzählen ist ja die Hälfte vom Genuss, und ich habe schon bei meinen Kindern nicht auf »bessere« Manieren geachtet.

Ich hätte damals mit den Töchtern aus dem Laden gehen sollen, als sie viereckig und übellaunig die angebotenen zickigen Mädchenkleider partout nicht wollten, es aber auch nicht sagten, weil ich schwitzend und unsicher auf hübsche Details verwies, die ihnen scheißegal waren. Die Kleider waren nicht schick, sie waren nicht originell, aber die Mädchen hätten sie auch nicht als Haute Couture gewollt, sie wollten Jeans und Rollis und Turnschuhe und nichts anderes. Wir sind mit zwei Tüten verschwitzt erst gegangen, als wir alle nicht mehr konnten. Ich denke, es war meine Schuld, ich war zu früh ungeduldig geworden. So griffen sie nach der Waffe des Mundhaltens, und für den Rest des Tages waren wir in abgeschwächtem Einvernehmen. Ich war wohl gerade zu sehr mit mir selber beschäftigt und erfuhr erst später, dass es bei den zwölfjährigen Jungs eben Mode war, den Mädchen unter etwaige Röcke zu greifen, sie zu schubsen und sich grob an ihnen abzureagieren. Die Mädchen hatten Hemmungen, mir das zu sagen, weil sie befürchteten, dass ich nach meiner Art in die Schule kommen würde, um dazwischen zu gehen.

Ich brachte es tatsächlich zur Sprache, aber nicht wie befürchtet mit den Schülern, sondern am Elternabend, als wir unterschreiben sollten, dass wir kein Westfernsehen mehr zulassen werden, vor allem bei den Kindern nicht. Es war ein Freitagabend, die Eltern beeilten sich beim Unterschreiben, weil sie alle vor 21 Uhr nachhause wollten, um den Krimi mit dem heiseren Cooky nicht zu verpassen. Ich habe nicht unterschrieben und hielt also den ganzen Laden auf. Ich wollte wissen, was wir gegen die Grobheiten der Jungen tun könnten. Ein Papa meinte, das käme alles vom Westfernsehen, und ich hielt dagegen: »Zuviel der Ehre. Die ganz normale Pubertät ist also das Verdienst des Westfernsehens? Da wolln wir mal schnell nachhause gehen und gucken.«

Darauf gab Papa mir und meiner Arbeit die Schuld. Aber am nächsten Tag rief ein namenloser Mann bei mir an und wollte wissen, ob es stimmt, dass Heinz Kahlau und ich die Eltern der Schüler aufgefordert haben, von nun an nur Westfernsehen zu gucken. Ich sagte »Ja«, und dann kein Wort mehr. Er hat sich nie wieder gemeldet, und der arme Kahlau hatte gar nichts gesagt. Keiner der Anwesenden dachte auch nur einen Augenblick daran, mehr zu tun, als der Lehrerin gefällig zu sein, die eine Liste abgeben musste. Sie war eine sehr gute Lehrerin, und es war nicht ihr Einfall. Sie sah uns bittend an, aber da war es wieder, dieses »Ich kann nicht mehr«. Das nicht auch noch, neben Fahnenappell am Montagmorgen, Schule am Samstag und den vielen Schularbeiten, gegen die ich grundsätzlich war. Meine Töchter haben aber meinen Aktionismus gefürchtet, denn sie kannten die Schule von innen, sie kannten sie besser, und es hat auch nicht gerade zur Beliebtheit meiner Mädchen beigetragen, als ich meine Meinung dem Redakteur der Lehrerzeitung beim Interview diktierte. Es wurde gedruckt, er flog, ging über Ungarn nach Köln und landete bei Alfred Biolek, aber das ist eine andere Geschichte, wie die Abneigung zwischen mir und Margot, der Ministerin. Dagegen wäre auch nichts zu sagen gewesen, hätte es sich nicht um die falschen Gründe gehandelt. Sie erzählte, ich wolle in der DDR die antiautoritäre Erziehung einführen. Das war Unsinn, denn autoritäre wie antiautoritäre Erziehung sind beide schlechte Voraussetzungen für heranwachsende Menschen, die selbstbewusst werden sollen, um ihr Leben zu gestalten.

Ich kann nicht mehr, sollte ich wohl zu einem irgendwann eintreffenden Urenkelchen sagen, denn ich werde es nicht mehr lange genug begleiten können. Ein Ende ist absehbar, also sollte ich mich nicht unvergesslich machen.

Werde ich mich so verhalten? Den Teufel werde ich tun. Ich werde es lieben und mit ihm flüstern, werde es aus Vernunft weitgehend den Eltern überlassen, während ich in Wahrheit mit ihm allein sein möchte, weil es da am sichersten ist.

Auf Sicherheit für mich selber war ich nie genügend bedacht. Unter meine Obhut gerieten auch nichtsnutzige Lebewesen, die auf der Durchreise waren und sich zuviel von uns versprachen. Sie haben den Familienfrieden ziemlich gestört. Kaum waren sie eingetroffen, versuchten sie das von uns stammende weibliche Wesen von Grund auf zu ändern. Wir sahen uns oft in Nötigkeiten gedrängelt, auf deren Wichtigkeit wir vorher nicht gekommen wären. Wollte der eine uns zum Pyramidenspiel verleiten oder wenigstens das Geld dafür von uns pumpen, zog uns der andere in die Peinlichkeit übertriebenen Alkoholgenusses, nur weil wir dumm genug waren, einen gemeinsamen Familienurlaub zu planen, zu organisieren und zu bezahlen. Wir wollten niemandes Glück stören, aber einige Male mussten wir uns anhören, wir hätten ja so einverstanden gewirkt, besonders Heiligabend, mit unseren schönen Geschenken, da wurden die eigenen Bedenken dummerweise beruhigt. Und nun ist er weg? Ja, ich konnte einfach nicht mehr. Na, da haben wir ja noch Glück gehabt.

Ich habe mir nie einen Plan gemacht, wie ich meine Grenzen und Kompetenzen erweitern oder überschreiten könnte. Nie habe ich mir in aller Kühle vorgenommen, beim nächsten Vorfall ähnlicher Art aber mal auf den Putz zu hauen, mich nicht rauszuhalten oder zu ducken.

Es passierte immer, auch außerhalb der Familie und jedes Mal schien es, als habe es sich ohne jemandes Schuld zwingend ergeben. Ich weiß, dass mir oft die Kenntnis von größeren Zusammenhängen fehlte, denen ich nicht ausreichend auf den Grund ging.

Vielleicht hat jeder Mensch so einen Alarmknopf, auf den niemand ungestraft drücken darf. Die Anlässe mögen bei jedem anders sein, reichen auch vielleicht bis zu Wichtigtuerei. Aber es gibt heftige Reaktionen, die haben eine lange Geschichte.

Wir durften als Kinder niemals widersprechen, auch wenn wir fälschlich beschuldigt wurden. Und Ohrfeigen mussten wir empfangen, ohne die Hände zu heben.

Das ist es. Ich bin unfähig, Zeugin einer Ungerechtigkeit oder sogar an ihr beteiligt zu sein, ohne mich dagegen aufzulehnen. Sehe ich sie, kann ich mir die Wahrnehmung nicht ausreden. Ich reagiere, immer. Ob auf eine Lehrerin oder Dozentin, ob wegen eines jungen Bürgers, mit dem eine Behörde ja allemal umspringen kann. Mich interessiert nicht, ob jemand zu schnell fährt oder ohne Fahrschein, ob er eine Ordnungswidrigkeit oder irgendeine geringfügige Gesetzesverletzung begeht, anderes geht mich umso mehr an.

Ich habe, gegen meinen Vorteile, auch den ollen Schriftstellerverband der DDR verteidigt.

Es sah damals vielleicht so aus aus, als würde im Namen des Staates geschenkte Macht gegen hilflose Künstler ausgeübt, und es hat vorher auch oft gestimmt. Aber Mitte der siebziger Jahre stimmte es nicht. Ich denke bis heute, das für alle Seiten beschämende Ergebnis war genau so gewollt. Die Vorführung der Auseinandersetzung wurde in den westlichen Medien der Welt breit gefeiert. Der jahrelange Streit ging auch um ein Statut, das von jedem Mitglied unterschrieben worden war. Kein Anglerverein würde sich gefallen lassen, dass Mitglieder jahrelang nicht erscheinen und sich dann beim Gongschlag nur zum Hauen und Stechen einfinden.

Das Statut war überlebt, es stammte noch aus der ersten Stunde der Republik, und ich gebe zu, dass ich es auch nie gelesen habe, aber niemand beantragte jemals, es zu ändern.

Es war so unklug, mit blutendem Herzen auf eine Barrikade zu klettern, auf der anderen Seite auch Freunde wie Jurek Becker zu sehen, den kleinen Bruder, eines der wenigen Kinder, das Ravensbrück überlebte. Ich hatte ihm Freundschaft und Lachen zu danken, viel von seiner Gescheitheit, und ich bewunderte seine Art, Geschichten zu erzählen, witziger und tragischer, als es einer von uns anderen konnte. In der Schönhauser hat er die Geschichte von Jakob und seinem erfundenen Radio im Lager erzählt, und wir bestürmten ihn, die Geschichte unbedingt zu schreiben. Jurek war es, der mit einem großen Blumenstrauß bei mir erschien, nachdem mein ständig untreuer damaliger Partner von mir erfahren hatte, dass ich mich in einen anderen verliebt habe. Darauf gingen einige unserer männlichen Freunde auf die Barrikaden, sie boten ihm Unterkunft, die er für eine Woche auch in Anspruch nahm, und ich konnte froh sein, nicht gesteinigt zu werden. Nur Jurek stimmte da nicht ein, er kam mit den Blumen und meinte, soviel Ungerechtigkeit will er nicht, und außerdem geht ihn das gar nichts an, er ist froh, wenn er mit seinen Geschichten zurechtkommt.

Und immer und ewig bleibt mir die Geschichte seiner Kindheit, seine, unsere Anekdoten. Dass er nicht mehr lebt und dass wir uns vorher nie wiedergesehen haben, das ist nicht heilbar.

Das Persönliche hat sich irgendwie eingerenkt, und der historische Anteil daran hat den geahnten Preis gekostet. Aber vielleicht konnte damals, nach der ersten spontanen Stellungnahme, keiner zurück. Jeder war festgelegt, beschlagnahmt, so oder so.

Ich konnte auch nicht anders, denn unsere Seite war nur scheinbar gerüstet und gewappnet, in Wahrheit erlag sie allen Fehlern von vorher, die dann zu noch größerer Wehrlosigkeit geführt haben, während die andere Seite in Wahrheit unverwundbar war. Da die Bestrafung nicht geklappt hatte, nicht das

Einstellen jeder Nachfrage in der künstlerischen Arbeit, wurde diese Methode nun flugs aufgegeben und durch ihr Gegenteil ersetzt. Die Künstler hätten alles fordern können, aber es war zu spät für eine friedliche Regelung. Nicht zu spät für ein Nachgeben in solchem Ausmaß, dass über die Art der Ausreisen mit allem Lebensgepäck nun wieder andere Bürger der DDR bitter redeten. Die ganze vertrackte ausgedachte und nie durchsetzbare Kulturpolitik spielte eine schmähliche Rolle. Die Mächtigen in der DDR, so es sie denn in der Kultur gab, leisteten der Erbitterung jeden Vorschub und drängten zur Zersplitterung, um sich anschließend darüber zu beschweren, dass wir nicht klug genug jeden Streit vermieden hätten oder ihn wenigstens produktiv beendeten. Es wäre klug von mir gewesen, mich zu drücken. Andere haben das getan, aber die von mir empfundene Ungerechtigkeit war nicht zu leugnen. Ich war anwesend bei den Gesprächen zur Schlichtung. So gut kannten wir uns alle, dass die Positionen, die unverrückbaren, offen zutage traten. Es schnitt ins Lebendige, denn ich hatte mit Plenzdorf einen nicht gedrehten Film geschrieben, in der »Arbeitsgemeinschaft junger Autoren« saßen wir im Verband als Anfänger nebeneinander: Günter de Bruyn, Tragelehn, Irmtraud Morgner, Karl-Heinz Jakobs, andere, die inzwischen vergessen sind. Wir hatten zur gleichen Zeit angefangen, was hatten wir uns zu streiten?

Der Arzt, der sich eines Tages meiner annahm, ein Neffe des Schauspielers Oskar Sima, sagte zu meinem Mann: »Hau mit ihr aus Berlin ab und bring ihr für eine Weile bei: Was der Genosse wissen muss, steht im Neuen Deutschland.« Es sollte wohl ein Witz sein, aber zum Lachen war uns damals nicht.

Das Leben in unserem kleinen Land, dessen Name ehemalig genannt wird, gerät nun für die meisten seiner Bürger ungerecht. Das könnte die Erinnerung beschwichtigen, tut es aber nicht.

Und kokettiere ich vielleicht nur, wenn ich über Unwissenheit rede?

Eines Tages hatten wir, noch zu Zeiten scheinbaren inneren Friedens im Verband, eine Vollversammlung der Berliner Autoren in der Kongresshalle neben dem Haus des Lehrers am

Alexanderplatz. Mir war die Leitung für den Vormittag übertragen worden, und wegen der vielen bereits vorliegenden Wortmeldungen sollte ich niemanden länger als fünf Minuten reden lassen. Es begann mit einem sehr viel längeren Redefluss von einem Genossen aus der Bezirksleitung, der alle seine Schularbeiten brav ablas. Den habe ich nicht unterbrochen, soweit kannte ich die Regeln. Nach ihm ergriff Alfred Kurella das Wort, auch Mitglied unseres Verbandes.

Dass er leicht stotterte, dafür konnte er nicht, aber er machte sich, nach einigen politischen Phrasen, über den DEFA-Film »Der Dritte« her, den er in Grund und Boden verdammte. Den Film hatte mein Freund Günther Rücker geschrieben, meine Freundin Barbara Dittus spielte eine sehr schöne zweite Hauptrolle und das breite Publikum mochte diesen tapferen Versuch, das Recht der Frau auf Wahl eines geeigneten Partners witzig und liebenswürdig zu erzählen. Kurellas Kritik war ungerecht, und ich fürchtete, er verkünde hier ein Verdikt, schon wieder eins, schon wieder gegen einen gelungenen Film.

Ich schwang meine kleine Glocke, unterbrach Kurella und sagte: »Würdest auch du dich bitte an die Redezeit halten, du musst hier kein Co-Referat abliefern.« Darauf gab es sehr lauten und starken Beifall der Anwesenden, was mich ein bisschen wunderte. Bis zur Pause, da fuhr der Genosse Dr. Bauer von der Bezirksleitung auf mich los, was mir einfalle, Kurella sei Mitglied des ZK und hatte den Auftrag, nach dem politischen das Co-Referat für die künstlerische Seite zu halten. Ich hatte gar nicht gewusst, dass Kurella Mitglied des Zentralkomitees der SED war, auch egal. Ich sagte: »Abgerechnet wird nach der Arbeit. Noch ein Wort und ich gehe raus und verkünde, dass du die Leitung der Versammlung übernommen hast.« Das wollte er nun auch nicht, und so trotteten wir alle zum Mittagessen in das runde Restaurant, um Gulasch mit Klößen und Rotkohl in Empfang zu nehmen. Ein paar Pilze lagen auf dem Teller, Kuchen gab's auch, wenn auch keinen Kaffee, weil die Maschine kaputt war. Die Schlange war lang, direkt vor mir stand Kurella. Ich sprach ihn an, sagte, dass ich ganz anderer Meinung über den Film »Der Dritte« sei, mir gefällt er und ich liebe ihn.« Er sagte: »Meine Tochter fühlt sich in ihrer Ehre als Frau gekränkt.« Selbst mal vorausgesetzt, dass wir den Film künstlerisch unterschiedlich bewerteten, fand ich die Sache mit der Frauenehre ziemlich peinlich. Ich sagte: »Wo lebt die denn?« – »In Moskau«, sagte er. Und ich: »Ach so.« Und dann sagte ich, aus dem Moment heraus, übermütig und wütend zugleich: »Du gehörst doch zur Generation der Männer, die sich nicht entscheiden können, ob sie aus Angst vor der Madonna oder vor der Hure impotent werden sollen.«

Ich weiß, es war eigentlich eine unmögliche Bemerkung. Sie war auch nicht unbemerkt geblieben, es erhob sich Gelächter und »Stille Post,« die nicht besonders still war. Ich weiß nicht, wie oft ich später auf diesen Augenblick angesprochen wurde, aber das ist nicht wichtig. Ich guckte Kurella bockig an, bereit, den Streit fortzuführen. Aber er lächelte, er, der alte Mann, lächelte mich an, und da war etwas in seinem Lächeln, das war männlich und sehr freundlich, und es war magisch, und ich fühlte mich auf einmal verunsichert, aber dann waren wir dran, nahmen unsere Teller und gingen zu verschiedenen Tischen.

Ich habe ihn noch einmal gesehen, da durfte er für Stunden kurz vor seinem Tod anlässlich eines runden Geburtstages aus der Klinik nachhause, lag feierlich angezogen auf einem Diwan, und ich hatte die dienstliche Aufgabe, ihm zu gratulieren. Er war kein mutiger Mann mehr, und ich musste einem Sterbenden etwas Freundliches sagen, aber da ich nun wusste, was ich bei unserem Dialog nicht gewusst hatte, beugte ich mich zu ihm hinunter und küsste ihn auf beide Wangen. Er konnte nur noch flüstern und sagte mit einem Anflug von Wichtigkeit in den Augen: »Nachher kommen ja noch Partei und Regierung zum Gratulieren.«

Komisch, dachte ich, er stottert gar nicht mehr. Vielleicht nimmt ja der Tod uns unsere kleineren Unzulänglichkeiten vorher noch gnädig ab.

Ich will mich aber nicht drücken. Ich erfuhr, dass er in seiner Jugend als Verfolgter im Exil in Moskau den Beinamen »der schöne Freddy« trug und als Liebhaber sehr umfänglich zugange war. Dabei mag er sowohl der Madonna als auch der Hure, der Genossin und der Unerreichbaren begegnet sein, aber Impotenz war ein Wort, das keinem eingefallen wäre, der ihn von damals kannte oder eine der zahlreichen Anekdoten von seinen vielen männlichen Unternehmungen. Wie gut, dass er schon so alt war und ich auf einem ganz anderen Gleis gerade in eine ganz andere falsche Richtung fuhr.

## MEINE LIEDER
### SIND BRIEFE
## AN DICH

Wenn einem Volk die Lieder zu leise werden, dann ist etwas geschehen und es muss etwas geschehen. Es gab vierzig Jahre lang die schäumende Menge der belanglosen Schlager, auch ein paar hübsche, es gab die Kampflieder für die Anlässe, nicht immer brauchbar. Die alten waren zum großen Teil trotzig, und manchmal hatten sie zu edle, manchmal zu naive Texte, aber die neuen Soldatenlieder waren alle politisch falsch. Ich habe mir in einer Jury dagegen die Seele aus dem Leib geredet, und wahrscheinlich wäre das für mich nicht freundlich ausgegangen, aber ich war die einzige jüngere Frau im Raum, also erklärten sie mich einfach für inkompetent und sangen die Lieder weiterhin unverändert.

Wir hatten die Kinderlieder, auch schöne, auch neue, und die ganz alten Volkslieder, die wurden immer gesungen. Aber es gab keine neuen Lieder.

In einem Buch rühmte ein Professor den genialen Einfall der Dichterin, in der letzten Zeile jeder Strophe die Vokale so zu setzen, dass daraus eine kostbare Melodie entstünde. Also: »Aba ick wa' no' nie da.« A-ai-a-o-i-a, schrieb der Professor, und das wäre wunderbar. Nur hatte ich beim Schreiben von »Ick möcht mal mitn Finga inn Himmel pieken« daran nicht gedacht und wusste auch durch seinen Hinweis nicht, dass ich auf dem Weg zu Liedern war. Zu einem Teil meines Lebensinhaltes. Der mir nie ärmer wurde und bis heute immer um mich ist. Bis in den Schlaf, in jedes Gespräch mischt sich das Lied, die Zeile, der Refrain. Innerlich singe ich vermutlich richtig, aber das ist unwichtig. Ich kann mir eine Melodie nach dem ersten Hören merken und das Metrum für einen Text nutzen. Tausendfach geschehen, aber Anfang der Sechziger gab es keine ansteckende, keine um sich greifende Atmosphäre dafür, jedenfalls nicht bei uns. Die Beatles brachten etwas Neues, etwas, das es vorher so nicht gegeben hatte, und nach dem untauglichen Versuch, sie zu verbieten, wurden ihre Lieder auch im Rundfunk gespielt, wo der Chef für Musik, damals noch nicht mein Mann und sonst eigentlich ein jedem Dilettantismus feindlich gesonnener, studierter Musiker, die Diskussion beendete, indem er betonte, es handle sich um Liverpooler Arbeiterjungen und der Kampf gegen ihre Musik sei genauso überflüssig wie der gegen ihre Arbeitshosen, die Jeans.

Und dann kam Biermann und begeisterte uns mit seinen Buckower Kirschenliedern, seinen ersten Balladen. Da war Villon drin, Brecht war untergemischt, auch Bellman, und ich will jetzt nicht alle aufzählen, die ihn angeregt haben, die Franzosen ebenso wie unser altes deutsches Kirchenlied. Ihm fielen originelle Texte ein, die musikalischen Einfälle wiederholten sich. Hacks, Kahlau und ich haben ihn verteidigt, als viel zu früh schon die üblichen Verdächtiger auf den Plan traten.

Aber von Anfang an geschah Biermann in zweifacher Weise Unrecht. Er weckte einerseits zu heftig den Vaterinstinkt der alten Genossen, der ehemals Verfolgten, der Überlebenden unter den Künstlern und Politikern. Er schien einigen jener Enkel, der anstelle des erschlagenen Vaters an die Brust zu drücken war. Seine Privilegien waren enorm. Das fiel uns nur deshalb nicht gleich auf, weil er ja aus dem Westen gekommen war, ein junger Kommunist, welch ein seltenes Ereignis. Er bekam sofort sein Wunschstudium, eine große Altbauwohnung mitten in Berlin und ziemlich lange Narrenfreiheit. Das mit der Milchschwester Margot wussten wir nicht, darüber sprach er auch nie. Er hätte das sagen sollen, dann hätten wir gewusst, dass sein scheinbarer ungewöhnlicher Mut gut abgesichert war. Er gab sich uns als Held, während er unter einem mächtigen Schutzschild stand. Das war auch ungerecht.

Ebenso ungerecht war andererseits die frühe Beckmesserei, da hatte er grad eben Talentproben abgeliefert, sich nur, wenn auch scheinbar, an gewagte Themen gemacht. Die waren für ihn nicht gewagt, er ging kein Risiko ein, das wussten wir nur nicht.

Wir waren befreundet, aber er befremdete mich durch sein Verhalten, bis ich noch vor der Mitte der sechziger Jahre den Kontakt abbrach.

Alles ging seinen allzu bekannten schiefen Gang, und ein Funktionär sagte: »Drei Dinge würden wir nicht überleben: die Hundesteuer anheben, Biermann einsperren, das gäbe einen weltweiten Aufstand wie bei Angela Davis und wenn wir einen Feiertag abschaffen.«

Nach 1968, nachdem genügend Söhne und Töchter ehrbarer Herkunft kurzzeitig eingesessen hatten, und vorübergehend entweder in die Bundesrepublik oder nach England geschickt worden waren, blieb den Politikern dem lautstarken Biermann gegenüber nur noch eine von zwei Möglichkeiten. Er hätte wegen zahlreicher Verstöße gegen DDR-Gesetze eingesperrt werden können, oder sie mussten ihn aussperren. Eine ansehnliche Lösung gab es nicht. Er sagte zum gut organisierten Abschied: »Nach mir wird das deutsche Lied wieder für hundert Jahre tot sein.«

Das war die falsche Prophezeiung. Er war ein Anregender, das bleibt unbestritten, aber nach ihm kamen andere, begabt wie er oder sogar begabter.

Das Pflänzchen war noch klein und empfindlich, da haftete unversehens dem Begriff »Friedenslieder« etwas Gehässiges an. Ich denke, das hat kein Einzelner erfunden. Es gab kein Dekret, man solle unbedingt recht viele davon schaffen, was eher ihrer Verhinderung gedient hätte. Es gab keinen Extraschimpf für Friedenslieder, aber es klang ein bisschen lächerlich, sich mit dergleichen abzugeben. Frieden hatten wir ja nun, mit der Sowjetunion im Rücken konnte uns den keiner mehr nehmen. Lieder der Sehnsucht nach ihm und seinen Werten schienen eher hofdienlich, denn als eine Mahnung zu mehr Angemessenheit für die »Sieger der Geschichte.«

Aber dann gab es in Berlin, in der nun auch abgerissenen Sporthalle, eine Veranstaltung, zu der per Lauffeuer eingeladen wurde. Das Publikum war außergewöhnlich, man sah viele berühmte Leute, und eingeladen hatte Perry Friedman. Zu einer Hootenanny. Ein Wort, das man kaum aussprechen konnte, und was das sein sollte, wusste auch fast niemand. Friedman sang, und wir stimmten auf einmal ein, ein vorher so nie erlebter Vorgang. Im Saal waren Schauspieler aus den Theatern, waren Komponisten, Literaten und Studenten, und mittendrin liefen einige zum Telefon und holten noch andere, die sangen dann auch mit, und Friedman verführte die May, die Jaldati und viele andere, mit ihm oder allein zu singen und uns mitsingen zu lassen. Ich saß zwischen erklärten Gegnern von Gefühlsduseleien, auch Künstlern, die Sentimentalitäten nur in den eigenen Werken duldeten; ich sah moralisch ziemlich krumme Hunde, die auf einmal ein glattes Gesicht hatten und sich an englische und deutsche Texte erinnerten, klatschten und lächelten, lachten, im Raum waren so viele Egozentriker, was ja nichts Böses ist, denn nimmt man das Wort genau, dann meint es, dass man in der Mitte von sich selber steht. Wogegen nichts zu sagen ist.

Und dann geschah etwas, das hat mein Leben verändert. Es drängt mich, jetzt etwas Abwertendes zu sagen, zum Beispiel, dass so etwas ständig passiert, jeden Tag, man nimmt es nur nicht so wichtig. Aber ich werde es nicht einmal versuchen. Es war ein heiliger Moment, und ich will den behalten. Friedman spielte eine ganze Weile auf seinem Banjo herum und sang dann ganz leise, ganz ohne Pathos, von der kleinen weißen Friedenstaube.

Ich möchte schwören, dass die meisten Anwesenden in ihren Gedanken vorzüglich damit beschäftigt waren, zu erfinden, wie man aus dem Kuchen »DDR« wieder einen Teig machen könnte, der dann ganz anders gewürzt, gerührt und gebacken werden müsste.

Aber das spielte für Minuten keine Rolle. Da war es, das Einfache, das so schwer zu machen ist. Jene Glaubhaftigkeit, die du nicht herlügen kannst.

Es entstand eine Stille zum Weinen, oder zum Lachen, egal, und es öffnete die Münder. Mir schien, für die Dauer dieses Liedes waren wir Teil eines Volkes, das einen furchtbaren Krieg gerade noch eben überlebt hat und seine Erinnerungen lebendig hält.

Ich wollte wissen, wie das geht. Es war ein Kinderlied, und

wir sangen leise, ohne Scham, wir überließen uns für einen Augenblick der Chance, Nähe zuzulassen.

Ich habe mich an die Arbeit gemacht, nicht gleich, nicht am nächsten Tag, aber es ließ mich nicht mehr los. Mein Lied »Der einfache Frieden« hat mir ungewöhnlich viel Zeit abgefordert, weil ich nicht genau wusste, was ich sagen wollte. Es war der Refrain, der mich so lange aufhielt. Ich war unzufrieden mit der Zufriedenheit über unseren Frieden, als könnten wir nun an die nächste Arbeit gehen, denn die Sache mit dem Frieden ist ja nun geleistet. Es war die Zeit der Nachrüstungen, eine Zeit, in der ich Angst hatte.

Aber das Phänomen Lied hatte mich gepackt, und ich probierte alles aus, was mich jenem Augenblick wieder näher brachte, den ich gehabt hatte, der mir gehörte. Es entstand eine Vielfalt, die auch Reichtum war. Ich habe sie alle schon bei ihren Anfängen kennengelernt, sie hatten oft in mir einen ihrer ersten Bewunderer: Zum Beispiel der junge Kurt Demmler, der begabteste unter den Liedermachern. Wir konnten Gundermann aus dem Verdikt durch Partei und Bezirksfürst lösen. An dieser schönen Intrige waren viele beteiligt, und nachdem wir ihm, dem Gast außerhalb des Wettbewerbs in Frankfurt an der Oder, beim Chansonfestival den Hauptpreis mit Unterschrift des Kulturministers verleihen konnten, nachdem er im letzten Konzert vor hochkarätig besetzten Logen und dem stehenden Publikum, nämlich uns allen, zu glauben anfing, er sei wirklich aus der Klemme, in die er nach meiner Auffassung ungerecht gebracht worden war, konnte er endlich seine ganze schöne Arbeit leisten. Er schrieb für Tamara Danz, nahm als Sänger eigene Lieder auf, und litt weiter an seinem unlösbaren Konflikt: Als Baggerfahrer räumte er seine Heimat ab, als Liedermacher betrauerte er das Verschwinden der alten Dörfer. »Eines Morgens bleiben meine Schuhe leer« schrieb er für seine Frau, und so war es dann. Solche gibt's immer nur einmal, auch wenn sie Schule machen, in einer einzelnen Seele den Mut entzünden, es ist immer nur einer unverwechselbar, und ich hatte das unverdiente Glück, einige zu kennen und mit ihnen zu arbeiten.

Es gab sie auf einmal, die so nötigen Talente, sie hießen Werner Karma, Wolfgang Tilgner und Gerulf Pannach, es waren die Leute vom Zirkus Lila, es gab Wenzel und Mensching und eine gereifte Barbara Thalheim ...

Es fanden sich die Lehrer, die es brauchte, die aus der klassischen Ecke, die Frische und Eigenart beließen, aber gegen den eine Weile leicht zu habenden Dilettantismus antraten, das waren Förderer wie Manfred Schmitz aus Weimar, der verdiente Komponist des großen Chansons. Professor Heicking machte den Liederleuten an der Hochschule für Musik in Berlin nötigen Platz, da konnten sie ihr Handwerk lernen und dabei ganz sie selber bleiben. Es kamen auch die erfrischenden Mitsänger und Talente aus den Klubs, die mit ihren Liedern für den Alltag, die Arbeit und die Liebe einen zeitweiligen Trend schufen, aber die meisten von ihnen beließen es bei einer Lehre fürs Leben. Ich dachte immer, dass sie nie wieder mit der Kunst so borniert umgehen würden wie vorher. Sie hatten erfahren, dass es Arbeit macht, aus einer Idee, einem Entwurf, einem Hirngespinst bis in die Kunst zu gelangen. Und die »Rocker?« Die waren sehr laut, aber die Gruppen waren herrlich, erfrischend, und sie alle zusammen ließen das Füllhorn überfließen.

Was da an Anregungen um sich griff, beeinflusste alle Künste, schuf ganz neue Formen, auf dem Theater, im Kabarett und bis in den Bereich der Küchenlieder-Schlager hinein.

Eines Tages kam ein junger Mann zu mir, ein Schöner mit vielen langen Haaren und kurzen Hosen. Er wollte mir eine Kassette geben, darauf eine Ballade, die musst du machen. Ich erklärte ihn, das sei nicht möglich, weil ich als Präsidentin des Komitees für Unterhaltungskunst als amtliche Moral, auch für Nachfolger, festgelegt hatte, niemand dürfe Nutzen aus solcher ehrenamtlichen Tätigkeit ziehen. Und da wir vorher noch nie zusammen gearbeitet haben ... Ich habe ihn bis heute nie gefragt, ob er damals bei uns Mitglied war, und ich halte für möglich, dass er auch mein Amt gar nicht kannte und nur wegen meiner Texte gekommen war. Das war 1986.

Er und seine schwangere Frau waren sehr schöne Menschen. Ich ließ das Band eine Weile liegen, bis es unhöflich gewesen wäre, es einfach wieder abzuliefern. Also hörte ich die erste

Zeile, erst einmal nur die, das mache ich immer so, ich höre immer nur eine Zeile, niemals die ganze Komposition gleich. Manchmal passiert dann gar nichts, aber diesmal schrieb ich sofort: »Als ich fortging ...« Der Text flog mir zu und wurde mir geschenkt. Die guten Lieder, die einem gelingen, die vielleicht nach uns noch leben, die wurden mir immer so zuteil. Die Wörter flogen wie die Vögelchen auf die Töne, als wäre das der einzige Ast, auf den sie schon immer wollten. So war es auch bei »Clown sein«, bei den Liedern für Veronika Fischer und Uschi Brüning ... wenn ich anfange, mich zu schinden, dann muss ich es lassen. Es haftet dem Lied immer an, wenn mir eigentlich nichts eingefallen ist. Aber kein Lied nach »Als ich fortging«, kein anderes Lied erfuhr so viele Auslegungen, für kein anderes bekam ich so viele Briefe, und wenn wir morgen am Abend wieder auf die Bühne gehen und am Schluss wird Dirk, nun mit kurzen Haaren und in langen Hosen, dieses Lied singen, dann tritt wieder diese besondere Stille ein. Ich spüre, jetzt sind sie bei sich selber, jetzt erinnern sie sich an Augenblicke ihres eigenen Lebens, in denen sie das gehört, mitgesungen oder getanzt haben. Mit siebzehntausend anderen in der Wuhlheide, oder 1989, als sie meinten, eine Abschiedshymne auf die DDR zu hören. Es gibt fast dreißig Cover-Versionen, aber nicht das macht mich daran glücklich, zumal mir keine so gut gefällt wie die erste, die von Dirk. Die hat eine ganz unbedingte Unschuld, in der liegt noch kein Wissen um einen Erfolgstitel, der singt die Worte zu dem, was er sich am Klavier einmal ausgedacht hat. Mich berührt diese Stille, diese magische, die Träne, die ich von oben auf der Bühne sehen kann, wie mich und ihn jemand anlächelt, wie sie nach der Hand des anderen greifen, einander näher rücken – oder sich drei Zentimeter entfernen. Das hat nichts mehr mit uns zu tun, ist nicht mehr unser Verdienst. Wir haben das gemacht, aber es wäre nichts ohne sie, die es nehmen, uns wegnehmen und behalten.

Ich bin den Liedern treu geblieben, dank der Komponisten und der Interpreten, die es mir abverlangen, bis heute. Dank der Freundschaften, die daraus entstanden sind, und es ist mir scheißegal, was in den Medien nicht passiert. Da geht es um

Geld, und nicht um Inhalte, wenn sie unsere Lieder nicht spielen. Aber das unterscheidet sich als Umgang nicht von den Büchern und Bildern, den Skulpturen oder Filmen. Es geht ums Geld, ums Geld geht ja jetzt alles, aber vielleicht auch wollen sie nicht wissen, noch immer nicht wissen, dass wir hier mit allen menschlichen Gefühlen und Anfechtungen, allen Niederlagen und Auferstehungen unser Leben gelebt haben. Unser Schaden wäre, uns selber daran nicht erinnern zu können oder zu wollen. Der ihre ist es, uns so nicht wahrzunehmen. Sie wollen ihr Mitleid an uns loswerden, wo es längst Respekt verlangte.

Darüber auch könnte man ein Lied schreiben.

# MORGEN
## IST AUCH NOCH
### EIN TAG

Du wirst Geburtstag haben, und ich werde nicht bei dir sein. Ich bin ja möglichst nicht einmal bei meinem eigenen Geburtstag anwesend. Dieser Tag bedeutet mir nichts, gar nichts, gemessen am Weihnachtsabend, an einem spontan zum Feiertag ernannten Dienstag, an dem wir essen gehen, bummeln, wohin schon, in die nächste Buchhandlung und nur im Notfall zu den Schuhen. Aber es gibt sie, die Tage, an denen ich auf einmal spüre, das Leben pulst noch und hat was vor. Es wird sich zeigen, was es will, aber erst einmal sei es wieder gespürt, was manchmal müde werden will und anfängt, lästig zu mahnen, es solle von allem weniger werden, noch besser sortiert.

Ich bin dagegen ganz gut gewappnet, zähle auf, wohin ich gewiss nie wieder fahre, und was ich alles unterlassen werde.

Zum Beispiel denke ich nur mit Reue an meine vielen Stunden als Jurorin. Ich habe erkannt, dass es keine bessere Chance gibt, ungerecht zu sein. Man tritt frisch und froh in das Erlebnis ein und ist beseelt von dem Gedanken, allen gerecht zu werden. Und genau das kann niemand. Die Erschöpfung und der Überdruss kommen ab der Mitte der Sache auf und trüben das Urteil, bis man erstaunt bemerkt, dass man an allem was auszusetzen hat und nicht mehr ganz so empört ist über die zynischen Bemerkungen ringsum, die man natürlich selber nie machen würde. Ich bin zu vielen Opfern erschöpfter Juroren begegnet, um nicht zu wissen: Komm als Dritter dran, dann geht es dir gut, da sind sie gerade munter und reißen sich zusammen, komm als Letzter und sie beißen dich wie die Hunde. Ich war nicht besser, und wenn du mal an mir vorbeigehst und mir sagst, dass auch du ein Opfer unserer erschöpften Bereitschaft zu begeisterter Aufnahme warst, dann knie ich nieder und sage, dass du großartig warst, auch wenn ich mich nicht an dich erinnern kann. Sag es mir wütend, und ich werde mich nicht wehren, sag es mir lachend, weil du es geschafft hast, und o wie schön, wir waren damals nett zu dir und haben dich ermutigt.

Ich glaube keiner Jury, ich war selber zu oft Mitglied in einer solchen. Und habe bei dieser Arbeit anderes versäumt, das irgendwo stattfand, nicht zur gleichen Stunde, aber doch.

Ich habe, wie jeder, oft nicht gekriegt, was ich brennend gern wollte.

Einmal stand ich mit meiner Tochter Kirsten unter dem Magistratsschirm in der Schönhauser Allee. Worauf wir warteten, fand statt. Ein großes Auto fuhr sehr langsam an uns vorüber und einen Herzschlag lang sahen wir uns in die Augen, Fidel Castro und ich. Honecker saß, Castro stand, eine imposante Figur, große blitzende Augen. Als er an uns vorbei war, sagte meine Tochter begeistert: »Er hat mich angeguckt, direkt in die Augen …« Das nennt man wohl Charisma, und ich hätte ihn anhalten und ausfragen mögen, aber es war ein unwiederholbarer Moment, eigentlich war gar nichts gewesen, und trotzdem habe ich danach bei seinem Namen immer gedacht, dass ich den ja kenne. Ja, aus der Schönhauser, damals, als er mir, meiner Tochter und Berlin in die Augen geguckt hat.

Bei einem Kaffee saß Marcos Ana in unserem hässlichen Treffzimmer im Verband in der Friedrichstraße. Vor ihm standen trockene Kekse, von denen er keinen einzigen aß. Er war nach achtzehn Jahren Haft in Spanien zu uns gekommen und wir haben die Chance nicht genutzt. Ich wusste, es war meine einzige, diesen großen Dichter etwas zu fragen, ihm etwas zu sagen, aber er kam nicht zu Wort und ergriff es auch nicht. Ich weiß keine Bemerkung von ihm mehr, aber mein Hirn verdrängt nicht, wie ihm übereifrig das Wesen, die Struktur und die Erfolge unseres Verbandes erklärt wurden. Dachte jemand, er würde nun eilig abhauen und das Modell in Spanien nachbauen? Mir wurde immer unbehaglicher, aber es waren nur drei Autoren im Raum, die anderen Plätze nahmen die Mitarbeiter des »Apparates« ein.

Größerer Kummer, als Theodorakis in Berlin war. Ich hatte

die Mauthausen-Kantate nachgedichtet, als er auf der gluthei-
ßen Insel gefangen war, ich habe seine später erschienene Autobiografie »Bis er wieder tanzt« geliebt, weil sie gerade für uns
Deutsche soviel Lehre enthält. Die Geschichten seines Lebens
sind alle groß, aber die Lehre ist gigantisch. Lies selber, was eine
Familie sein kann, auch wenn einer ein Revolutionär ist und die
anderen sind alle konservativ, begütert, haben durch ihn eher
bedrohte Existenzen.

Die Texte der Theodorakis-Lieder aber stammen überwie-
gend von Jannis Ritsos. Seine Poesie ist so reich, so bildhaft, es
ist große Literatur, und ich habe sehr ernsthaft daran gearbeitet,
ein guter Lotse zu sein, nichts zu beschädigen und doch so verständlich zu sein, wie er es in seiner Sprache immer ist. In der
meinen also Bilder zu finden, die gut genug waren und die bei
uns verstanden werden. Naja, das klingt nun, als hätte ich Holz
gehackt. Es war schon die reine Lust, es war Solidarität, denn
anderes konnten wir damals für Theodorakis nicht tun.

Ich hatte die Absicht, nach Bukarest zu meinen Freunden zu
fahren, mit dem Zug, weil ich das Flugzeug noch immer mehr
fürchtete als die lange Fahrt von siebenunddreißig Stunden. Da
im Verband der Schriftsteller nie eine Information fehlte, war
auch meine Absicht bekannt. Mit einem Anruf wurde ich gebeten, eine Schreibmaschine mit nach Bukarest zu nehmen. Geht
nicht, ich fahre mit dem Zug und muss sehr viele Antibaby-
pillen, Weihnachtskerzen, dunkles Brot und Leberwürste sowie
gewünschte Bücher und meine paar Klamotten mitnehmen.

Sie ist für Jannis Ritsos, sagte der Sekretär. Er hat keine und
kann noch nicht nachhause, bleibt erst einmal in Bukarest, kann
aber ohne Schreibmaschine nicht arbeiten. Es wird gehen, sagte ich, und malte mir unentwegt aus, wie ich ihm von meiner
Arbeit an der seinen erzählen würde und meine Bewunderung
für ihn als Dichter loswerde.

Im Hotel Palace habe ich eine Stunde auf ihn gewartet. Neben
mir seine Schreibmaschine, vor mir ein Orangensaft, dann ein
Kaffee, einer von diesen kleinen, viel zu süßen, die ich sowieso
nicht mag. Er kam, ich stand auf, denn ich erkannte ihn nach
der Fotografie, die ich gesehen hatte. Er kam zu mir, warf mir

einen ziemlich abwesenden Blick zu, nahm die Maschine und ging schon, bis ich ihn einholte, um ihm die Post zu geben, die man mir auch noch für ihn zugesteckt hatte. Er nickte, gab mir nicht die Hand, nicht zuerst und nicht zuletzt, und das war's. »Auf dem Balkon der Nächte / erfriert der Himmel auch ...« Seine, meine Worte.

Als ich das erste Mal mit Angela Davies in einem Raum saß, kam ich mir sehr unzulänglich vor, so rein äußerlich, wenn du verstehst, was ich meine. Es muss mir gerade nicht besonders gut gegangen sein, denn sie tat ja nichts, um über mich zu triumphieren. Sie war einfach nur vollkommen schön, mit ihrem Teint wie Sahnebonbons, ihrem Haarschopf und den schlanken, wohlgeformten Händen. Sie saß so da, und wenigstens hatte sie eine Zahnlücke, keine entstellende, aber ich konnte Angela nur anstaunen, saß im Raum und wusste, ich würde nicht in ihre Nähe gelangen. Ihr Magen war krank, aber die Anwesenden waren alle in sie verliebt und wollten sie am liebsten umgehend fett füttern. Ich habe etwas gesagt, zu ihr gesprochen, war nicht wichtig, es war auch Zufall, dass wir beim Gehen nebeneinander standen, am Treppenabsatz, da guckten wir uns an und umarmten uns, das habe nicht ich gemacht, das kam so und hatte seine Richtigkeit, muss es gehabt haben. Denn als wir uns fünfundzwanzig Jahre später wiedersahen, haben wir uns angelacht, und sie sagte ihrem Begleiter, wir hätten uns schon mal gesehen. Nun war sie Professorin und eben auch ein Vierteljahrhundert älter, nicht mehr so glatt, nicht mehr so ätherisch, aber wir haben auch diesmal nicht miteinander reden können, denn nun war sie Ehrengast in der ersten Reihe, und ich hatte die Verantwortung für die Bühne.

Malangata hat als mein Vizepräsident neben mir gesessen, bei der Friedenskonferenz in Potsdam, Anfang 1989, und ich habe nicht gewusst, dass er der bedeutendste Maler Afrikas ist. Wir haben gescherzt, er hat mir von seinem Atelier erzählt, das nach seinen Worten und dem, was ich verstanden habe, so groß wie der halbe Regenwald sein muss, aber es ist ein Verlust fürs Leben, dass ich nicht einmal mit ihm reden konnte, während ein folgenloses Ereignis ablief. Ich ließ in der Mittagspause das

Bild liegen, das er mir gezeichnet und gewidmet hatte. War noch keine Zeit, es näher zu betrachten, da war es schon verschwunden, gestohlen. Der Tadel an mich selber ist taufrisch geblieben. Nicht nur seinetwegen hätte ich alles andere aus den Händen fallen lassen sollen. Auch wegen Wole Soynka, der direkt von der Verleihung des Nobelpreises für Literatur zu uns gekommen war und wieder verschwand, als er bemerkte, dass es hier um viel guten Willen und sonst gar nichts ging.

Ich hatte noch kein Buch von ihm gelesen und holte das nach, aber zu spät.

Es war keine Begegnung, nur eine ungenutzte Chance.

Der chilenische Liedermacher Victor Jara war Gast im Oktoberklub, und er faszinierte mich, denn da war es wieder, dieses scheinbar Einfache, das Einleuchtende und einmalig Leuchtende zugleich. Ich wollte mit ihm reden, aber das war nicht möglich, denn die jungen Leute hatten ihn so in die Mitte genommen, bemächtigten sich seiner so umfassend, dass er mit niemandem und also auch nicht mit mir allein reden konnte. Ich hörte zu und nahm ihn in mein Herz.

Sie haben ihn in jenem September umgebracht. Trauer und Zorn suchten einen Ausdruck. Es gab ein Lied von ihm, über Amanda, die ihren Manuel in den fünf Minuten Mittagspause sehen kann. Und dann findet man sie in den Bergen, tot. Das Lied hieß: »Erinnerst du dich«, aber es war vor dem Putsch, vor dem September geschrieben. Ich habe es nachgedichtet und nannte es:

»Es war Juni, Amanda …« Mit diesem Titel und meinem Text wurde es in die französische und englische Sprache übersetzt, und so kannte es auch seine Frau Joana, der ich, wieder nur ach so kurz, in Berlin in der Volksbühne, begegnen konnte. Sie sagte, dass sie nicht weinen werde. »Versteh mich, das ist jetzt meine Arbeit, über Victor zu reden, ohne zu weinen.« Ich traute mich nicht, sie etwas zu fragen, aber sie sagte: »Du musst nicht glauben, dass sie ihm die Hände zerschlagen haben, das stimmt zum Glück nicht …« Ich wusste, dass wir uns nie wieder sehen würden, und es war schwer, sie nicht einfach mit nachhause zu nehmen und dort zu beschützen.

Spät genug aber habe ich etwas verstanden: Alles hatte seine Zeit und also seine Richtigkeit. Was es sein konnte, habe ich für mich genommen, und wie es seinen Platz fand, begann es auch als Veränderung zu wirken. Auf mich und durch mich. Es fand sich in Worten wieder, die ich erst sehr viel später geschrieben habe, vielleicht auch bis jetzt noch nicht, oder nur vorläufig. Was mich erreichte, habe ich nur dann wieder hergegeben, wenn ich mich geirrt hatte. Aber manchmal denke ich jetzt, um all den Reichtum, den ich empfangen habe, gültig weiterzugeben, brauchte ich noch eine lange, eine nicht absehbare Zeit.

Nur ein paar Stunden mit Erwin Geschonneck, macht nichts. Eine einzige Begegnung mit Mattheuer, dessen Gemälde »Die Ausgezeichnete« ich in der »Für dich« dank Hanne Hammer gegen Angriffe der Politiker wütend verteidigt habe. Er schrieb mir, danach habe ich ihn und seine Frau in Leipzig besucht, aber ich war nach zwei Stunden von seiner Aura und seiner dominierenden Ausstrahlung wie erschlagen und wusste, ich werde nie über ihn schreiben können. Aber vergessen habe ich ihn auch nicht und sehe seine Bilder seither anders.

Wir waren immer einer »großen« Sache willen Verbündete, Ronald Paris und ich, seit fünfzig Jahren nun schon. Wir kennen uns, erkennen uns, reden weiter, und ich habe ihm noch nie gesagt, wie ich seine Kunst bewundere.

Ich könnte die Reihe der großen, scheinbar flüchtigen Begegnungen fortsetzen, aber ich denke, du hast mich verstanden. Wenn nicht, müssen wir uns eben wieder begegnen.

# WILLKOMMEN, ABSCHIED...

... das sagen wir nicht, wenn wir aus der Kindheit in die Welt der Erwachsenen gehen. Wir freuen uns auf alles, was wir endlich dürfen. Und dass niemand mehr sagt: Wart's ab, das verstehst du noch nicht, kannst du noch nicht, darfst du noch nicht sagen, schon gar nicht etwa tun.

Der Abschied von der Kindheit, jener Zeit mit all ihren übertriebenen Enttäuschungen, tiefen Zweifeln und ungeduldigem Warten, dieser Abschied zum ungenauen Zeitpunkt hält nicht, was er verspricht: Endlich Freisein von etwas, frei für anderes, das verheißungsvoll winkt.

Jedenfalls tat es das, solange es verboten oder unerreichbar war.

Wir nehmen Abschied von Menschen, deren Arbeit und sichtbares Wesen uns vertraut, sogar nützlich und deswegen vertrauenswürdig war. Sie begeben sich in ein anderes Leben, das wir so wenig kennen wie sie selber. Früher hörten wir: Ja, es geht allen gut, alles im grünen Bereich, oder: ach, gerade schwierig. Das konnte eine Grippe sein, mit der in der Familie eins das andere angesteckt hatte, ein Versagen »auf Arbeit«, konnte ein Konflikt sein, den zu besprechen nicht die Zeit und nicht der Ort war – und manchmal war es auch der Virus Unglück, von dem wir nach und nach erfuhren –, und dieser andere, so angenehm in unser Leben passende Mensch, ging damit in einen nächsten Lebensabschnitt, auf den schon ein trüber Schatten gefallen war.

Ich hätte manchmal sagen wollen, also alle an einen Tisch, die je Gutes über diese Person und ihre Tätigkeiten zu sagen wussten, alle her und Rat muss sein, an dem ich selber nicht sparen will. Denn ich bin alt genug, und meine Kiepe ist gefüllt mit Erfahrungen, von denen doch eine brauchbar sein müsste. Es passte nur oft nicht hin. Es war zum Verzweifeln, aber es passte nicht hin. Die Beschwichtigungen lagen immer nahe. Sie hat uns ja nicht darum gebeten, auch sonst nie, wollte schon immer alles allein regeln. Fremde sollten sich nie einmischen, das war doch immer ihr Satz.

Fremde sind wir in ihrem Konflikt auch, wir sind draußen, außerhalb der interessierten und barmherzigen angemaßten Zuständigkeit. So haben wir sie nie gesehen, so sind wir nicht miteinander umgegangen, aber jetzt zieht sie eine Grenze und spricht es sogar aus, was diese meint: Das können andere nicht beurteilen.

Man wendet sich ab. Wenn man nicht gebraucht wird? Manchmal wollte ich mehr Geduld aufbringen und den einzig richtigen Moment erkennen, aber wie das Leben ist, da stand schon ein anderer wartender Mensch, der wollte wissen, wie er kriegen kann, was einzufordern er gekommen war.

Davon bleibt etwas in der Seele stecken. Wir haben uns zu früh von einem Problem verabschiedet, das wiederum, ganz unehrlich gesagt, bei uns auch nicht dran war. So rufen wir nicht bei ihr zuhause an, obwohl uns das durchaus in den Sinn kommt.

Heutzutage ist jeder normal ausgestattete Bürger erreichbar. Die Geräte warten darauf, dass wir etwas hinterlassen, einen lieben Gruß auf dem Anrufbeantworter, eine Nachricht auf dem Bildschirm. Und sogar auf der Autobahn ist die Mehrzahl unserer Bekannten noch erreichbar, jedenfalls sehen sie, dass wir uns gemeldet haben. Ich konnte dich nicht erreichen, ein heutzutage unglaubwürdiger Satz. Es soll aber auch nicht aufdringlich wirken, nicht nach Neugier aussehen.

Seltsam, dass dieser Begriff so negativ besetzt ist. Ich wirke also neugierig, wenn ich wissen möchte, ob der Sohn die Schlampe abgeschafft hat, oder die Tochter das Kind nun behalten wird, obwohl sie nie eins haben wollte. Aber ich möchte gern von den Entscheidungen erfahren, nachdem mir die Nachrichten über den Stand der Dinge so reichlich zuteil geworden sind.

Mir scheint, dass wir früher offener waren. Jetzt fühlen wir uns leicht taktlos und als unterstellten wir Schuld, wenn sich eine Lage verschlechtert hat oder in solcher Gefahr ist. Oh, auch ich bin vorsichtiger geworden. Ich sage nicht: Wir treffen uns nicht oft, aber jedes Mal sehe ich in Ihnen eine Frau, die zu wenig gestreichelt, gelobt, gesehen, bedankt wird. Vielleicht ist Ihnen der Mangel nicht mehr bewusst, und Sie nehmen viel hin, weil die anderen eingeborenen oder hereingeschneiten Personen es geschafft haben, sich auf die erste Position der Wichtigkeiten zu schwingen. Wieder, wie in Ihrem ganzen Leben immer, oder zum ersten Mal. Schmeißen Sie doch einmal Ihre Schuhe von den schmerzenden Füßen, möglichst dem an den Kopf, der es am ehesten verdient hat.

Nein, das würden Sie nie tun. Eher nehmen Sie Abschied von Ihren letzten unerfüllten Begierden, den leisen Wünschen und lauteren Notwendigkeiten. Sie nehmen Ihren mühsam erworbenen Teil an Vernunft, Einsehen, Genügsamkeit und Resignation von der Arbeit mit nachhause, und dort bleiben Sie die einsichtige, nette, verbindliche Person, die Sie tagsüber zu sein haben. Wehe, wenn nicht jedem gegenüber. Sie dürfen keinen Fehler machen, es hängt zuviel davon ab.

Am Wochenende ist natürlich alles ganz anders. Da sind Sie freiwillig so, wie sonst oft seufzend. Keinen Einwand, bitte! Wir haben beide so gelebt, immer, zu lange, und wenn Sie wollten, könnten Sie meinen Text fortführen, aber das geht nicht, noch nicht.

Am Wochenende sind Sie die freiwillig für jegliches zuständige Person, die kein Gesicht zu machen hat, auf deren Frisur es nicht ankommt, außer, wenn ein Fremdling in die nicht besonders erwartungsvolle Familie eingeführt werden soll. Das mag Ihnen im Laufe von zu vielem Wechsel inzwischen scheißegal sein, aber dieser Neue bedeutet eben gerade für ein anderes Familienmitglied sehr viel. Er soll Glücksgefühle bringen, da muss der Weg an den Tisch heiter sein, der ins Bett ungestört, der an den Frühstückstisch wie selbstverständlich. Sie, meine Liebe, sollen was ausstrahlen, so eine Art stiller Güte, und Sie sollen schlagfertig sein, redegewandt, aber ganz ohne Kritik, ohne Bitterkeit, ohne Blicke an die Decke, ohne jede Anwandlung von Langeweile oder gar Ironie.

Zeit, den Spiegel zu verhängen. Ich wollte mich hier nicht beklagen, ich wollte nur über Sie einiges vermuten, meine Liebe, mein Lieber. Zugegeben, ich kenne das alles, ich habe es durch, und wie oft, das wage ich nicht zu zählen, denn sehen Sie, auch ich bin zu feige, aufzurechnen, was es gekostet hat. Nicht nur Geld, auch das, und zwar vom Lohn, für den gearbeitet werden musste. Aber eben ein paar Koteletts mehr, eine Flasche Wein zusätzlich, halbes Dutzend Brötchen zum Frühstück, welch kleinliche Nachrechnung, einesteils. Andererseits: Man kann sich das Leben ja auch erleichtern. Die Wege zum Kühlschrank erübrigen sich durch das kleine, nicht einmal im ganzen Satz geäußerte: »Nimm dir.«

Das tun sie, von nun an, bis sie nicht mehr erscheinen, willkommener Abschied!

Doch falls wir zusätzlich eine Erklärung möchten, ist unser Liebling von einem Strahlenkranz umgeben und weiß nicht, wie ihm geschehen ist, oder hat es kommen sehen. »Aber ihr wart doch so begeistert …« Waren wir das?

Unser Liebling hat die Schnauze voll, oder von nun an einen Rücksicht fordernden tief sitzenden Kummer. Wo eigentlich das entzweiende Problem lag oder worin die Nachtrauer begründet ist, das dürfen wir nicht fragen, das ist die verschlossene Tür mit dem geklauten Hotelschild: Bitte nicht stören.

Wir sagen nicht: Es stört! Es stört alles, wovon wir einmal geträumt haben. Es hatte mit Ruhe, Schweigen und mit Ungestörtheit zu tun, mit Überschaubarkeit der Szene beim Nachhausekommen, auch damit, sich einmal eine blöde Sendung ganz ohne einmischende Kommentare anzusehen, ohne aufgescheucht und belästigt zu werden. Manchmal sogar schwer nachweisbar, weil da ein Fremder niemandem Böses tut, sondern nur einfach in der Wohnung ist, unser Telefon und unser Bad besetzt, uns anquatscht, weil er denkt, wir erwarten das von ihm. Einer, der essen, trinken und Musik hören will, und das alles bei uns, immer bei uns, so dass es uns vorkommt, als säße er nicht nur, als läge er zwischen uns. Unsere Seele stellt

sich leiser, blasser, schämt sich der gewohnten Geste, des ver-
traulichen Wortes und auf einmal schamlos wirkender Geräu-
sche.

Wir könnten uns ja wehren, aber dieser fremde Mensch hat
einen Verbündeten aus der Mitte der Familie. Der ist erst einmal
blind und taub für alles Gewesene, vielleicht wirklich, vielleicht
tut er auch nur so. Wir wissen ja nicht, wie wir dem Neuen
vor seinem Antritt dargestellt wurden, und haben den Verdacht,
dass entweder eine schwere Kindheit aufgetischt wurde, für die
er sich nun an uns rächen will, oder er will sich in unserer unterstellten Idylle für sein frühes Leid entschädigen lassen. Was wird
von uns erwartet? Sollen wir Nestwärme ersetzen, oder haben
wir endlich was begriffen und uns geändert?

Wie auch immer, wir stoßen auf überzogene Erwartung oder
Vorbehalte, die wir nie und nimmer ausräumen können, denn
es wird niemals offen darüber geredet. Weil alles war, wie es
war, und wir es nicht nachträglich ändern können.

Was immer wir tun, es wird gewertet. Wenn wir Anzeichen
von Unlust oder Erschöpfung zeigen, dann waren wir schon
immer Menschen ohne Gehörgang.

Aber eines Tages, immer eines Tages, und wir haben es entweder kommen sehen oder nicht sehen wollen, sind wir wieder
die, die wir schon immer waren.

Es kehrt ein Ton zurück, den wir lange vermisst haben. Die
Schüsseln werden anders über den Tisch gereicht, es fällt wieder
jeder dem anderen ganz normal ins Wort, und der Zug stellt sich
wieder auf die Gleise. Das kann zwei Gründe haben. Entweder
ist der Fremdling nun keiner mehr, er gehört dazu und benimmt
sich auch so, oder er ist aus unserem Leben in sein hoffentlich
reiches Dasein gegangen und wird uns vergessen, oder er wird
Anekdoten über uns erzählen.

Manchmal möchte ich zu einem kostbaren Menschen sagen,
ach, geben Sie mir Ihre Hände zum Abschied, aber nehmen wir
den doch nicht so ernst. Treffen wir uns in einem Monat auf
einer Parkbank und ziehen wir über alle her, die uns nicht wohl
gesonnen sind. Das hilft, das heilt, ich weiß es, ich bin älter als
Sie und schon lange von der Schwelle entfernt, über die Sie jetzt

gehen und die Ihnen Angst macht, als würde nun alles ganz anders. Treffen wir uns so oft, bis wir uns beim Erzählen den Bauch halten vor Lachen.

Aber dann könnte mich dieser Mensch ansehen und fragen: So nötig brauchen Sie das?

In der DDR gab es zu selten Blumen im Geschäft, jetzt sind es zu viele, zu üppig. Es treiben uns auch zu viele Gedanken um, die wir früher so nicht hatten.

Es geht jetzt viel zu selten darum, scheint eher Luxus zu sein, aber dennoch: Wer das Glück hat, seine Arbeit zu lieben und genau das auszustrahlen, der behält im Leben anderer Menschen einen Platz, von dem sie sich kaum vorstellen können, ein anderer könne den auch so ausfüllen, auch so besetzen.

Wir trauern einem in den Ruhestand abtauchenden Arzt ebenso nach wie der einen Postfrau, die uns kundig hilft, die sich auskennt und uns nicht an den Automaten abschiebt, wenn sie es vermeiden kann. Unsere Briefträgerin ist schon seit zwanzig Jahren in der Rente, aber wir vermissen sie immer noch. Sie hat ihre Arbeit anders gemacht als ihre vielen, nun oft fast jede Woche wechselnden Nachfolger. Ich hab ihr gesagt: Du fehlst uns. Und Edith meinte: Weeß ick.

Manchmal ist es schwer herauszufinden, was das Fortgehen für den Scheidenden bedeutet. Was verlässt er? Ach, inzwischen allzu oft den Boden unter seinen Füßen, die angstvoll beobachtete soziale Sicherheit, den gewohnten Kontakt mit anderen Menschen, den Platz, an dem Wissen, Erfahrung und Interesse eine unleugbare Kompetenz verlieh.

Jene Altersgrenze, die uns das Gesetz vorschreiben will, die gibt es im Leben so nicht. Wenn ein Mensch über Jahrzehnte eine ungeliebte Mühe als Tagwerk verrichten musste, dann lebt er vielleicht erwartungsvoll jenem Tag entgegen, der ihn endlich freigibt. Aber atemlose, überwältigende Augenblicke stehen uns nach dem Schritt über diese dumme Schwelle allemal noch für lange bevor. Solche Augenblicke, in denen wir ganz bei uns selber sind, uns empfinden, etwas mitnehmen über das bloße Anblicken hinaus.

Gesegnete Leute nehmen nicht nur vom gewohnten Platz

ihren willkommenen Abschied, sie packen sich alles ein, was sie gelernt haben, was sie nun wissen, sie drehen sich nur mal eben um – nicht weg! – und gehen in etwas Neues, das ihnen willkommen sein wird und ihnen Willkommen sagt.

Zunächst werden sie nicht viel mehr freie Zeit haben. Es wird ihnen vorkommen, als könnten sie soviel Aufgeschobenes und Aufgehobenes ohnehin niemals ordnen, und nachholen lässt sich ohnehin kaum etwas.

Zeit für sich selber zu haben, das klingt verheißungsvoll, aber es muss, wie alles, gelernt werden.

Anderer Umgang mit dem so oft vertrösteten Ich. Jeder Abschied, auch wenn er uns nicht als Verlassenwerden trifft, hat seine Größe. Die Gefühle müssen gezeigt, die Worte der anderen bedacht werden. Ein paar Tränen dürfen, müssen sein. Und dann beginnt das Willkommen.

Ich hab gut reden, weil ich immer noch die gleiche Arbeit mache, die ich vor mehr als fünfzig Jahren unsicher und suchend begann? Ach, das scheint nur so.

Manches freudig und aufgeregt Begonnene hatte auch nur seine Dauer und brauchte seinen eigenen Abschied. Und warum war das so?

Weil etwas anderes lockte, flüsterte, sich anbot und klar sagte: Es ist Zeit. Komm näher. Du kannst es, versuch es wenigstens, vielleicht gelingt es.

Ich bin etwas Neues, heiße mich willkommen.

Das zog sich durch meine Zeiten, ob es gerade schwer war oder leichter schien.

Solange wir alle am Leben sind, kann uns niemand hindern, auf das Neue neugierig zu sein. Jahreszeiten, Auflebungen und ungewohnte Eindrücke werden zunehmend ohne Eile erlebt, und sie werden neuen Reichtum anbieten. Das ist kein Trost, es ist Beobachtung und Erfahrung.

In meinem immer überfüllten Leben hat es keinen Rückblick voller Trauer gegeben. Es fand sich nach langem Falschmachen endlich der Mut, eine leer gewordene Freundschaft zu verlassen, eine neue noch für möglich zu halten. Es hat sich als dummer Gedanke erwiesen, dass die Zeit dafür kaum noch reichen wird. Immer wieder ist es nötig, klüger zu handeln, nicht nur zu denken. Nötig, gegen das Unbehagen anzugehen, das den Schlaf stört. Wir hatten Lösungen zu suchen, also mussten wir gefürchtete Schritte auch gehen.

Oft stehen uns nicht die Gestalten der Macht und die Macht der Gestalten im Weg. Eher schon unsere anerzogene übertriebene Rücksichtnahme. Wir fallen rein auf ausgemalte Folgen, die es dann nur in unserem eigenen Kopf gibt.

»Ich würde heute noch …« – das ist ein richtiger Gedanke, richtig bis ans Ende unseres Lebens. Ich würde dich heute noch verlassen, wenn du aufhörst, mich zu sehen, wenn du mich nicht mehr als die Eine unter allen wahrnimmst.

Oder wenn du, Freundin, mir nicht sagst, dass ich gerade zur unpassenden Zeit anrufe.

Lieber, wenn ich nicht mehr um dich und deine Verlierbarkeit leiden darf, wissend, dass wir an der nichts ändern können, obwohl wir alles dafür tun, wenn du dich zurückziehst, mir unerreichbar wirst, weil du meinst, deine Schmerzen seien mir weniger zumutbar als deine Suche nach Einsamkeit zu meiner Erleichterung, wenn nicht mehr ein jedes gern allein und wir beide immer gern zu zweit sein wollen, nicht mehr unansprechbar, wispernd, wo es zu sein hat … dann, ach, ich bin auch nicht gescheiter als andere. Aber ich denke schon, dass ich dann auf den Tisch hauen würde, nicht grob, aber doch hörbar, ich würde das Gespräch erzwingen, mich auch ungerecht benehmen, und ich würde nur dann »heimlich« weinen, wenn du es bemerkst.

Sobald du dich dann rausredest, würde ich alles glauben wollen, was mich trösten kann.

Das Leben benimmt sich nicht so ausgedacht, wie wir das manchmal gern hätten. Lass uns zusammen bleiben, oder zusammen gehen, und wenigstens versuchen, mit uns im Reinen zu sein. Zu Ende leben und dann: Willkommen, Abschied.

Wenn du mal nicht weiter weißt
weil der Kopf immer um Unwägbarkeiten kreist
dass nichts mehr stimmt
weil auch die Liebe nur noch nimmt
und dich scheint niemand zu sehn
bleib stehn
Atme
geh in eine ruhige Ecke
in eins deiner Verstecke
die Bilder in deinem Kopf werden jagen
was will dieses sonderbare Kind in dir sagen
atme
lass es geschehn
schmerzend oder leuchtend bunt
atme und halt den Mund
worin liegt deines Lebens tieferer Sinn
sieh hin
lass die Wahrheiten sprechen
du wirst an ihnen nicht zerbrechen
mag manches, mancher näher treten
mit dem einen singen
dem andern helfen beim beten
jenem widme zum Abschied ein Gähnen
du musst den ab heute nie mehr erwähnen
aber Dinge und Leute muss man
hin und wieder neu lieben
wie erinnerungsschwere Lieder
sonst wird man sich selber zu schwer
und als wär man niemand mehr
atme
spür dich, nur dich selber leben

du bist doch wer
könntest die Hand heben
da teilte sich vor dir das Rote Meer
geh los oder bleib stehn
aber lass einmal nur dich selber geschehn
nachher sei wieder ungeduldig
aber jetzt bist du niemandem etwas schuldig
jemand liebt dich
es ist dein oft übermüdetes, unterdrücktes
zurückgewiesenes Ich
dein Ich liebt dich
du wirst geliebt
atme so, atme

# Alter schützt vor Liebe nicht, doch Liebe vor dem Altern.

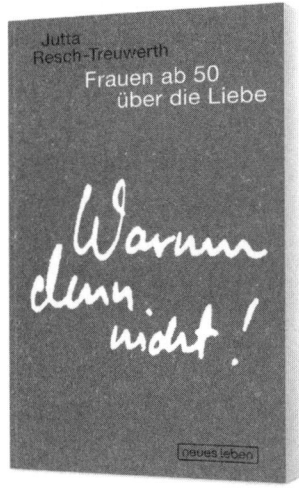

Jutta Resch-Treuwerth
**Warum denn nicht!**
Frauen ab 50 über die Liebe

224 S., Flexocover
ISBN 978-3-355-01786-2 | 12,95 €

Karin S. hat ihr Leben nach der Pensionierung fest im Griff; sie genießt ihre Unabhängigkeit und das liebevoll restaurierte Haus auf dem Land. Für Männer ist sie offen, aber nicht für eine enge Partnerschaft – sie will sich für niemanden mehr umkrempeln. Doch dann tritt Kurt in ihr Leben, der nach Frankreich auswandern will, und wirbelt alles durcheinander …

Jutta Resch-Treuwerth, renommierte Publizistin und Familienberaterin, hat mit Frauen gesprochen, die jenseits der 50 die Liebe noch einmal neu entdeckten. Die Frauen erzählen von Selbstbewusstsein und Zweifeln, von Konflikten und Kompromissen, von Respekt und neuer Gelassenheit, von Zärtlichkeit und Leidenschaft. Für fast alle gilt, dass sich der Mut gelohnt hat, dieses Abenteuer noch einmal zu wagen.

ISBN 978-3-355-01782-4

© 2011 Verlag Neues Leben, Berlin
Umschlaggestaltung: Buchgut, Berlin
unter Verwendung eines Fotos von Barbara Morgenstern
Druck und Bindung: GGP Media GmbH, Pößneck

Ein Verlagsverzeichnis schicken wir Ihnen gern:
Neues Leben Verlagsgesellschaft mbH & Co. KG
Neue Grünstr. 18, 10179 Berlin
Tel. 01805/ 30 99 99
(0,14 €/Min., Mobil max. 0,42 €/Min.)

Die Bücher des Verlags Neues Leben
erscheinen in der Eulenspiegel Verlagsgruppe.

*www.verlag-neues-leben.de*